पाश्चात्य इतिहास-दर्शन
एवं
इतिहास-लेखन

पाश्चात्य इतिहास-दर्शन
एवं
इतिहास-लेखन

हेरम्ब चतुर्वेदी

भूतपूर्व विभागाध्यक्ष
मध्यकालीन इतिहास विभाग
इलाहाबाद विश्वविद्यालय, प्रयागराज

लोकभारती प्रकाशन

लोकभारती प्रकाशन
पहली मंजिल, दरबारी बिल्डिंग, महात्मा गांधी मार्ग
प्रयागराज-211 001
वेबसाइट: wwW.lokbhartiprakashan.com
ईमेल : info@lokbhartiprakashan.com

शाखाएँ : 1-बी, नेताजी सुभाष मार्ग, दरियागंज
नई दिल्ली-110 002
अशोक राजपथ, साइंस कॉलेज के सामने
पटना-800 006
1, अनमोल सोराबजी संतुक लेन, मरीन लाइंस
मुम्बई-400002

प्रथम संस्करण : 2023

आस्था पेपर कन्वर्टर
प्रयागराज द्वारा मुद्रित

PASHCHATYA ITIHAS DARSHAN EVAM
ITIHAS LEKHAN
by Dr. Heramb Chaturvedi

ISBN : 978-81-19133-59-8

मूल्य: ₹ 600

प्रो. बी.एन.एस. यादव जी
की पुण्य स्मृति
को
सादर समर्पित

अनुक्रम

भूमिका

इतिहास का गम्भीर अध्ययन हमने सन् 1974 में प्रारम्भ किया जब इलाहाबाद विश्वविद्यालय में स्नातक कक्षा में प्रवेश लिया था और एडवर्ड मैक्नेल बर्न्स तथा फ़िलिप ली रैल्फ़ की 'वर्ल्ड सिविलाइज़ेशन्स देयर हिस्ट्री एंड देयर कल्चर' (पंचम संस्करण, 1958) शीर्षकवाली पुस्तक पढ़ी। इतिहास को मानव-सभ्यता और उसके सांस्कृतिक विकास के रूप में ही पढ़ा और समझा जाना चाहिए— यह बात तब से ही मन-मस्तिष्क में घर कर गई थी। इस पुस्तक में लिखा है : "जैसा कि इस (पुस्तक) के शीर्षक से ही स्पष्ट है यह मात्र अथवा मूलतः राजनीतिक इतिहास ही नहीं है, हालाँकि राजनीतिक घटनाओं को महत्त्व प्रदान किया गया है किन्तु यह सच है कि वे इतिहास की पूर्ण विषयवस्तु नहीं है। मुख्यतः राजनीतिक इतिहास के तथ्य संस्थाओं एवं विचारों के अधीनस्थ ही रहते हैं। या उन्हें सांस्कृतिक, सामाजिक तथा आर्थिक आन्दोलनों के कारकों के रूप में ही विश्लेषित किया जाना चाहिए... हम मानते हैं कि बुद्ध, कन्फ़्यूशियस, न्यूटन, डार्विन एवं आइन्स्टीन के महत्त्व को समझने का मूल्य कहीं अधिक है बनिस्बत फ्रान्स के शासकों के नाम स्मरण के।[1]"

यहीं से हमारे इतिहास पढ़ने के संस्कार पड़ गए और जब इतिहास विषय से परास्नातक (एम.ए.,1978 में) किया तब यह संस्कार सुदृढ़ हुए और हम शोध की ओर प्रवृत्त हुए। इतना ही नहीं, जिस इतिहास विभाग में अध्ययन किया वहीं जनवरी, 1980 से अध्यापन शुरू करने का अवसर भी मिला। चार दशक से भी अधिक पढ़ा कर जब सेवानिवृत्त हुए तब इतिहास-लेखन और उसके दर्शन पर कुछ प्रकाश डालने की हिम्मत पड़ी! इतिहास की इसी परिभाषा पर हम आश्रित हैं कि, यह मानव-विकास का क्रमबद्ध अध्ययन है। जैसे-जैसे मानव ने प्रगति की, वैसे-वैसे उसके ज्ञान और मस्तिष्क का

विकास होता गया। वह नए से नए की खोज को उद्यत हुआ और, इससे उसके ज्ञान के क्षितिज का भी विस्तार हुआ। इसी नित नवीन ज्ञान ने इतिहास के अध्ययन को भी नित नई अवधारणा दी। इससे अतीत को समझने की एक नई दिशा भी प्राप्त हुई। इसी के फलस्वरूप इतिहास-दर्शन का भी निरन्तर विकास अपरिहार्य हो गया, जिसने क्रमशः इतिहास-लेखन को प्रभावित किया और हम इसलिए अतीत को समझने के प्रयास में पाश्चात्य इतिहास-दर्शन और इतिहास-लेखन से वाबस्ता होने को विवश हुए।

अतः अतीत या इतिहास या मानव-विकास की यात्रा के क्रमबद्ध अध्ययन को सही ढंग से समझने के लिए अतीत के वृत्तान्त के साथ ही उस काल या उक्त इतिहासकार के इतिहास-लेखन और उसके पीछे के दर्शन को समझना भी आवश्यक हो जाता है। हर कोई गुडविन जैसा इतिहासकार नहीं होता जो अपनी कृति में कोई भी भूमिका एवं/अथवा प्रस्तावना न लिखे क्योंकि उसे विश्वास होता होगा कि उसकी कृति को पढ़ते ही पाठक उसके (इतिहास) लेखन से उसका मन्तव्य अर्थात् इतिहास-दर्शन सहज ही समझ जाएँगे?[2] किन्तु शेष इतिहासकारों ने अपना दायित्व समझते हुए अपनी कृतियों की पृष्ठभूमि/प्रस्तावना/भूमिका में अपने मन्तव्य और इतिहास-दर्शन को पाठक के समक्ष खुलकर रखना श्रेयस्कर माना। इस दृष्टिकोण का सबसे अच्छा उदाहरण ए.जे.पी. टेलर का प्रतीत होता है, जो अपनी पुस्तक, 'यूरोप : ग्रेंज्यर एंड डिक्लाइन' में ब्रिटिश-सोवियत समीकरण को निर्दोष और शान्तिप्रद मानते हुए उनकी पक्षधरता की वकालत करने के साथ ही हिटलर के ऊपर दोषारोपण को भी नए नज़रिए से विश्लेषित करना अवश्यसम्भावी मानता है।[3]

जबकि यही टेलर 'इंग्लिशमैन एंड अदर्स' के प्रीफेस में लिखता है: "मैं कोई दार्शनिक इतिहासकार नहीं हूँ। मेरे यहाँ न (इतिहास-लेखन की) कोई व्यवस्था (पूर्व-निर्धारित संरचना का स्वरूप) है और न कोई नैतिक अभिप्राय।"[4] किन्तु इतना उद्घोष करने के पश्चात उसकी प्रतिबद्धता स्वतः उसी के शब्दों में स्पष्ट हो जाती है : "हमने (आँग्ल-सोवियत सम्बन्धों) अपने उद्देश्य के लिए भरपूर किया है भले ही उसका कोई प्रतिफल न भी हो? हमने तो कई बार विश्व शान्ति और स्थिरता को असन्तुलित करने के

अमरीकी प्रयासों पर तटस्थता दिखाई है या समर्थन भी कर दिया है। अतः यह नहीं माना जा सकता कि इतिहास का ज्ञान कुछ भला भी कर सकता है, विशेषतः जब वह साम्यवादी विरोधी हो तब।"[5] देखिए टेलर की प्रतिबद्धता स्वतः ही स्पष्ट हो जाती है।

इतिहासकार ई. एच. कार कहता है कि 'महान' (प्रसिद्ध) इतिहास(ग्रेट हिस्ट्री) तभी लिखा जा सकता है जब अतीत के प्रति इतिहासकार का दृष्टिकोण, उसकी वर्तमान समस्याओं की अन्तर्दृष्टि से प्रकाशित होता है।''[6] कुछ ऐसा ही मत क्रोचे का भी प्रतीत होता है जब वह उद्घोष करता है: 'समस्त इतिहास वर्तमान इतिहास है।'[7] उसके मतानुसार इतिहासकार को तथ्यात्मक रूप से यथार्थ चित्रण करना चाहिए किन्तु हमें ज्ञात है कि वे तथ्य स्वतः कुछ स्पष्ट नहीं करते। यह इतिहासकार पर निर्भर रहता है कि वह किन तथ्यों का चयन करता है और किन्हें छोड़ता है? अतः यह उस इतिहासकार के दृष्टिकोण पर निर्भर है कि कौन-कौन से तथ्यों के चयन के माध्यम से वह क्या अभिव्यक्त करना चाहता है। इतिहासकार के अभिव्यक्त मत से तथ्यों को अपने अर्थ प्राप्त होते हैं।[8]

इसी प्रकार बैरक्लो की भी यही मान्यता है कि भले ही इतिहास तथ्यों पर आधारित हो किन्तु यह तथ्यात्मक नहीं होता है क्योंकि हम किसी इतिहासकार द्वारा रचे गए विवरण पर ही अपने कार्य को आधारित करते हैं और इस प्रकार पूर्व में दिए हुए निर्णयों को हम अकाट्य तथ्य के रूप में स्वीकार करते हैं जबकि यह तथ्य पूर्ववर्ती इतिहासकार द्वारा प्रस्तुत किए गए हैं। भले ही वह किसी घटना का प्रथम दृष्ट्या गवाह क्यों न हो? उसकी दृष्टि और दृष्टिकोण उसकी रचना को निश्चित ही प्रभावित करता ही है। अतः हम प्रायः चाहे-अनचाहे दूसरे के नज़रिये से तथ्य को देख रहे होते हैं।[9]

यदि इतिहास के तथ्यों को उक्त इतिहासकार के दृष्टिकोण एवं/अथवा प्रतिबद्धता के अनुसार विश्लेषित करना है तब स्पष्ट ही उसके अवचेतन के प्रभाव से हम मुक्त नहीं हो सकते, क्योंकि यही उसके लेखन को प्रभावित करता है। अतः इतिहासकार का लेखन उसके इतिहास-दर्शन से प्रभावित होता ही है। इसीलिए हम इतिहास-लेखन को बिना इतिहास-दर्शन के न तो सही ढंग से समझ सकते हैं और न ही स्वयं प्रस्तुत कर सकते हैं। अतः

पाश्चात्य इतिहास-दर्शन तथा इतिहास-लेखन दोनों को साथ लेकर चलने से ही सही इतिहास का चित्रण सम्भव है। कोलिंगवुड तो यह भी कहता है कि इतिहासकार अपने युग के अनुसार ही इतिहास रचता है।[10] अतः किसी भी युग के चित्रण के लिए उसी युग की ऐतिहासिक कृति पढ़ी जानी चाहिए। जिस किसी काल में जिस किसी भी कृति की रचना होगी उसका लेखक अपने काल से प्रभावित होगा, क्योंकि उसका अपना परिवेश ही उसके अवचेतन को निर्मित करता ही है। इतना ही नहीं वह उस काल में प्रयुक्त शब्दावली और भाषा-शैली को भी अपनाता है। अतः वह अतीत की घटना को वर्तमान परिप्रेक्ष्य में ढालकर उसको नवीन अर्थ या अभिप्राय प्रदान करता है। इसीलिए इतिहास सदैव ही पुनर्लेखन की माँग करता है।

लॉर्ड एक्टन के विषय में इतिहासकार, ट्रेवर रोपर लिखता है, 'उसके निबन्धों को पढ़ते हुए हमें किसी एक विचार के प्रति झुकाव या प्रतिबद्धता नहीं दिखती न ही विचारों के किसी समूह का वह प्रतिनिधित्व करता है अपितु ऐसा प्रतीत होता है कोई उत्पीड़क मस्तिष्क अपने यन्त्रणापूर्ण अवचेतन की अभिव्यक्ति कर रहा है।'[11] इसीलिए प्रत्येक इतिहासकार का अपना अवचेतन उसे किसी भी प्रकरण अथवा घटना-विशेष को अपने विशिष्ट ढंग से विश्लेषित करने की दृष्टि प्रदान करता है। किन्तु किसी भी युग में या उसके किसी भी मोड़ पर यह नहीं सोचना चाहिए कि वह किसी प्रकरण में कोई अन्तिम निर्णय सुना रहा है। न तो वह इतिहासकार और न ही उसका काल पक्षधरता तथा पूर्वाग्रह से प्रभावित है। वह बस यही सोच सकता है कि उसने यथाशक्ति और यथासम्भव समस्त तथ्य एकत्रित करके, अपने समय तक ज्ञात पूर्ण चित्रण कर दिया है।[12] अतः जिस रोबेस्पियर को इतिहासकारों द्वारा फ्रान्सीसी राज्यक्रान्ति के दौरान 'आतंक के युग' का प्रतिनिधि और फिर सर्वोच्च नेता माना गया था, इस पुस्तक में उसकी एक बिलकुल ही अलग छवि प्रस्तुत की गई है।[13] इसीलिए हम इतिहासकार की प्रतिबद्धता, उसके इतिहास-दर्शन से परिचित होने को आवश्यक मानते हैं क्योंकि तभी उसकी पक्षधरता और लेखन की प्रविधि भी निर्धारित होती है। इस दृष्टिकोण से पाश्चात्य इतिहास-दर्शन और इतिहास-लेखन का एक साथ अध्ययन आवश्यक ही नहीं अपरिहार्य हो जाता है। अतः वर्तमान पुस्तक की प्रासंगिकता!

डेविड टॉमसन सातत्य की शक्तियों या प्रवाहक्रम (forces of continuity) एवं परिवर्तन की शक्तियों (forces of change) के मध्य सतत संघर्ष को आधार बनाकर 'थीसिस' तथा 'एंटी-थीसिस' समीकरण से अपने वृत्तान्त को वैज्ञानिकता प्रदान करता है। अपने अध्ययन काल में परिवर्तन की शक्तियों के सन्दर्भ में वह औद्योगिकीकरण तथा शहरीकरण को विशेष उल्लिखित करता है।[14] परास्नातक कक्षा में उसकी पुस्तक, 'यूरोप सिन्स नेपोलियन' हम लोगों की प्रिय पुस्तक रही। इस अवधारणा के अतिरिक्त भी उसके अनेक कारण थे। उदाहरण के लिए वह इस पुस्तक के लेखन के अपने मन्तव्य को भी प्रारम्भ में ही स्पष्टतः परिभाषित कर देता है। उसके अनुसार, 'यह पुस्तक मूलतः दो सिद्धान्तों के आधार पर लिखी गई है। प्रथम, तो यह कि यह एक सामान्य ऐतिहासिक कृति है। अतः इसमें सूचनाओं के अम्बार लगने की पर्याप्त गुंजाइश है। इस उबाऊपन से बचने के लिए इस पुस्तक में ऐतिहासिक परिवर्तन की प्रक्रियाओं के बदलते स्वरूपों की चर्चा तथा विश्लेषण पर अधिक बल दिया गया है... वैसे भी परिवर्तन की प्रक्रिया की समझ को सहज बनाने के लिए भी यह आवश्यक है। इसी से घटनाओं, व्यक्तित्वों एवं विचारों के अन्तर्सम्बन्धों तथा उनकी अन्तर्क्रियाओं से अपरिहार्य होती परिस्थितियों का सही आंकलन सम्भव होता है।'[15]

इसी प्रकार, वह अपनी कृति के आधारभूत दूसरे सिद्धान्त के सन्दर्भ में यूरोप के इतिहास को मात्र अलग-अलग देशों के इतिहासों का संकलन न मानते हुए उनके समावेशी तथा पारस्परिक अन्तर्सम्बन्धों के अध्ययन पर जोर देता है।[16] इसी समावेशी दृष्टिकोण के चलते, वह अन्य इतिहासकारों से इतर फ्रान्सीसी राज्यक्रान्ति (1789) के लिए 'क्रान्तिकारी परिस्थिति' (revolutionary situation) को उत्तरदायी मानता है।[17] वह अन्य इतिहासकारों की तरह किसी एक कारक या कुछ कारणों को फ्रान्सीसी राज्यक्रान्ति के लिए उत्तरदायी नहीं मानता है। इतना ही नहीं वह एच.ए.एल. फिशर[18] की भाँति ही इतिहास में पूर्वनिर्धारित घटना की सम्भावना से इनकार करते हुए कुछ सामान्य प्रवृत्तियों या रुझानों के अध्ययन पर इसलिए जोर देता है ताकि किसी भी घटना के कारणों की उचित एवं समावेशी पड़ताल हो सके![19]

इतिहास के शोधपूर्ण एवं गहन अध्ययन के लिए हम दो पुस्तकों को अपरिहार्य अध्ययन के वर्ग में रखते हैं। प्रथम पुस्तक है एच.जी. वेल्स कृत, 'द आउटलाइन ऑफ़ हिस्ट्री फ्रॉम प्राई मोर्ड़ीयल लाइफ़ टू द सेकंड वर्ल्ड वॉर'। इसका लेखन कार्य 1918-1919 में सम्पन्न हुआ था किन्तु प्रकाशन 1920 में हुआ। लेखक ने स्वयं 1925 में। इसे संशोधित किया था और पुन: एक बार 1930 में। अपनी मृत्यु से पूर्व भी वह एक बार इसकी अशुद्धियों को दूर करना चाहता था और लगभग वह कार्य भी पूर्ण था किन्तु मृत्यूपरान्त रेमंड पोस्टगेट ने इसे पूर्ण किया। तब से यह निरन्तर इतिहासकारों की प्रथम पसन्द बनी रही और इसके संस्करण होते रहे। हमने 1956 के संस्करण का उपयोग किया है।[20]

वस्तुत: इतिहास यदि कारक-कारण सम्बन्धों की पड़ताल के अभाव में मानव के विकास को क्रमबद्ध ढंग से प्रस्तुत नहीं कर सकता तब अकेला इतिहासकार वेल्स ही नज़र आता है जो उस विश्व का चित्रण करता है जो मानव-जीवन तो दूर जीवन मात्र की उत्पत्ति से पूर्व के विश्व के चित्रण से अपनी बात शुरू करता है! इसीलिए वह इस पुस्तक के 'बुक' प्रथम में मानव-उत्पत्ति से पूर्व के ऐतिहासिक परिवर्तनों तथा विकासक्रम की चर्चा करता है।[21] इतिहासकार सामान्यत: यही मानते हैं कि मानव ने जो कुछ किया और सोचा वही इतिहास का विषय है किन्तु उसकी उत्पत्ति के पूर्व की पृष्ठभूमि इसी कारण-कारक सम्बन्ध के चलते ज़रूरी हो जाती है। अत: धरती की शुरुआत से लेकर इतिहास को इतने गहराई और व्यापक फलक पर लिखना दुष्कर ही नहीं असम्भव सा कार्य है और यह करिश्मा जिस इतिहासकार ने कर दिखाया उसका नाम एच.जी. वेल्स है!

उपर्युक्त के आलोक में ही कहा जाता है कि वह भूगर्भशास्त्रियों, जीवाश्मविज्ञानियों, भ्रूणविज्ञानियों, प्रकृतिविज्ञानियों, मनोवैज्ञानिकों, नृवंशविज्ञानियों, पुरातत्त्वविदों, भाषाशास्त्रियों तथा इतिहासकारों की शोध-गतिविधियों एवं अध्ययनों के आधार पर ही वेल्स ने अपने इतिहास को समावेशी बनाकर[22] उसे अनन्त काल तक के लिए प्रासंगिक कर दिया था! उसने विभिन्न क्षेत्रों के विद्वानों से यथासम्भव सहायता भी प्राप्त की और विषय-विशेषज्ञों के साथ बौद्धिक अन्तर्क्रिया और संवाद किया; तथा उनके

शोधपूर्ण अध्ययनों से निष्कर्ष निकालकर ही अपने विवरण को वैज्ञानिकता, तार्किकता और वैधता प्रदान की। वस्तुत: सही इतिहास-लेखन और उसके पीछे का इतिहास-दर्शन यही है। इसी तरह से अध्ययन सही मायनों में ऐतिहासिक अध्ययन है, जिसमें समय के साथ हो रहे परिवर्तनों के आधार पर ही इसका चित्रण होना चाहिए।

दूसरी महत्त्वपूर्ण और मौलिकता से पूर्ण ग्यारह (11) पुस्तकों की शृंखला का शीर्षक 'द स्टोरी ऑफ़ सिविलाइज़ेशन' है, जिसके रचनाकार हैं, प्रसिद्ध विद्वान एवं इतिहासकार, विल ड्युरां (Will Durant)। इस शृंखला की प्रथम पुस्तक है, 'आवर ओरिएंटल हेरिटेज' और इसके प्रीफ़ेस में वह अपने पाश्चात्य इतिहास-लेखन और इतिहास-दर्शन पर पर्याप्त प्रकाश डालता है।[23] आइए उसके विचार को हम अपने शब्दों में अनुवादित करते हुए आपको उससे अवगत कराते हैं: 'हम आपको कम से कम जगह (कम शब्दों में) लेते हुए अधिकाधिक बताने की चेष्टा करेंगे ताकि आप भी मानव के श्रम और मेधा से की गई तरक्की से वाक़िफ़ हो सकें... हमने लम्बवत वर्गों में विभक्त करके इतिहास-लेखन यथा, आर्थिक, राजनीतिक, धार्मिक, दार्शनिक, साहित्यिक, विज्ञान के इतिहास या संगीत, कलाओं के इतिहास के परम्परागत वर्गीकरण में विषय के साथ न्याय के अभाव को समझा है, क्योंकि यह मानव-जीवन के जैविक एकता का प्रतिनिधित्व नहीं करते हैं। उसे खंड-खंड या अंश-अंश में देखने से सम्पूर्णता का निश्चित ही अभाव होता है। इतिहास को समानान्तर एवं विश्लेषणात्मक ढंग से प्रस्तुत करना ही आदर्श इतिहास-लेखन का मानक होगा। इस प्रविधि के फलस्वरूप हम प्रत्येक कालखंड में किसी भी राष्ट्र की संस्कृति, संस्थाओं, जीवन-पद्धति और साहसिक उपलब्धियों को उसकी सम्पूर्ण जटिलता के साथ प्रस्तुत कर पाएँगे... सम्भवत: ज्ञान के विस्तार ने ऐसा करना स्वाभाविक कर दिया हो कि हम विषय-विशेषज्ञता के अनुरूप लेखन के लिए बाध्य हुए हों किन्तु इससे भौतिक ब्रह्मांड हो अथवा मानव-अतीत की जीवन-यात्रा, हम उसे एक इकाई के रूप में चित्रित कर पाने में सफल नहीं होते हैं।[24]

अत: स्पष्ट ही है कि विल ड्युरां इतिहास को मानव के विकास के क्रमबद्ध अध्ययन का आग्रह करता ही नहीं, अपितु उसको इसी रूप में

सफलतापूर्वक वर्णन करने में भी कामयाब होता है। इस दृष्टिकोण से उसका इतिहास-दर्शन बिलकुल स्पष्ट है—वह मानव-जीवन की तमाम जटिलताओं सहित मानव-विकास के क्रमबद्ध अध्ययन का हिमायती है। इस शृंखला की अन्य पुस्तकों में भी वह मानव को एक इकाई के रूप में चित्रित करता है भले ही वह अलग-अलग क्षेत्रों अथवा राष्ट्रों का इतिहास बयाँ कर रहा हो! उदाहरण के लिए, 'द ऐज ऑफ़ फ़ेथ'[25] के प्रीफ़ेस में भी लिखता है, 'इसके लेखन का ढंग भी 'अभिन्न/अविच्छिन्न इतिहास' (इंटीग्रल हिस्ट्री) के प्रस्तुतीकरण का ही है। ताकि एक ही चित्रण में एक पूरे युग की अथवा किसी संस्कृति की समावेशी प्रस्तुति सम्भव हो सके।'[26]

लगभग यही बात किन्तु और अधिक विस्तार से वह अपनी कृति, 'द लाइफ ऑफ़ ग्रीस' में भी करता है।[27] उसके अनुसार, 'सिवाय यान्त्रिकी के पाश्चात्य जगत में ऐसा कुछ भी गैर-धार्मिक नहीं है जो ग्रीस से हम तक नहीं आया है। स्कूल, व्यायामशालाएँ, गणित, ज्यामिति, इतिहास, आलंकारिक भाषा या शब्दावली, भौतिकी, जीवविज्ञान, शारीरिक ज्ञान (एनोट्मी), स्वच्छता (हाईजीन), चिकित्साशास्त्र, शृंगार-कला, काव्य, संगीत, त्रासदी, हास्य-व्यंग्य, दर्शन, धर्मशास्त्र, अनीश्वरवाद, सन्देहवाद, वैराग्य, आनन्दवाद, नीति, राजनीति-शास्त्र, आदर्शवाद, लोकोपकारवाद, मानवद्वेषवाद, आतंकवाद, धनिक-तंत्रवाद से लेकर जनतन्त्रवाद—इन सभी शब्दों और उनकी अवधारणाओं की उत्पत्ति यूनानी है! इस प्रकार वह ग्रीस के जीवन का चित्रण उसके सांस्कृतिक तत्त्वों की अन्तर्क्रियाओं के माध्यम से करने की योजना बनाता है ताकि वह पाँच चरणों में यूनान के उत्थान और पतन को समावेशी ढंग से प्रस्तुत कर सके।[28] अतः हम कह सकते हैं कि वह अपनी सभी कृतियों में समन्वित इतिहास का प्रस्तुतीकरण करता है। इसमें वह आमजन के जीवन, इनके कार्यों तथा संस्कृति को समानान्तर रूप से विश्लेषित करने की प्रविधि अपनाता है।[29]

उपर्युक्त के आलोक में हम इस निष्कर्ष पर पहुँचते हैं कि सर्वाधिक सटीक प्रविधि वही है जिसमें हम मानव को एक इकाई के रूप में लेकर बढ़ें और प्रत्येक युग में इसी अवधारणा से विश्लेषणात्मक इतिहास प्रस्तुत करते चलें। इस प्रस्तुतीकरण में इस बात का ख्याल रखें कि मानव ने जो कार्य

सम्पादित किए और जो विचार स्तर पर भी अभिव्यक्त हुए वे सब इतिहास की विषय-वस्तु हैं। साथ ही, जैसा कि वेल्स को उद्धृत करते हुए लिखा है, हमें मानव की उत्पत्ति नहीं भूलनी चाहिए अर्थात यह तथ्य नज़रन्दाज़ नहीं करना चाहिए कि मानव प्रकृति से ही उत्पन्न है और उसी के साथ साम्य में उसका विकास है और उसके अभाव में उसका विकास कैसे सम्भव होगा? अतः मानव-विकास के क्रमबद्ध अध्ययन में उसके परिवेश में ही उसका अध्ययन पूर्णता प्राप्त करते हुए प्रासंगिक भी होगा।

इसी अध्ययन से यह भी स्पष्ट है कि सुपरिभाषित पाश्चात्य इतिहास-दर्शन के अभाव में इतिहास-लेखन में विचलन की सम्भावना रहती है और यदि दोनों में समन्वय है तब हम एक वस्तुनिष्ठ (लगभग), वैज्ञानिक और न्यायोचित इतिहास की प्रस्तुति कर सकते हैं। इतिहासकार को जब यह ध्यान रहेगा कि मानव ही क्या, जीवाश्म से लेकर मानव और समस्त जीवन ही प्रकृति से उपजा/जन्मा है तब वह इस अन्योन्य सम्बन्ध को समझते हुए सदैव ही एक समावेशी तथा समन्वित इतिहास-लेखन के लिए उद्यत होगा और अपने दायित्व का सफलतापूर्वक निर्वहन करने में कामयाब होगा!

इस पुस्तक के लेखन और प्रकाशन के लिए लोकभारती के आदरणीय रमेश ग्रोवर जी के साथ भाई आमोद महेश्वरी को भी हृदय से धन्यवाद कि उन्होंने अन्ततः हमसे यह किताब लिखवा ही ली अन्यथा हम सेवानिवृत्ति के पश्चात थोड़ा आरामतलब हो चले थे। अब पुस्तक पाठकों के बीच है शायद इतिहासवालों को पसन्द आए...

—हेरम्ब चतुर्वेदी

सन्दर्भ

1. एडवर्ड मैक्नेल बर्न्स एंड फिलिप ली रैल्फ़, वर्ल्ड सिविलाइज़ेशन्स, न्यू यॉर्क, 1974. (पंचम संस्करण).
2. ए. गुडविन, द फ्रेंच रेवल्यूशन, लन्दन, 1953/1974.
3. ए.जे.पी. टेलर, यूरोप:ग्रेंज्यर एंड डिक्लाइन, पेंगुइन, 1950/1967, प्रीफेस.
4. ए.जे.पी. टेलर, इन्लिश्मैन एंड अदर्स, लन्दन, 1956, प्रीफेस.
5. ए.जे.पी. टेलर, यूरोप:ग्रेंज्यर एंड डिक्लाइन, पेंगुइन, 1950/1967, प्रीफेस.
6. ई.एच कार, व्हॉट इज़ हिस्ट्री, पेंगुइन, 1961/1981; पृष्ठ. 37.

7. बी.क्रोचे, हिस्ट्री एज़ द स्टोरी ऑफ़ लिबर्टी, 1941, पृष्ठ. 19.
8. ई.एच कार, व्हॉट इज़ हिस्ट्री वही, पृष्ठ. 11-13.
9. जी. बैरक्लो, हिस्ट्री इन अ चंजिंग वर्ल्ड, 1955, पृष्ठ. 14.
10. आर. कोलिंगवुड, द आईडिया ऑफ़ हिस्ट्री, 1946; विशेषरूप से पृष्ठ. xii.
11. लॉर्ड एक्टन, लेक्चर्स ऑन मॉडर्न हिस्ट्री, लन्दन, 1960/1963, ट्रेवर रोपर की भूमिका, पृष्ठ. 15.
12. जे.एम. थोमसन, रोबेस्पियर एंड द फ्रेंच रेवोल्यूशन, एपिलौग, न्यू यॉर्क, 1962, पृष्ठ. 151.
13. जे.एम. थोमसन, रोबेस्पियर एंड द फ्रेंच रेवोल्यूशन,, न्यू यॉर्क, 1962.
14. डेविड टॉमसन, यूरोप सिंस नेपोलियन, पेंगुइन, 1957/1975; पृष्ठ. 17-18.
15. डेविड टॉमसन, यूरोप सिंस नेपोलियन, पेंगुइन, 1957/1975; पृष्ठ. 16.
16. डेविड टॉमसन, यूरोप सिंस नेपोलियन, पेंगुइन, 1957/1975; पृष्ठ. 17.
17. डेविड टॉमसन, यूरोप सिंस नेपोलियन, पेंगुइन, 1957/1975; पृष्ठ. 24-27.
18. एच.ए.एल. फिशर, हिस्ट्री ऑफ़ यूरोप, लन्दन, 1936; प्रिफेस.
19. डेविड टॉमसन, यूरोप सिंस नेपोलियन, पेंगुइन, 1957/1975; पृष्ठ. 16-17.
20. एच.जी. वेल्स, द आउटलाइन ऑफ़ हिस्ट्री फ्रॉम प्राई मोर्डीयल लाइफ़ टू द सेकंड वर्ल्ड वॉर, लन्दन, 1920/1956; पृष्ठ. 1-5; तथा पृष्ठ. 11.
21. एच.जी. वेल्स, पूर्वोद्धृत, बुक वन, अध्याय 1-5; पृष्ठ. 13- 61.
22. एच.जी. वेल्स, पूर्वोद्धृत, पृष्ठ. 5.
23. विल द्‌यूरां, द स्टोरी ऑफ़ सिविलाइज़ेशन, "आवर ओरिएण्टल हेरिटेज", न्यू यॉर्क, 1954.
24. विल द्‌यूरां, वही, प्रीफ़ेस, पृष्ठ. vii.
25. विल द्‌यूरां, द ऐज ऑफ़ फ़ेथ, न्यू यॉर्क, 1950.
26. विल द्‌यूरां, द ऐज ऑफ़ फ़ेथ, न्यू यॉर्क, 1950, पृष्ठ. vii.
27. विल द्‌यूरां, द लाइफ ऑफ़ ग्रीस, न्यू यॉर्क, 1939, प्रीफेस, पृष्ठ. vii-viii.
28. वही, पृष्ठ. vii.
29. विल द्‌यूरां, सीज़र एंड क्राइस्ट, न्यू यॉर्क, 1944, प्रीफेस, पृष्ठ. vii.

पाश्चात्य इतिहास-लेखन एवं इतिहास-दर्शन

आर.जी. कोलिंगवुड ने अपनी महत्त्वपूर्ण कृति 'द आईडिया ऑफ़ हिस्ट्री' का प्रारम्भ ही इस कथन से किया है कि, 'मेरी यह कृति वस्तुतः इतिहास-दर्शन पर ही केन्द्रित है'। भले ही ये 'इतिहास-दर्शन' (Philosophy of history) का सम्बोधन अट्ठारहवीं (18वीं) सदी में वाल्तेयर ने शुरू किया हो किन्तु हीगेल जैसे विद्वानों के मतानुसार यह कार्य इतिहास-लेखन (Historiography) के द्वारा ही सम्भव है।[1] अतः यह माना जा सकता है कि किसी एक बिन्दु पर इतिहास और इतिहास-दर्शन अपने इतिहास-लेखन से ही उभरता है या विकसित होता है। दूसरी ओर, वाल्तेयर से पहले इस प्रकार का विषयगत विभाजन भी नहीं था और यह अपने आप में 'अति-विशेषज्ञता' का परिणाम था जब इन तीनों को अलग करके पढ़ा-पढ़ाया जाने का उपक्रम शुरू हुआ!

दर्शन अपने-आप एक विमर्शक या विचारशील विषय है और इतिहास-लेखन बिना इस विमर्श के सम्भव भी नहीं अतः अपने आप इतिहास, इतिहास-लेखन तथा इतिहास-दर्शन आपस में एकमेक हो जाते हैं, जैसा कि हमने ऊपर देखा-पढ़ा ही। वैसे भी अपने विकासक्रम में बहुत बाद में हेडेन वाइट ने तो रेखांकित किया ही कि तथ्यात्मक इतिहास में तो इतिहास का दर्शन अपरिहार्य होता है।[2] अतः इतिहास-दर्शन के अभाव में इतिहास लिखना उतना ही दुष्कर या सम्भव कार्य है जितना भाषा के अभाव में असम्भव। 18वीं सदी से पूर्व इतिहास के अन्तर्गत इतिहास, इतिहास-लेखन, इतिहास-दर्शन आदि के यह भेद पृथक रूप से परिभाषित और क्रियाशील भी नहीं हुए थे। वैसे भी इतिहास लिखते समय इतिहासकार का अपनी 'घटना' के साथ संवाद ही होता है; इस क्रम में

वह उक्त घटना, उसके कालखंड, परिवेश आदि के विषय में विस्तार से सोचता है अत: विचारशील या विचारमग्न ही रहता है। अत: इतिहास के विकास को भी हम 'विमर्श' का विकास मान सकते हैं – इतिहास और उसके दर्शन में फर्क नहीं रह जाता है जैसा कि उसके इतिहास-लेखन से स्पष्ट होता है? इसीलिए हम मानकर चल रहे हैं कि यह तीनों एक ही विधा के अंग हैं!

कोई भी इतिहास—चाहे जिस कालखंड और क्षेत्र का हो वह बिना एक निश्चित दृष्टिकोण के लिखा ही नहीं जा सकता है, अत: लिखनेवाले का एक निश्चित ही इतिहास-दर्शन होगा और वह किसी-न-किसी इतिहास-लेखन और शैली से भी निश्चित ही प्रभावित होगा या किसी एक लेखन-शैली को अपनाएगा ही। इस दृष्टिकोण से उसके द्वारा लिखा हुआ इतिहास इस दर्शन और लेखन-शैली दोनों के प्रभावों से मुक्त नहीं हो सकता? अत: उसको पूर्वाग्रह से बचते-बचते भी किसी-न-किसी 'ए प्रायोरी' (a priori) के प्रभाव क्षेत्र से गुज़रना ही पड़ता है—चाहते, न चाहते हुए भी! यह उसकी विवशता है जैसा कि हम स्वत: सहज समझ सकते हैं। प्रत्येक शब्द का व्युत्पत्ति के साथ अपना ही विकासक्रम होता है और वह उक्त सभ्यता के साथ वृहद मानव-सभ्यता के भी विकासक्रम का सूचक होता है!

लेंग्लोइस (Langlois) तथा सीनोबोस (Seignobos) जैसे विद्वानों ने तो इस 'ए प्रायोरी' को एक दूसरा ही रूप दे दिया जब उन्होंने रेखांकित किया कि, इतिहासकार को सत्य के अन्वेषण में एक सन्देह (Distrust) की 'ए प्रायोरी' से अपना शोध अथवा अध्ययन प्रारम्भ करना चाहिए।[3] डेकार्ते (Descarte) जैसा विद्वान इसीलिए पूर्ण विश्वास से लिखता है कि 'अतीत की घटनाओं का सही ज्ञान अर्जित करना सम्भव ही नहीं होता है' और, इसी आधार पर सत्रहवीं सदी के लगभग अन्त के काल का विद्वान, जेसुइट जीन हार्डन (Jesuit Jean Hardun) तो थ्यूसिडाईडस, लिवी जैसे तमाम प्रारम्भिक इतिहासकारों की कृतियों को सन्देह से ही देखने की वकालत करता है। उसके मतानुसार इनमें सत्य का पूर्णत: अभाव है?[4] इन्हीं तर्कों के आधार पर एनाटोले फ्रान्स (Anatole France) भी 'निष्पक्ष इतिहास' जैसे विषय को स्वीकार ही नहीं करता।[5]

और, इतिहास अपने आप में क्या है? मानव-सभ्यता के विकास का क्रमबद्ध अध्ययन/विश्लेषण। अर्थात मानव प्रारम्भिक पाषाण काल के औजार प्रयोग करने से लेकर आज तक कैसे विकसित हुआ है यही इतिहास के अध्ययन का केन्द्र-बिन्दु है। अतः मनुष्य ने जो कुछ भी किया या अर्जित किया वही इतिहास की विषय-वस्तु बनती है! अतः इतिहासकार को मानव के विकास से सम्बन्धित सबकुछ देखना, विश्लेषित करते हुए लिखना पड़ता है। कोई भी घटना उसके पटल या फलक से नहीं बचनी चाहिए? यदि वह मानव-विकासक्रम में कुछ भी न छोड़ने के लिए बाध्य है तब तो ज़ाहिर ही है वह सबको समेटते हुए ही आगे बढ़ेगा और आगे बढ़ने से पूर्व वह यह भी देखेगा और नहीं दिखा तो खोजेगा कि उक्त घटना की पृष्ठभूमि क्या है, उसकी जड़ की तलाश ही उसे कारण-कारक सम्बन्धों को व्याख्यायित करने के लिए विवश कर देते हैं! अपने विचार को विस्तार देते हुए बाद में फ्रान्स इमैनुएल कांट (Emmanuel Kant) से सहमत हो जाता है हो अनुरेखित करता है कि 'सन्देहवाद मानव-मस्तिष्क में स्थाई भाव से निवास नहीं करता है।'[6]

जैसे ही हम जड़ तक जाने या अतीत की ओर लौटने की बात करते हैं हम सहज ही ई.एच. कार के उस प्रसिद्ध वाक्य की भाँति किसी भी अध्ययन/शोध-कर्ता या इतिहासकार को अतीत और वर्तमान के मध्य अविरल संवाद करते हुए ही पाते हैं![7] वह अपने वर्तमान में स्थित अपने अध्ययनरत विषय के अतीत की तलाश में उतरता है और चूँकि, मानव का विकास ही साझा विरासत के आधार पर हुआ है अतः वह वस्तुतः मानव के ही अतीत की तलाश करता है। अतः स्वाभाविक ही अध्ययन के विषय का अतीत ताकि उसकी पृष्ठभूमि समझी जा सके और वर्तमान या इतिहासकार का अपना कालखंड – दोनों में सम्बन्ध और संवाद स्थापित हो जाता है! इतिहासकार को किसी घटना के अध्ययन के लिए अपने वर्तमान-काल में उक्त बीत चुकी घटना के काल में पीछे जाना ही पड़ता है, अतः यह वर्तमान और अतीत के मध्य सम्बन्ध और संवाद की स्थापना ही है और जैसे ही इतिहासकार पीछे के युग में लौटता है तो साझा विरासत के सिद्धान्त के अनुसार वह अपने ही अतीत की पर्त उधेड़ता है! अतः यह उसके अपने अतीत और वर्तमान का वार्तालाप ही हो जाता है!

चूँकि, हम इतिहास की सर्वमान्य परिभाषा के अनुसार 'इतिहास को मानव विकास का क्रमबद्ध अध्ययन' मानकर आगे बढ़े हैं अत: विकास या परिवर्तन को ही अनुरेखित करते हैं। जहाँ तक पाश्चात्य जगत का प्रश्न है कोलिंगवुड ने सही ही कहा कि 'लगभग सभी इतिहासकार सहमत होंगे कि इतिहास एक प्रकार का शोध या जानकारी जुटाने का प्रयत्न मात्र है।'[8] यही अभिप्राय ग्रीक या यूनानी लोगों का भी अभिमत रहा है! चूँकि, इतिहास सिर्फ़ घटना के विवरण तक ही न रुक-कर थ्यूसिडाईडस की भाँति उसके कारणों के विश्लेषण पर भी जोर देने लगते हैं तब हम इतिहास-दर्शन से पृथक नहीं रह सकते। इतिहास-दर्शन इस प्रकार से इतिहास-अध्ययन का एक सम्पृक्त अंग न होकर उससे सम्बद्ध होकर एकाकार हो जाता है। और फिर अभिव्यक्ति के माध्यम के चलते एक तीसरा आयाम भी उससे जुड़ता है? और इसका अपने अतुल भंडार और भाषाविज्ञान से लेकर आलोचना तक की समृद्ध विरासत है। इस प्रकार यह तीनों ही एक-दूसरे से प्रभावित हुए बिना नहीं रह सकते, अत: इतिहास, इतिहास-लेखन और इतिहास-दर्शन अभिव्यक्ति के क्षण में एकाकार हो जाते हैं!

इन तीनों की अपनी स्वतन्त्र और पृथक समृद्ध परम्परा और विकास-यात्रा भी है अत: इनका भी अपना इतिहास है जो मानव-विकासक्रम का ही द्योतक है! अत: तीनों के सम्मिलित प्रयोग से ही कोई भी इतिहास-लेखन सम्भव हो पाता है। भारतीय इतिहास-लेखन की परम्परा अत्यधिक प्राचीन है अत: उसकी चर्चा पृथक रूप से समीचीन होगी किन्तु उससे पूर्व हम पाश्चात्य के इतिहास सम्बन्धी उस परम्परा की बात कर लें जिसने भारतीय सभ्यता के आधुनिक काल में उसके मूल तत्त्व और स्वर को अवरुद्ध करके नव-विकसित इतिहास विषय के स्वरूप को निर्धारित किया? इस औपनिवेशिक परम्परा ने भारतीयों के विषय में मैकाउले के उस विचार को ही प्रचारित और अनुरेखित किया जो मानता था कि भारतीयों के पास इतिहास-बोध ही नहीं था?

क्या ई.एच. कार के इस मत से सहमत हुआ जा सकता है कि, इतिहास-बोध (Historicity) का प्रारम्भ तभी से माना जाता है जब मानव काल-चक्र को प्राकृतिक प्रक्रियाओं के रूप में ही विश्लेषित न करके,

चैतन्य ढंग से इन विशेष घटनाओं को समझने के प्रयास शुरू करता है? भले ही ऐसी घटनाएँ और प्रक्रियाएँ क्यों न हों, जिनसे मानव स्वयं सम्बद्ध रहा हो अथवा जिसे वह अपनी चेतना से प्रभावित कर सकता हो?[9] यहाँ एक सहज प्रश्न उत्पन्न होता है कि क्या सर्वहारा की क्रान्ति के बाद इतिहास-दर्शन के क्षेत्र में यही एक विचार केन्द्र में आ गया था कि, मानव-चेतना से प्रभावित घटना-क्रम ही इतिहास का केन्द्रीय विषय हो सकता है? या, जिन घटनाओं को मानव प्रभावित न कर सकता हो, वे इतिहास-अध्ययन के क्षेत्र से बाहर ही के माने जाएँगे? क्या प्राकृतिक प्रभाव अथवा आध्यात्मिक तत्त्व गौण ही माने जाएँगे? क्या मानव के विकास का क्रमबद्ध अध्ययन के रूप में परिभाषित इतिहास प्रमुख रूप से मानव-चेतना की संकीर्णता को ही अनुरेखित करता रहेगा? क्या मानव-चेतना मानव-केन्द्रित होकर अपने परिवेश से प्रभावित नहीं होगी? मानव-चेतना के विकासक्रम की चर्चा हम फिर आगे करेंगे अभी के लिए बस इतना ही कि मानव-चेतना कोई पृथक या असम्बद्ध प्रक्रिया नहीं है अपितु वह प्रकृति और वैश्विक परिवेश से अपनी ऊर्जा ग्रहण करती है और स्नायु-तन्त्र समृद्ध करती है।

वस्तुत: कार ने बर्कहार्ट (Burckhardt) के विचारों से ही प्रभावित होकर यह स्थापना दी है। बर्कहार्ट ने ही कहा था कि 'प्रकृति से पृथक होकर या टूटकर जो चेतना विकसित होती है उसी की अभिव्यक्ति को इतिहास कहा जा सकता है।' उसके मतानुसार, 'मानव द्वारा तार्किक प्रविधि से अपने परिवेश को समझने की एक अत्यन्त दीर्घ संघर्ष श्रृंखला चलती रही थी, ताकि वह अपने उन निष्कर्षों पर क्रियान्वयन कर सके और यही इतिहास की विषय-वस्तु है!'[10] बर्कहार्ट के इस दृष्टिकोण को समझने के लिए उसके एक अभिमत को समझ लेना बेहतर होगा। उसके मतानुसार 'अतीत से प्रेम बुज़ुर्गों या पुराने समाजों की अपने बीते कल से प्रेम की अभिव्यक्ति ही हो सकती है। यह स्थिति निश्चित ही वर्तमान एवं भविष्य के प्रति आस्था और दिलचस्पी में कमी की ही द्योतक है।[11] अपनी एक अन्य कृति 'सिविलाइज़ेशन ऑफ़ द रेनैसांस इन इटली' (Civilization of the Renaissance in Italy) के द्वितीय खंड 'द डेवलपमेंट

ऑफ़ द इंडिविज़ुअल' (The Development of the Individual) में उसने पाश्चात्य जगत में व्यक्तिवाद का प्रादुर्भाव आधुनिक काल के संक्रमण के दौर या पुनर्जागरण काल से माना है। उसके मतानुसार पुनर्जागरण से पूर्व मानव अपनी पहचान एक समाज, समुदाय, नस्ल, दल, परिवार आदि के सदस्य के रूप में ही करता था किन्तु पुनर्जागरण ने उस व्यक्ति को एक पृथक व्यक्तिगत पहचान से परिचित करवा दिया! अतः उसके विचारानुसार 'एक युग को किसी अन्य युग में जो कुछ आकर्षक और मूल्यवान प्रतीत हुआ हो, उसी की खोज या अध्ययन ही इतिहास है।'[12] अतः ऐसा प्रतीत होता है कि, वह भी मानव के किसी अतीत को अगली पीढ़ी के लिए महत्त्वपूर्ण मान रहे थे और इसमें एक इशारा और छुपा है—वह एक युग को अतीत के किसी एक पहले युग के प्रति ऋणी मान रहा है? शायद वह स्वीकार कर रहा है कि कहीं कुछ है – शायद अपना जुड़ाव अपनी जड़ों से जो किसी एक युग को किसी अतीत के एक युग या कालखंड की ओर आकर्षित करती ही है!

इतिहास में घटित घटनाओं के विवरण के साथ उसका विश्लेषण और इसीलिए प्रत्येक घटना के कारण, घटना-क्रम और परिणाम सब मिलकर इतिहास की किसी भी घटना को एक व्यापक वैश्विक घटनाक्रम से जोड़ते हैं। अतः इतिहास के इस समावेशी रूप को समझने-समझाने के क्रम में इतिहास, इतिहास-दर्शन और इतिहास-लेखन सब एक समन्वित रूप ग्रहण करते हैं! और, वे इतिहास के क्रमबद्ध अध्ययन को सहज करते हुए ही उसे अभिव्यक्त या सम्प्रेषित ही नहीं करते अपितु उसे एक अर्थ और मूल्य भी प्रदान करते हैं! जब अतीत का अवशेष बाद के कालों में दृष्टिगोचर होता है, तभी कारण-कारक सम्बन्ध स्थापित होता है। और जब अन्य किसी सूचना के स्रोत से उस तथ्य या विवरण की पुष्टि हो जाए तब जाकर कोई तथ्य ऐतिहासिक तथ्य के रूप में स्वीकार्य हो पाता है! अतः तीनों का संगम या सम्पृक्त रूप ज़रूरी तो है किन्तु ऐसा भी हो सकता है इन तीनों में से कोई एक गौण और क्षीण प्रतीत हो? वह सतह पर तो प्रभावशाली प्रतीत नहीं हो किन्तु अन्तर्धारा के रूप में तो घटना की प्रक्रिया और विकासक्रम को प्रभावित करता ही है।

अत: अगर इतिहास मानव के विकासक्रम का चरणबद्ध अध्ययन है तब हम स्वीकार करते हैं कि मानव-समाज का स्वभाव ही प्रगति का सूचक है और इसीलिए यह परिवर्तनशील और संक्रमणशील है। यदि कुछ घटित नहीं हो रहा है तब कुछ प्रगति नहीं हो रही है, कुछ परिवर्तन नहीं हो रहा है, तब निश्चित ही वह इतिहास क्रम नहीं है? इस प्रकार की शून्य की अवस्था तो निर्वाण की ही अवस्था हो सकती है, मानव-समाज की प्रगति की तो निश्चित ही नहीं। मानव-समाज के विकासक्रम के अध्ययन में विकास से सम्बन्धित घटना की पृष्ठभूमि भी विश्लेषित करनी पड़ेगी। और तब उसके कारण को समझते हुए हम उसे पूर्ववर्ती घटनाक्रम से जुड़ा हुआ पाते हैं! अत: मानव का विकासक्रम और उसी से प्रभावित इतिहास का अध्ययन-क्रम एक अविरलता का सूचक है। अत: नैरन्तर्य और तार्किकता मानव के विकास के अध्ययन या इतिहास के लिए अनिवार्य तत्त्व हैं!

इसी कारण-कारक शृंखला से ऐतिहासिक घटनाओं को एक समन्वित रूप प्राप्त होता है और हम समझ पाते हैं कि हर घटना का एक निहितार्थ और निश्चित अभिप्राय है? यह अर्थ हमें किसी घटना को व्यापकता की शृंखला में एक कड़ी के रूप में विश्लेषित करने का सामर्थ्य, दृष्टिकोण और प्रविधि प्रदान करती है! तब हमें सहज समझ आता है कि इतिहास, इतिहास-दर्शन और इतिहास-लेखन कैसे एकाकार होते हैं! और किसी घटना को समझने के लिए कैसे हमें समावेशी और वृहद दृष्टिकोण अपनाना पड़ता है। मानव-जीवन की यात्रा के विश्लेषण का उद्देश्य ही उसका अभिप्राय समझना ही था? आखिर क्यों मानव अपनी जड़ों तक जाने के लिए उत्सुक रहता है। एक तो इस माध्यम से वह अपने विकास को मूल्यांकित करता है और, दूसरे वह मूल के स्वरूप से परिचित होता है। वैश्विक एवं/अथवा प्राकृतिक परिवेश में अपने (मानव के) जीवन के उद्देश्य को समझना ही इतिहास का मूल भाव होता है!

वस्तुत: इस अध्ययन से वह वृहद वैश्विक जगत में अपनी भूमिका के बहाने अपने अस्तित्व को अनुरेखित करता है! यह उस वृहद व्यवस्था में अपने इस अध्ययन के माध्यम से एक तार्किकता भी विकसित करता है

वरना नपोलियन, लिंकन, गाँधी, मार्टिन लूथर किंग या नेल्सन मंडेला को न तो समझा जा सकता है न ही उनके होने को अर्थ प्रदान कर सकते हैं? वे किन्हीं विशेष मानवीय मूल्यों का प्रतिनिधित्व करते हैं तभी इस वैश्विक व्यवस्था में न केवल अपना विशेष स्थान बना पाए अपितु अपने अस्तित्व का बोध करा सके? वे अपनी भूमिकाओं से वैश्विक व्यवस्था के किसी मौलिक तत्त्व से सम्बद्ध हुए और अमरत्व प्राप्त करने में सफल हुए! हम इसे यूँ भी कह सकते हैं कि वे मानव की विकास-यात्रा के मील के पत्थर इसीलिए हो पाए क्योंकि वे मानव-जीवन को सार्थक बना सके? मानव-जीवन को सार्थकता प्रदान करने का ही अर्थ है कि वे उस विकासक्रम को एक निश्चित दिशा और मूल्य-प्रतिमान से लैस दशा भी दे पाए थे?

अतः यह स्पष्ट हो जाता है कि मानव-जीवन यात्रा-क्रम में मात्र 'अस्तित्व' के अतिरिक्त भी कुछ तो है जो उसे अर्थ और निश्चित प्रतिष्ठा प्रदान करता है! यही इस अध्ययन को एक 'अर्थ' (Meaning in History) भी प्रदान करता है और उसके लिए एक निश्चित उद्देश्य (Purpose in History) निर्धारित करके एक जीवन स्वरूप की अवधारणा भी देता है। किन्तु यह गूढ़ अर्थ वही मानव-मस्तिष्क समझ पाता है जो चेतना के निश्चित स्तर को प्राप्त कर चुका है। इस विषय को थियोडोर लेसिंग[13] (Theodore Lesing) और कार्ल लेविथ[14] (Karl Levith) ने विस्तार से अध्ययन के बाद एक नए वैज्ञानिक कलेवर और तार्किकता से प्रस्तुत किया। वह अपने शोधपूर्ण अध्ययन से स्थापित करने में सफल हुआ कि जब मानव या व्यक्ति अपने अस्तित्व के इस 'गूढ़ अर्थ' को समझने में सक्षम होते हैं तब वे इसे अपनी चेतना से एक नया अर्थ ही प्रदान करते हैं।

असल में मानव चेतना जब भी किसी घटना को घटित होते देखती है अथवा उसको अध्ययन के दौरान अपने मस्तिष्क में पुनः रचता है तब वह इस घटना को अपनी अवचेतना के चित्र से चिह्नित करता है और तब वह एक नई चेतना को जन्म देते हुए उसकी अभिव्यक्ति करता है अतः बाह्यान्तर की प्रक्रिया में मानव और वह वस्तु या घटना (जिसका वह अध्ययन या वर्णन/विश्लेषण कर रहा है) की भी अन्तर्क्रिया एक स्तर पर

होती है किन्तु इसके अतिरिक्त दो स्तरों पर अन्तर्क्रिया और भी होती है। प्रथम, तो जैसे ही वह कोई वस्तु या घटना देखता है उसकी अवचेतना उसे चिह्नित करती है पूर्व विकसित अवधारणा के स्तर पर; फिर जब वह उसे अभिव्यक्त या वर्णित करता है वह फिर बाह्य परिवेश से अन्तर्क्रिया करता है अतः यह तीन प्रक्रियाएँ उस घटना या वस्तु को एक बिलकुल नए रूप में प्रस्तुत अथवा व्याख्यायित करते हैं।[15]

चूँकि, घटना की पृष्ठभूमि जानने के क्रम में आप तार्किकता के साथ एक सोद्देश्य समन्वित क्रम को अनुरेखित करते हैं अथवा उस तक पहुँचते हैं, अतः यह स्पष्ट है कि आप चैतन्य व्यक्ति ही हो सकते हैं अन्यथा बिना चेतना के इन अन्तर्क्रियाओं का विश्लेषण सम्पन्न ही नहीं हो सकता है और न ही आप एक वृहद वैश्विक घटना क्रम में उक्त घटना को स्थित कर सकते हैं! इस उद्देश्य या गन्तव्य की प्राप्ति के क्रम में वह उस वैश्विक चेतना से फिर सम्बद्ध हो जाता है जो उसे घटनाओं आदि को समझने का दृष्टिकोण देती है। इस प्रकार वह पुनः इस क्रम में उस चेतना को समृद्ध ही करता है जैसे कि प्रयुक्त औजार ही बेहतर कार्य करते हैं! अतः इतिहास के अध्ययन में चैतन्य इतिहासकार अपनी चेतना को और प्रखर करता हुआ न केवल अपने लेखन, उसकी शैली, उसके दर्शन को ही माँजता और सँजोता है अपितु उनको विकसित करते हुए इतिहास को ही एक नए रूप में प्रस्तुत करने लगता है। इतिहास अन्ततः इतिहासकार की चेतन, समझ और भौतिक वास्तविकता (जिसका वह अध्ययन कर रहा है) के मध्य एक वृहद होते परिवेश में अन्तर्क्रिया ही है।[16]

यदि मानव-चेतना को केन्द्र में रखेंगे तब स्पष्टतः ऐसा प्रतीत होगा कि इतिहास-लेखन का इतिहास वस्तुतः ऐतिहासिक-चेतना का ही विवरण होगा! इस चेतना का विकास भी मानव के जीवन्त अनुभव (Live experience) तथा ऐतिहासिक घटनाओं (Historical happenings) की सुसंगत अन्तर्क्रिया (Coherent intearcation) का ही प्रतिफल होता है! दूसरी ओर, इन्हीं घटनाओं से अर्जित ज्ञान और अनुभव 'ऐतिहासिक जागरूकता' (Historical awareness) को विकसित करता है। अतः

मानव ने अपने परिवेश के इर्द-गिर्द वास्तविकता (Actuality) तथा अवधारणात्मक (Conceptuality) के मध्य के अन्तर या भेद को समझने का प्रयास किया है। वास्तविक घटना-क्रम एवं प्रक्रियाओं से किस तरह से अवधारणा विकसित होती है यह इसी मानव-चेतना के विकास के अध्ययन की विषय-वस्तु हो गई!

पाश्चात्य जगत में सर्वप्रथम यूनानियों ने इस प्रश्न का उत्तर ढूँढने के प्रयास किए। वे इसका अर्थ पृथ्वी में हो रहे परिवर्तन (Earthly change) और ब्रह्मांड के स्थायित्व (Cosmic permanence) के सन्दर्भ में खोजते रहे। अत: वे लौकिक जगत और अलौकिक देवताओं के मध्य के सम्बन्धों एवं उनके मध्य की अन्तर्क्रिया के माध्यम से इसे समझते-समझाते रहे? इसी के परिणामस्वरूप वे सातत्य एवं परिवर्तन के क्रम को विश्लेषित करने के क्रम में, घटनाओं की एक चक्रीय अवधारणा विकसित करने में कामयाब रहे। और, इसी के परिणामस्वरूप मानव-विकासक्रम को भी चक्रीय अवधारणा से समझने का सिद्धान्त विकसित हुआ जो आधुनिक काल तक कभी स्वीकार्य और कभी अस्वीकार्य होता ही रहा।

II

पाश्चात्य जगत में यूनानी चिन्तकों ने इतिहास या मानव के विकासक्रम के अध्ययन के लिए परिवर्तन को केन्द्रीय विषय-वस्तु माना। उनके ओलम्पिक देव भी निरन्तर अपनी मानव जैसी गतिविधियों के कारण इसी परिवर्तन को अनुरेखित करते थे। अत: प्रारम्भिक या क्लासिक यूनानी दर्शन, साहित्य और धर्म में हमें एक 'समन्वय का दर्शन' केन्द्रीय भूमिका में दृष्टिगोचर होता है। यह केन्द्रीय दार्शनिक दृष्टिकोण निरन्तर हो रहे वास्तविक परिवर्तन के साथ वैश्विक (जिसे हम ब्रह्मांड कहते-समझते हैं) स्थायित्व का समन्वय के लिए ही प्रयासरत रहता है। अत: वे इस समन्वय की प्रक्रिया और उसकी व्याख्या को लेकर सदैव परेशान रहे – वे परिवर्तन को स्थिरता की सतह पर एक तरंग या लहर की तरह ही देखते समझाते रहे![17]

यूनानी दार्शनिक हेराक्लिटस ने आइन्स्टीन के सिद्धान्त के समान ही बात की थी जब उसने कहा, कि ब्रह्मांड अनेक तत्त्वों में विभक्त और वितरित हो जाता है और परिवर्तन की प्रक्रियाओं के पश्चात पुनः एकीकृत हो जाता है! इसी प्रकार उसने न्यूटन के सिद्धान्त की भाँति उद्घोष किया कि इतिहास-लेखन अन्ततः विपरीत शक्तियों के प्रवाहों के मध्य सन्तुलन की तलाश ही है। वस्तुतः अरस्तू ने विकास के सिद्धान्त को एक औपचारिक और आधिकारिक स्वरूप प्रदान किया। प्लेटो तो सभी मानव सहित सभी अनुभवजन्य इकाइयों को शाश्वत विचारों की अभिव्यक्ति ही मानता था। अरस्तू के मतानुसार जीव अपने विकासक्रम में यह विचार आत्मसात करता है और जीवन जीने में उसी विचार को पूर्णता प्रदान करता है! अरस्तू के दर्शन में विचार ही जीवन का केन्द्र और इसीलिए जीवन ही है।

अरस्तू के लिए यह विचार अलौकिक और पूर्ण है और इसी के सम्पर्क से जीवन गतिशील होता है। जो विचार इतिहासकारों को हर युग में प्रभावित ही करते रहे हैं उनमें से एक प्रमुख विचार था – सभ्यताएँ विकसित और समाप्त होती रहती हैं—यह विचार भी वस्तुतः अरस्तू की देन था! वैसे यह विचार अन्य यूनानी विद्वानों के दर्शन में भी दृष्टिगोचर होता है और वह उस कालखंड में हो रहे ग्रीक-पर्सियन युद्धों का स्वाभाविक प्रतिफल ही था। वे सदैव ही अपने शत्रुओं, यथा ईरानियों या पर्सियन लोगों को 'बर्बर' ही सम्बोधित करते रहे क्योंकि वे उनसे युद्धरत थे? और कैह्लर जैसे इतिहासकार मानते हैं कि इन युद्धों के ही परिणामस्वरूप राजनीतिक इतिहास-लेखन की शुरुआत हुई और इतिहास, 'कोस्मोलॉजी' तथा 'माइथोलॉजी' से एक पृथक अध्ययन के विषय के प्रारम्भिक रूप में उभरने लगा! वस्तुतः यूनानी शब्द 'हिस्टोरिया' का अर्थ ही 'भौतिक अनुसन्धान' था जैसा कि हिकेटियस (सर्का 500 ई.पू) और उसके बाद हेरोडोटस के लेखन से स्पष्टतः स्थापित होता है।

हेरोडोटस (484-430 ई.पू) ने अभिलेखों के अभाव के बावजूद पारिवारिक निर्वासन के चलते फिनीशिया, मिस्त्र, सीरीन, सुषा से लेकर काले सागर के तटों तक की यात्राओं से प्राप्त अनुभवजन्य ज्ञान से इतिहास-लेखन किया! और रही-बची कसर के लिए कुछ सामग्री

हेकेटियस तथा अन्य विद्वानों से ली।[18] एच. ई. बार्न्स ने हेरोडोटस का मूल्यांकन करते हुए लिखा, "वह प्रथम लेखक था जो मानता था कि इतिहासकार का काम मानव के सम्पूर्ण अतीत को पुनर्निर्मित करना है। वह सम्पूर्ण इतिहास-लेखन के क्रम में सबसे दिलचस्प कथावाचकों में से एक था।"[19] हेरोडोटस का एक दुर्भाग्य रहा कि उसका कोई उत्तराधिकारी नहीं हुआ, अन्यथा अपने समकालीन सुकरात से उसका योगदान या उसकी उपलब्धि कतई कम नहीं थी।[20] थ्यूसिडाईडस ने उसके युद्धों के विवरण से प्रेरणा तो ली किन्तु उसका अनुयायी हरगिज़ नहीं था।

थ्यूसिडाईडस (5वीं सदी ई.पू) के काल में यूनानी इतिहास-लेखन पूर्ण परिपक्वता अर्जित करता है। उसका लेखन इस दृष्टिकोण से वैज्ञानिक माना जाता है क्योंकि वह अधिकांशत: तथ्यपरक है और एक व्यापक वैश्विक विकास के क्रम में इसे विश्लेषित करता है। उसने कारण-कारक सम्बन्ध स्थापित करने का भी प्रयास किया। चूँकि मानव के कार्य मानव व्यवहार से समझे जा सकते हैं अत: उनकी भविष्यवाणी की जा सकती है? वह भी चक्रीय सिद्धान्त के दर्शन का पक्षधर था। वह ज्ञान और क्रिया के मध्य घनिष्ठ सम्बन्ध को अनुरेखित करता था अन्तत: वह ज्ञान को ही क्रिया का अंश मानने का आग्रही हो गया था। अत: वे ब्रह्मांड के आधार पर मानव क्रियाशीलता के विश्लेषण पर जोर देने लगे। अत: यूनानी दर्शन में सुकरात पूर्व काल से लेकर बाद के चिन्तकों तक व्यापक ब्रह्मांड के सन्दर्भ में ही मानव गतिविधियों को विश्लेषित करने का क्रम चलता रहा![21]

वस्तुत: थ्यूसिडाईडस का तथ्यपरकता और सत्यता का आग्रह उसे 'इतिहास की वैज्ञानिक पद्धति के जनक' का स्थान दिलवाने के लिए पर्याप्त है।[22] यह इतिहास-लेखन और उसके काल-निर्धारण के साथ इतिहास-दर्शन के क्रमिक विकास को भी समझने में सहायक होती है।[23] यदि इतिहासकार अपने विवरण में इन सब प्रश्नों के उत्तर दे सकता है तभी वह सत्यपरक एवं तथ्यात्मक इतिहास रच सकता है। इसीलिए कोलिंगवुड थ्यूसिडाईडस की शैली को कृत्रिम, कर्कश और विकर्षक मानता है जबकि हेरोडोटस की प्रवाहमान शैली की प्रशंसा करता है, जो सरल, स्वत: स्फूर्त और विश्वसनीय प्रतीत होती है। दोनों पथ-प्रदर्शक और

प्रारम्भिक पाश्चात्य इतिहासकारों की शैलियों के अन्तर के लिए वह सिर्फ़ ठोस तथ्यों के आधार पर इतिहास लिखने के आग्रह को उक्त कृत्रिम शैली वाले दोष के लिए उत्तरदायी मानता है।[24] अतः अपने सम्पूर्ण परिवेश और ब्रह्मांड से काटकर जब सिर्फ़ मानव-सम्बन्धित स्थूल घटनाओं का विश्लेषण होगा तब यह दोष स्वत: उत्पन्न होगा ही?

अत: इसके बाद के दौर में मानव-जीवन को परालौकिक तत्त्वों के आधार पर विश्लेषित करने की प्रक्रिया तो चलती रही किन्तु इसके साथ ही यूनानी दर्शन, दुखान्तवाली कविताओं एवं इतिहास-लेखन के क्षेत्र में मानव द्वारा अपनी नियति स्वयं निर्धारित करने की प्रवृत्ति भी जोर पकड़ने लगी। और इस प्रकार के दो विभिन्न प्रवाहों का सबसे अच्छा प्रतिनिधित्व पोलिबिअस का लेखन करता है। अगर सामाजिक-राजनीतिक वास्तविकता के दृष्टिकोण से देखें तो पोलीबिअस ऐसे सन्धि-काल या कंटकाकीर्ण मोड़ पर इतिहास-लेखन कर रहा था जब यूनान पर रोमवासियों का प्रभुत्व निरन्तर बढ़ता ही जा रहा था! अत: उस महत्त्वपूर्ण परिवर्तन के सन्धि-काल में इतिहास-लेखन करने से उस लेखन में वे नवीन तत्त्व प्राचीन प्रवृत्तियों के साथ ही चित्रित हो रहे थे?

रोम साम्राज्य का विस्तार इतना हुआ कि यह माना जाने लगा कि सम्पूर्ण विश्व (हमें स्मरण रखना है कि एशिया का कुछ भाग और समस्त यूरोप को ही वे अभी तक सम्पूर्ण विश्व मान रहे थे) ही इसके अन्तर्गत सम्मिलित था। अत: पोलिबिअस पहला इतिहासकार है जो ऐतिहासिक प्रक्रिया के जैविक स्वरूप एवं गतिशील पूर्णता को विश्लेषित करता है! उसी ने सर्वप्रथम 'वैश्विक (ब्रहमांड नहीं, विश्व के सन्दर्भ में) इतिहास' लेखन का शुभारम्भ किया था। किन्तु वह भी इतिहास के चक्रीय सिद्धान्त पर ही अपना लेखन आधारित किए रहा और इतिहास की घटनाओं को उसी नज़रिये से चित्रित करता रहा था।

वैसे भी पोलिबिअस की गणना यूनानी के स्थान पर हेलेनिस्टिक इतिहास-लेखन में होती है। वस्तुतः सिकन्दर की विश्व-विजय अभियान से लेकर अगले 200 वर्ष की अवधि ही हेलेनिस्टिक काल माना जाता है। इस काल में यूनानियों ने अपनी श्रेष्ठता का नस्लीय भाव त्याग दिया;

तथा, इस काल में हेलेनिस्टिक तथा यूनानी संस्कृतियों के सम्मिश्रण से एक नई समन्वित संस्कृति का जन्म हुआ जिसने एक बार पुनः पाश्चात्य और एशिया की संस्कृतियों को एक सा कर दिया![26] पोलिबिअस ने 221 से 146 ई.पू. के बीच की अवधि में रोम-साम्राज्य के साम्राज्यीय तथा संवैधानिक विस्तार का चित्रण यूनानी अपभ्रंश भाषा में किया। उसने कार्य-कारण या घटना के कारण के तत्त्वों का अध्ययन इतिहास-लेखन के अविभाज्य अंग के रूप में स्वीकार किया। अतः वह राष्ट्रीय या क्षेत्र-विशेष के इतिहास को भी एक जैविक सम्पूर्णता में विश्लेषित करने का आग्रही था।[27] कोलिंगवुड के मूल्यांकन के अनुसार पोलिबिअस ही पहला इतिहासकार है जो इतिहास को अपने पूर्ववर्ती हेरोडोटस एवं थ्यूसिडाईडस की भाँति सामान्य अनुसन्धान न मानकर आधुनिक इतिहास की दृष्टि से अनुसन्धान मानता है अतः वह अपने आप को एक पथप्रदर्शक मानता है जो इतिहास को एक वैश्विक मूल्य स्थापित करने की विधा मानता था! उसके लिए इतिहास मानव को उसके राजनीतिक जीवन के लिए तैयार करने में सक्षम है! और, पोलिबिअस से ही हेलेनिस्टिक इतिहास-लेखन परम्परा रोमवासियों को प्रेषित हो जाती है।[28]

पोलिबिअस वस्तुतः उस समय अपनी रचना कर रहा था जब यूनान भी रोम के प्रभुत्व में आ रहा था। इस साम्राज्यवादी विस्तार के काल में पोलिबिअस (198-117 ई.पू.) के अतिरिक्त लिवि (59 ई.पू. – 17 ई.), टेसिटस (55-120 ई.) तथा प्लूटार्क (55 – 120 ई.) भी रोम के उत्कर्ष और वृहद आधिपत्य के दौर के अन्य प्रमुख इतिहासकार थे। इनमें से प्लूटार्क वास्तव में एक यूनानी ही था! यह प्रारम्भिक यूनानी तथा रोमन इतिहासकार सोद्देश्य इतिहास-लेखन के पक्षधर थे, जिन्हें मार्विक 'एक्सेम्प्लर हिस्ट्री' का रचयिता मानता है। वे लोगों को शिक्षित करने के लिए ही इतिहास-लेखन कर रहे थे। वे लोगों को विशेष रूप से भावी राजनीतिक एवं सैन्य जीवन के लिए तैयार करने के लिए ही इतिहास-लेखन के महत्त्व को रेखांकित करते हुए उसकी रचना कर रहे थे![29]

आगे बढ़ने से पूर्व बेहतर हो कि हम कुछ अन्य प्रवृत्तियों पर भी एक दृष्टि डाल लें जो यूनान के अतिरिक्त अन्य स्थानों पर समानान्तर

रूप से दिखाई दे रही थीं। मानव के गैर-यहूदी या गैर-ईसाई समुदाय से उत्पत्ति के बाद सभ्यता के दृष्टिकोण से यहूदी संस्कृति के उद्‌भव से वास्तविक मानव-सभ्यता के विकासक्रम को माननेवाले भी थे। यह यहूदी लोग इतिहास को एक अद्वितीय, परा-नस्लीय तथा सुनियोजित प्रक्रिया मानते हुए भी इसकी शुरुआत अपने समूह से ही मानने के आग्रही थे। वे यहूदी सभ्यता से ही मानव-सभ्यता के अध्ययन की शुरुआत पर जोर देते थे। उनके लिए उनके पूर्वजों के आव्रजन से प्रारम्भ होता है और अपने निर्वासन-काल में उन्होंने असीरियायियों, नव-बेबीलोनवादियों, पर्शियनों, हेलेनिस्टिकों, सेलिक्युडों तथा रोमवासियों का उत्थान एवं पतन देखा था।[30]

यहूदियों के साथ एक समस्या थी और वह था उनका निर्वासन और उसे वे मानव के प्रथम पाप से जोड़ते थे। उनके मतानुसार मानव ने जान-बूझकर पाप किया था—प्रतिबन्धित फल खाकर फलस्वरूप निर्वासन उनका प्रारब्ध है। यहूदियों की उत्पत्ति ही आव्रजन और निर्वासन के लिए हुई है अतः वे ही प्रारम्भिक पुरुष के उत्तराधिकारी या वंशज हैं? उनके जीवन का उद्‌देश्य ही 'प्रॉमिस लैंड'—पवित्र भूमि की प्राप्ति है? और, हम पाते हैं कि विजयी सेनाओं ने द्वितीय युद्ध के पश्चात कैसे उसी प्रारम्भिक स्थान जहाँ से यहूदी धर्म-दर्शन का उद्‌भव हुआ था को फिलिस्तीन के अन्दर अधिकृत करके यहूदियों को बसाया और इसका नामकरण इज़राइल किया गया। वस्तुतः इसी यहूदी धर्म ने ईसाई धर्म को जन्म दिया था!

अतः अस्थिर यहूदी जीवन में जो प्रयास उर निवासी अब्राहम से शुरू हुआ था वह मिस्र के उद्‌भव में बन्दीजीवन के विरुद्ध निरन्तर संघर्ष से होते हुए बेबीलोन राज्य में पुनः बन्दीजीवन भुगतने के शताब्दियों बाद 'प्रॉमिस्ड लैंड' की प्राप्ति हुई! अतः इतिहास-लेखन और इतिहास की इन्हीं दो धाराओं से आधुनिक ईसाई और उस पर आधारित पाश्चात्य साम्राज्य विस्तार का आधार बनता है। एक तरफ़ यूनान-रोमन साम्राज्यवाद उनको राजनीतिक आधार प्रदान करते थे; तो दूसरी ओर, यहूदी दर्शन उन्हें धार्मिक-दार्शनिक या सांस्कृतिक आधार प्रदान करते थे।[31] इन्हीं दोनों

प्रवाह-क्रमों ने आधुनिक विश्व को औपनिवेशिक साम्राज्यवाद दिया था इसीलिए इसे समझना बहुत ज़रूरी है। क्योंकि, उसी का एक उपक्रम औपनिवेशिक इतिहास-लेखन से लेकर पाश्चात्य के सभी इतिहास-दर्शन होते रहे हैं और होते रहेंगे। वे अपना अतीत और उसकी विरासत के ही उत्पाद हैं और होंगे भी?

इस विचार ने मानव को ईश्वर की निर्मिति माना। उनके दर्शन के अनुसार आध्यात्मिक ऊर्जा (Spirit generis) कैसे स्वरूप परिवर्तित करके मानव को ऊर्जा (Spiritus generis humani) प्रदान करती रही ताकि वह 'प्रॉमिस्ड लैंड' की प्राप्ति में अन्ततः सफल हो सके; और, यही उसकी उत्पत्ति का कारण था – यही उसकी निर्मिति का उद्द्देश्य भी हो गया! अतः उनके मतानुसार ईशवरीय सत्ता ने उसकी निर्मिति (Creation) एक निश्चित ध्येय की प्राप्ति के लिए की थी और इसीलिए यहूदियों के इतिहास में मानव का विकासक्रम के साथ इतिहास या विकास का उद्द्देश्य भी पूर्व-निर्धारित था?[32]

चूँकि, यहूदी सदा निर्वासित जीवन व्यतीत करने को बाध्य थे अतः वे अपने को ईश्वरीय सत्ता द्वारा एक निश्चित उद्द्देश्य के लिए 'चयनित मनुष्य' ही मानते रहे। और इसीलिए उनके लिए ही 'प्रॉमिस्ड लैंड' था जो अन्ततः उन्हें प्राप्त होना ही था! इस 'पहचान' (Identity) ने एक निश्चित नस्लवाद के साथ ईश्वरीय सत्ता को स्वीकारते हुए दर्शन में 'एकेश्वरवाद' को ही बल प्रदान किया। इस कारण से उन्होंने अपने को नेता की स्थिति में देखा जो अन्य लोगों को रोशनी प्रदान करने के अधिकारी थे? एरिक कैह्लर भले ही उन्हें इसी आधार पर वैश्विक एकता का सन्देश देनेवाला माने किन्तु यही भूमिका उनके अन्दर एक निश्चित श्रेष्ठता का भाव भी भरती थी और वे यूनानियों से पृथक थे, जो बर्बर को स्वीकार करके अपनी श्रेष्ठता साबित करते थे?[33] वस्तुतः यह दोनों 'प्रारम्भिक पाश्चात्य विचार प्रवाह-क्रम' ही श्रेष्ठता और नस्लीय वर्गीकरण पर ही टिके थे!

एक तरफ मिस्र से निर्गमन का दर्द फिर उस दर्द को 'ईश्वरीय इच्छा' के ओट में छुपाने और इस बहाने से खुद को 'चयनित मानव समुदाय' (Chosen people) घोषित करना और इस प्रकार दैवीय सिद्धान्त

के अनुसार यहूदी समाज को श्रेष्ठ साबित करना जहाँ उनको उनकी जड़ों से भी जोड़े रहा वहीं धार्मिक आधार पर वृहद ईसाई जगत की भी सहानुभूति प्राप्त करने में भी कामयाब रहा (तभी तो द्वितीय विश्व-युद्ध के उपरान्त उन्हें इज़राइल के रूप में अपना पैतृक स्थान प्राप्त हुआ)। वे अपने निर्गमन और कष्ट को ईश्वर पुत्र ईसा के कष्टों और यातनाओं से करते और इस प्रकार, खुद को नए ईसाई मत या सम्प्रदाय की नींव के रूप में प्रस्तुत करने में भी सफल रहे? बाइबिल के आधार के रूप में यहूदियों का ही 'ओल्ड टेस्टामेंट' की ही मान्यता स्थापित है!

जहाँ तक यहूदी अवधारणा का प्रश्न है वहाँ मानव चूँकि, निर्वासित है अतः यह बोध या ऐतिहासिक जागरूकता एक 'अद्वितीय' (unique) अवधारणा का रूप धारण करती है। उनके लिए वे ही 'चयनित जन' थे अतः 'आम जन' रेखांकित हुआ वही अलौकिक शक्ति द्वारा चयनित था और इसीलिए दोनों के अस्तित्व को स्वीकारते हुए भी 'मानव की आवश्यक या मौलिक पहचान' (Essential identity of man) को अनुरेखित किया। इस पहचान के बाद ही मानव के मुक्ति की अवधारणा विकसित हो सकी। वे अपने पैतृक स्थान (जहाँ से वे निर्वासित हुए थे) की पुनर्प्राप्ति की आशा के साथ समस्त मानव समुदाय की मुक्ति के लिए भी चिन्तित हुए! इसी विचार ने मानव-विकासक्रम को समझने के लिए एकरेखीय विकास की अवधारणा को जन्म दिया। और मुक्ति के उद्देश्य की प्राप्ति के लिए पथ की दिव्यता या पवित्रता को माध्यम माना। इस प्रकार से यह विकासक्रम स्वतः 'अद्वितीय' या 'यूनीक' हो जाता है!

हमें स्मरण रखना चाहिए कि निर्वसन-काल में यहूदी लोग गैर-यहूदियों के सम्पर्क में भी आए और उनके आधिपत्य में भी रहे। अतः इस क्रम में उनकी मूल अवधारणा का मिश्रण गैर-यहूदी अवधारणा के साथ हुआ, तब यूनानी अवधारणा आदि के मिश्रण से ईसा के एक निश्चित चरित्र का निर्माण सम्भव हुआ। इसी के परिणामस्वरूप ईसा को गैर-ईसाई धार्मिक मान्यताओं के अनुरूप देवत्व तथा ईश्वराधारित अवतार के रूप में मान्यता प्राप्त हुई![34] सन्त पॉल ने इस मानव मुक्ति को 'ईश्वरीय अनुकम्पा' (Grace of God) से सम्बद्ध कर दिया। किन्तु, ईसा का पृथ्वी

पर आगमन या अवतरण यूनान के पतन और रोम साम्राज्य के उदय के साथ हुआ अतः सन्त पॉल ने प्रारम्भिक सिद्धान्त दिया और, स्वाभाविक ही था कि जब रोम साम्राज्य अपने चरमोत्कर्ष पर पहुँचा तब सन्त ऑगस्टाइन ने ईसाई मत को नवीन 'कैथोलिक' (Catholic) स्वरूप प्रदान कर दिया!

अतः एक ओर, ग्रीको-रोमन (Greco-Roman) तो दूसरी ओर, यहूदी विरासत के सम्मिश्रण से ही पाश्चात्य इतिहास और इतिहास-लेखन को प्रभावित किया। चूँकि, इतिहास एक तरफ 'बर्बर जनजातियों और ईरानियों' से संघर्ष का चित्रण करके नस्लीय और सांस्कृतिक अवधारणा को जन्म दे रहा था तो दूसरी ओर, यहूदी विरासत धार्मिक साम्राज्यवादी विस्तार को एक नया आयाम दे रही थी। वस्तुतः धार्मिकता के दृष्टिकोण के साथ जब पैतृक स्थान की पुनर्प्राप्ति की अदम्य लालसा सम्बद्ध हुई तब धार्मिक उन्माद का जन्म हुआ। इसने दुनिया को 'धार्मिक युद्धों' की शृंखला (Crusades) और अन्ततः 'सभ्यताओं के संघर्ष' (Clash of civilizations) के दौर तक ढकेल दिया! इसी आधार पर औद्योगिक क्रान्ति से लैस पाश्चात्य जगत ने एशिया, अफ्रीका एवं दक्षिण अमरीका के देशों को उपनिवेश बनाने में सफलता पाई थी। इन्हीं ग्रीको-रोमन तथा यहूदी विरासतों के आधार पर वे आधुनिक काल में भी अपने औपनिवेशिक साम्राज्यवादी विस्तार को न्यायोचित तथा तार्किक साबित करते रहे?

इस प्रकार यही ऐतिहासिक विरासत एवं दृष्टिकोण उनको एक निश्चित इतिहास-दर्शन भी दे गया, जिसमें वे आसानी से नई दुनिया तो खोज रहे थे किन्तु उस नई दुनिया की विरासत, इतिहास और इतिहास-लेखन आदि को नकारते रहे ताकि वे अपनी साम्राज्यीय सत्ता के सातत्य को बनाए रखने में सफल हो सकें? अतः अपने इतिहास-दर्शन को थोपना उनके लिए एक अपरिहार्य स्थिति थी? भले ही वे इतिहास को 'मानव के विकास का क्रमबद्ध अध्ययन' मान रहे थे फिर भी वे 'सीमित पाश्चात्य मानव' को ही अपने अध्ययन के केन्द्र में बनाए हुए थे? इसी 'यूनानी नस्लीय श्रेष्ठता' एवं 'चयनित जन' के दर्शन ने उनको अपने औपनिवेशिक साम्राज्यवाद और उसके विमर्श को तार्किकता प्रदान की। इसका उदाहरण संयुक्त राज्य

अमरीका में भी दृष्टिगोचर होता है जब वे 'मैनिफेस्ट डेस्टिनी' के नाम पर अपने पश्चिम प्रसार को न्यायोचित साबित कर रहे थे!

III

यहूदी और यूनानी मान्यता का मौलिक अन्तर यही था कि जहाँ यूनानी दर्शन में उनकी सांस्कृतिक श्रेष्ठता का भाव बर्बर ईरानियों की तुलना में अन्तर्निहित था वहीं यहूदी दर्शन में वे स्वयं निर्वासित होकर 'चयनित लोग' बने हैं, जिन्हें मानव के प्रारम्भिक अथवा मूलभूत पाप के लिए भुगतना पड़ रहा था- जैसे मानव प्रतिबन्धित फल के चखने के लोभ में स्वर्ग से निर्वासित हुआ था वही पाप उनके लिए भी भारी पड़ा और वे इसीलिए 'चयनित जन' (Chosen people), जो पृथ्वी पर गिरने के बावजूद उस पाप का प्रायश्चित्त करते हुए अपने गृह-क्षेत्र से निर्वासित हुए थे, अत: वे समस्त मानव समुदाय के लिए ही प्रायश्चित्त करते हुए मानव समता और समानता के संवाहक थे!

अत: एक ओर यूनानी लोग अपने को श्रेष्ठ साबित करते हुए नस्लीय श्रेष्ठता और साम्राज्य के ध्येय की प्राप्ति के लिए प्रयासरत हुए तो दूसरी ओर, यहूदी लोग अपने मातृभूमि की पुनर्प्राप्ति की लालसा से प्रेरित रहे। एक में श्रेष्ठता का बोध तो दूसरे में यातना से मुक्ति का बोध! उनकी मुक्ति का यह प्रयास ही मानव-मुक्ति के मार्ग को सुनिश्चित कर सकता था।[35] अत: वे सबको समान मानते हुए भी अपने आप को सबसे अलग/पृथक साबित करते हुए खुद को 'चयनित जन' मानते थे? श्रेष्ठता नहीं तो पृथकता का भाव तो था ही? और, इसी में भावी ईसाई मत के भी बीज समाहित थे जिसकी पड़ताल करनी चाहिए तभी हम इतिहास-दर्शन के बदलते और विकसित होते स्वरूप को समझ सकेंगे! वस्तुत: चर्च से सम्बन्धित एक चर्चा करके ही आगे बढ़ना उचित होगा। यूनानी ईसाई इतिहासकार, ईसूबियस ने जब "द हिस्ट्री ऑफ़ द चर्च" 324-325 ई. के लगभग पूर्ण की वह एक महत्त्वपूर्ण सन्धि-काल है—प्राचीन परम्परा के अन्त और मध्यकालीन ईसाई यूरोप के प्रारम्भ या प्रस्थान-बिन्दु का!

मूलतः द्वितीयक स्रोतों पर आधारित यह इतिहास ईसा मसीह से लेकर सम्राट कांस्टेंटाईन के ईसाई मत में परिवर्तित होने तक का आधिकारिक वृत्तान्त है। इसीलिए ईसूबियस को "ईसाई मत या चर्च के इतिहास का प्रणेता या जनक माना जाता है!"[36]

इस दर्शन के फलस्वरूप तीन प्रकार की प्रवृत्तियाँ समाज में पनपीं यथा, 'मिशन' भावना से मुक्ति की तलाश; मुक्ति-मार्ग प्रशस्त करने के कारण हन्ता या समुदाय के 'मसीहा' होने की भावना; तथा, 'युगान्त' दर्शन के पथ-प्रदर्शक की भूमिका![37] इन तीन प्रमुख प्रवृत्तियों के इस समागम के परिणामस्वरूप अन्ततः मसीहा के रूप में ईसा मसीह का उद्भव सम्भव हुआ और शनैः-शनैः मानव-मुक्ति का मार्ग प्रशस्त हुआ, जिसने रेखीय विकास से लेकर 'सिटी ऑफ़ गॉड' तक की अवधारणाओं को जन्म भी दिया! ईसा ने स्वयं मसीहा की भूमिका निभाई और वे ईसा मसीह हुए! लेकिन ईसा के मसीहावाली भूमिका का अनुसरण भी अनेक लोगों ने बाद तक करने का असफल प्रयास किया? उदाहरण के लिए 11वीं सदी में डेविड एलरॉय (David Alroy); 16वीं में रियुबेनी (Reubeni); 17वीं में सब्बाताई ज़ेवी (Sabbatai Zewi); तथा, 18वीं में जैकब फ्रैंक (Jacob Frank) ने भी मसीहा बनने का असफल प्रयास किया![38]

भले ही बाद में मसीहा के रूप में किसी को ईसाई जगत ने न भी स्वीकारा हो फिर भी, जो यूनानी विचार 'अर्थ को एक सुनिश्चित स्वरूप' प्रदान कर रहा था वह लौकिक एवं अलौकिक सत्ता को एक-साथ जोड़ने का ही प्रयास था? यूनानी इतिहास-लेखन में इस प्रकार से मानव से सम्बद्ध घटनाओं के अध्ययन के माध्यम से 'मीनिंग ऐज़ फॉर्म' अर्थात 'इतिहास का अर्थ आकार' ग्रहण करने लगता है। यदि इन घटनाओं का विश्लेषणात्मक विवरण हो रहा है तब इतिहास-दर्शन का अर्थ स्वतः अपना स्वरूप निरूपित करता है। इस पृष्ठभूमि में आगे बढ़ते हुए हम पाते हैं कि, यहूदी तथा बाद में इसी से विकसित ईसाई धर्म-दर्शन ने 'इतिहास के अर्थ को ध्येय के स्वरूप के रूप में विकसित किया। इतना ही नहीं, मानव-मुक्ति के लक्ष्य तक मानव-संघर्ष की यात्रा ने इस 'अर्थ के ध्येय को भी वृहद तथा सुविचारित स्वरूप' प्रदान कर दिया। अब इतिहास-

दर्शन में मानव यात्रा का अर्थ ही उसके ध्येय के रूप में स्थापित हो गया! और, 'मीनिंग ऐज़ पर्पस' या 'उद्‌देश्य के रूप में इतिहास के अर्थ' के इसी दृष्टिकोण ने अन्तत: 'परिवर्तन' को अनुरेखित करते हुए मानव के वास्तविक इतिहास के रूप में स्थापित कर दिया।

इतिहास के यूनानी-यहूदी विकासक्रम ने इतिहास के चक्रीय सिद्धान्त और मानव-मुक्ति का समन्वय किया और काल-गणना की शुरुआत की। चूँकि, इतिहास प्रगति या मानव-विकास का सूचक है अत: 'काल' का अध्ययन और इसके परिवर्तन का अध्ययन इतिहास की केन्द्र-बिन्दु ही है। बदलते परिवेश में इस काल-गणना और काल की परिभाषाओं अथवा अवधारणाओं में क्या परिवर्तन हुए उन्हें भी समझना जरूरी हो जाता है। मानव-इतिहास में सर्वप्रथम एक 'कॉस्मिक ईयर' की ही कल्पना थी किन्तु फिर, खगोल के अध्ययन ने ग्रीष्म एवं शीत के दो पृथक भागों में वर्ष को विभक्त किया। अत: सुकरात से लेकर प्लेटो-अरस्तू के टाईमस या हेराक्लिटस से लेकर पाइथागोरस और उसकी अनुयायियों तथा बेबीलोन के पुरोहितों ने भी खगोलज्ञ परिवर्तनों को उनकी निश्चित अवधि की गणना करते हुए उसे मानवीय घटनाओं से समन्वित करते हुए ज्योतिष गणना की थी? अत: चक्रीय विकास तथा ऋतुओं के अन्तर की शुरुआत इसी खगोलीय तथा क्रमिक परिवर्तन के अध्ययन से हुई थी।[39]

खगोल के आधार पर इसी प्रकार के विभाजन ईरानी आदि सभ्यताओं से भी प्राप्त होते हैं जैसा कि अवेस्ताओं के अध्ययनकर्ताओं ने स्थापित भी किया है। इन सबके अनुसार युग चार थे यथा स्वर्ण, रजत, कांस्य तथा लौह! अर्थात धातुओं पर आधारित – ऐसा प्रतीत होता है कि प्राचीन भारतीत काल-गणना के अनुसार सत, त्रेता, द्वापर एवं कलियुग में से धातुओं के आधार पर कालक्रम विभाजन बताता है कि पाश्चात्य जगत में काल-गणना का क्रम हमारे त्रेता से शुरू होता है सत युग की परिकल्पना का कोई प्रमाण नहीं है, क्योंकि इन धातुओं के विकासक्रम में हम त्रेता के आगे के युगों को ही चिह्नित कर सकते हैं! ऐसा ही युग वर्गीकरण हमें ईसा पूर्व की द्वितीय शताब्दी में रचित डेनियल की कृति में भी चित्रित हुआ है।[40]

इसी प्रकार, ईरान में भी युगों का वर्गीकरण दृष्टिगोचर होता है किन्तु यह तीन प्रमुख राजतन्त्रों के आधार पर किया हुआ वर्गीकरण है—यथा, असीरियन, मेडीयन एवं पर्शियन और इसके माध्यम से मानव साम्राज्यों का वैभव गान किया गया है। चयनित लोगोंवाले इज़राइल पर असीरियन राज्य का आधिपत्य हुआ यह भी वर्णित है! इसमें मेरिडियन युग भी ईरानियों की परम्परा का ही द्योतक है! इसी में वर्णन है कि, कैसे अन्ततः स्किपियो (एसियाटिकस) ने सीरियाई एंटीओकस III को ईसा पूर्व 190 में मैग्नेशिया के युद्ध में पराजित किया था और एक अविरल विशाल रोमन साम्राज्य के सूत्रपात की उद्घोषणा की थी![41]

इस प्रकार, जैसे यहूदियों ने अपने पैतृक स्थान की पुनर्प्राप्ति की प्रक्रिया को मानवीय पाप के प्रायश्चित्त की प्रक्रिया में चित्रित किया था और ईसा उसकी पराकाष्ठा थी अतः एक अभूतपूर्व ऐतिहासिक घटना– प्रक्रिया और घटना के चित्रण जैसे पृष्ठभूमि से उभरती एक घटना! इसी प्रकार, इसाई इतिहास-लेखन में कार्य-कारण के सिद्धान्त को मूर्त-रूप प्रदान कर दिया गया। रोमन काल में तो वहाँ के महान सम्राटों को देवत्व प्रदान करके इनसान और अलौकिक शक्तियों के मध्य की दूरी को लगभग पाट दिया गया! सम्भवतः यहीं से पाश्चात्य जगत में राजत्व का दैवीय स्वरूप भी इसी प्रकार से उभरा होगा? और जब ईसा के बाद चौथी सदी में लैटिन भाषा का महान कवि, प्रूडेंटसीयस यह लिखता है कि ईश्वर ने ही रोमवासियों को समस्त विश्व में ईसाई मत स्थापित करने के लिए विजय का निर्देश दिया है तब भी वे अपनी साम्राज्य स्थापना और उसके विस्तार के लिए 'ईश्वरीय आज्ञा' की वैधता का सहारा ही ले रहे थे?

इस प्रकार और इस प्रविधि से 'हिस्ट्री ऐज़ मीनिंग' या 'अर्थ के रूप में इतिहास' का लेखन उभरता है – इसमें ईसाई मत के विस्तार को ही मानव-विकास के क्रम का कारण माना गया और उसे ही आधार बनाया गया! इतना ही नहीं जिस घटना में या घटना-पूर्व की पृष्ठभूमि में इस आधार का भाव होता था उसे इतिहास का अंग या ऐतिहासिक महत्त्व नहीं प्रदान किया जाता था! अतः इतिहास को एक अर्थ और एक उद्देश्य से सदैव के लिए सम्पृक्त कर दिया गया! इतना ही नहीं, इसी आधार पर

इन दार्शनिकों एवं इतिहासकारों ने अतीत, वर्तमान और भविष्य को एक सातत्य के रूप में भी चित्रित किया? अतीत यूनानी एवं यहूदी सभ्यताएँ थीं जिनसे अन्ततः ईसा मसीह को प्रकट ही होना था और उसके पश्चात उसी मत को पूरे विश्व में स्थापित करने की ईश्वरीय आज्ञा और दैवीय वैधता भविष्य की प्रक्रिया भी निर्धारित थी। इतना ही नहीं इस पूरी घटनाक्रम के माध्यम से दार्शनिकों-विद्वानों ने यह भी स्थापित करने का प्रयास किया कि कैसे ईसाई मत ग्रहण करने से मानव परिवर्तित होता है और इसी से यह निष्कर्ष भी निकला कि मानव परिवर्तनशील तथा परिवर्तनीय है। मानव-समाज के इसी परिवर्तन को विकास का द्योतक माना गया और मानव के विकास के अध्ययन को ही इतिहास की विषय-वस्तु माना गया। इसीलिए विश्व भर में सिर्फ़ एक धार्मिक सम्प्रदाय ही नहीं एक ही पंचांग लागू करने की प्रक्रिया रोमन साम्राज्य के काल से शुरू हुई, जिसमें ईसा का जन्म ही केन्द्र था!

यूनानी-यहूदी परम्पराओं की विरासत ईसाई साम्राज्य के रूप में रोमन इतिहासकारों ने सम्हाली। चूँकि, रोमन साम्राज्य की स्थापना और उसी के प्रश्रय में पनप रहे थे अतः वे प्रायः राजनीतिक इतिहास पर ही केन्द्रित रहे थे और इसी कारण से उनका इतिहास विवरणात्मक अधिक है। और चूँकि, रोमन साम्राज्य के औचित्य के साथ यूनान का स्थान लेने को भी तार्किक और न्यायसंगत सिद्ध करना था अतः वे 'उपयोगितावाद' के सिद्धान्त के प्रतिपादक हो गए। रोम ने भले ही यूनानी साम्राज्य का स्थान लिया था और उन्हें सैन्य तथा राजनीतिक रूप से पराजित किया था किन्तु सांस्कृतिक रूप से वे यूनानियों के आधिपत्य से मुक्त नहीं हो पाए? द्वितीय प्यूनिक युद्ध तक तो रोम का कोई इतिहास लिखा भी नहीं गया।

भले ही फेबियस पिक्टर प्रारम्भिक रोमन इतिहासकार था किन्तु केटो वरिष्ठ (234-149 ई.पू) जो ईसा के पूर्व के काल में लैटिन भाषा और गद्य में लिख रहा था उसी से रोमन इतिहास-लेखन की सच्ची शुरुआत मानी जाती है। इसके अतिरिक्त जूलियस सीज़र की कृति 'कमेंटरीज़ ऑन द गेलिक वॉर्स' मूल रूप से प्रचार के लिए लिखा सैन्य या युद्ध का इतिहास मात्र है। ईसा के पूर्व सन्, 44 के बाद विजिल एवं लिवी ने 29 ईसा पूर्व

के लगभग इतिहास-लेखन शुरू किया। वे दोनों ही रोम के साम्राज्य के विस्तार, शक्ति, समृद्धि और वैभव से अभिभूत थे। उनकी आस्था थी कि मानव इतिहास का 'स्वर्ण युग' स्थापित हो चुका है! उन्होंने अपने इतिहास को दिलचस्प तो बनाया ही उसे थ्यूसिडाईडस की भाँति उपदेशात्मक भी बनाया ताकि वह रोमवासियों को अनुशासन, राष्ट्रप्रेम आदि के गुणों से लैस कर सके! उनके इतिहास-लेखन का सबसे बड़ा दुर्गुण या कमी विश्लेषण की थी। इसमें कहीं भी घटनाओं के कारणों तथा उनकी प्रक्रिया को समझने-समझाने का प्रयास नहीं किया गया था।[42]

किन्तु रोमन इतिहास-लेखन के क्षेत्र में सबसे बड़ा नाम कॉर्नेलियस टेसिटस (ईसा के उपरान्त 55-120?)[43] का है। वह प्रक्रियाओं के अध्ययन के साथ विश्लेषणात्मक इतिहास-लेखन करता था। उसने अनेक नायकों के चरित्र-चित्रण में अवधारणाओं, उद्देश्यों तथा मानसिक स्वरूप को आधार बनाया है। उसने अपने विवरण में प्रत्येक व्यक्ति के मनोवैज्ञानिक दृष्टिकोण को भी सम्मिलित किया है। किन्तु उसने अपने तथ्यों की कोई पुष्टि नहीं की है। इसी तरह वह साहित्यिक शैली की मोहकता के चक्कर में सत्य का परित्याग सा करता प्रतीत होता है और यही प्रवृत्ति बाद के रोमन इतिहासकारों की कमी भी बनती है। संक्षेप में हम कह सकते हैं कि टेसिटस एक दार्शनिक और साहित्यिक इतिहासकार अधिक प्रतीत होता है!

वैसे भी साम्राज्यीय वैभव की चकाचौंध में इतिहासकार सामान्य जन के जीवन प्रवाह और उनकी कलाओं, रीति-रिवाज़ों, वाणिज्य-व्यवसाय आदि के वर्णन से पृथक सिर्फ़ दरबार, राजनीतिक घटनाओं और युद्धों तक अपने को सीमित कर लेता है! अत: उसमें आपको उस काल के ज्ञान-विज्ञान तथा संस्कृति के विषय में कोई जानकारी नहीं मिल पाती है। फिर भी उनकी मान्यता थी कि राजतन्त्र के सातत्य में ही राजनीतिक स्थायित्व और विकास सम्भव है! अत: राजतन्त्र के केन्द्रीय तत्त्व, शासकों की जीवनियाँ और वंशीय इतिहास ही उनके लिए वास्तविक इतिहास हो गया था। इसी के चलते समकालीन परिवेश और समस्त वाङ्मय उनके वर्णन से अछूता ही रह जाता है!

उपर्युक्त विवरणों से स्पष्ट है कि किस प्रकार, यहूदी परम्परा से ईसाई मत का जन्म हुआ और इस नए मत ने ईसा को चयनित मानवों की मुक्ति हेतु ईश्वर द्वारा अपने पुत्र को स्वर्ग से पृथ्वी पर भेजने की अवधारणा से यहूदी धर्म के मूल सिद्धान्तों के आधार पर ही ईसाई मत स्थापित कर दिया और लोगों को एहसास होने लगा कि अब वे मानव के मूल पाप से मुक्त हो जाएँगे! अत: यह यहूदी-ईसाई जगत में सबसे महत्त्वपूर्ण घटना हो गई और इसी के आगे पीछे से ईसाइयों ने अपना पंचांग तक बना डाला? और, जब औपनिवेशिक दौर में, एशिया, अफ्रीका तथा दक्षिण अमरीका के क्षेत्रों में यूरोपवासियों का ही आधिपत्य हो गया तब बस यही कैलेंडर या पंचांग लगभग विश्व भर में प्रचलित हो गया! इसीलिए केह्लर कहता है, 'जहाँ यहूदियों के लिए उमंग एक प्रक्रिया थी, वहीं ईसा के प्रति मनोभाव के रूप में वह अद्वितीय घटना हो गई।' अत: 'मीनिंग' या अर्थ के साथ 'पर्पस' अथवा उद्देश्य एक हो गए और इस प्रकार से ईसा के इर्द-गिर्द केन्द्रीभूत होकर नया मत 'ईसाई' मत हो गया!

जब इस प्रक्रिया के साथ राजत्व की प्रक्रिया जुड़ी तब इसने फिर एक नया स्वरूप धारण किया। यह प्रक्रिया थी, रोमन सम्राटों को देवत्व स्तर प्रदान करने की। इस प्रक्रिया ने वस्तुत: दैवीय एवं लौकिक जगत की दूरी बहुत कम कर दी। और, इसी ने रोमवासियों को यह एहसास करवा दिया कि वे नए तथा वास्तविक चयनित लोग थे जिन्हें ईश्वरीय आदेश था कि वे ईसाई धर्म को विश्व-धर्म के रूप में स्थापित करें! अत: रोमवासी और उनके शासक अपने को वही मानते थे जिनका दायित्व था कि वे समस्त विश्व विजित करके ईसाई धर्म को विश्व-धर्म बना दें! ईसा सन् की 4वीं सदी में लैटिन भाषा के कवि, प्रूडेंटसीयस ने यही बात अपनी कृति में अनुरेखित भी की है![45]

अत: अब ईसाई मत में एक प्रवहमान अवधारणा तो पृथ्वी पर ईश्वरीय राज्य की स्थापना की सम्भावना थी ही; वहीं बपतिस्मा के माध्यम से व्यक्तिगत धर्मावलम्बी को एहसास होने लगा कि वह भी ईश्वर-पुत्र, ईसा के साथ जिया, मरा और फिर उठा है! अत: न केवल वह अपनी आस्था से ईसा से जुड़ा अपितु 'बपतिस्मा' की प्रक्रिया से ईसा के व्यक्तित्व में

ही जीवित रहने लगा! एक प्रकार से ईश्वर का मानवीय रूप धारण करने की इस अवधारणा ने पृथ्वी पर ईश्वर के राज्य की स्थापना की सम्भावना को तो बढ़ाया ही; दूसरी ओर, इस अभूतपूर्व घटना ने मानव इतिहास को सुदृढ़ करते हुए उसके क्रमिक विकास की अवधारणा भी विकसित कर दी। जैसे ही ईसा के जन्म से तारीख का निर्धारण शुरू हुआ एक नवीन किन्तु सुनिश्चित (मानव के) क्रमिक विकास की अवधारणा भी विकसित हुई।

यहूदी मान्यता थी कि मानव अपने मूल पाप के चलते ही स्वर्ग से पृथ्वी में आकर गिरा था। इस पूरी प्रक्रिया में यह अन्तर्निहित तथ्य था कि मानव के पास अच्छे और बुरे के मध्य अन्तर करने की क्षमता विद्यमान थी और उसे इसके चयन की स्वतन्त्रता भी प्राप्त थी? चूँकि, मानव के पास ज्ञानार्जन की क्षमता थी और वह ज्ञानार्जन के चलते भी अपनी इच्छा से पुण्य और पाप का अन्तर कर सकता था अत: यह अवधारणा पुष्ट हुई कि मानव की 'स्वतन्त्र इच्छा' से ही उसका कर्म निर्धारित होता है। इस दौर में बस एक नवीन अवधारणा इस अवधारणा में और जुड़ गई थी। इस अवधारणा के अनुसार 'बपतिस्मा' के माध्यम से पापी मनुष्य ईसा से सम्बद्ध होकर उनकी यातना के चलते मौलिक पाप से मुक्ति प्राप्त करके अपने प्रारब्ध के अनुसार कर्म करने लगता है! अब उसे उस आधारभूत पाप का फल नहीं भुगतना पड़ता है, जिसके कारण मनुष्य स्वर्ग से धरती पर आ गिरा था! उसके निवारण के लिए ही ईश्वर ने अपने पुत्र को कष्ट और यातना सहने के लिए पृथ्वी पर ईसा के रूप में भेजा था![46]

अत: मानव-कल्याण की प्रक्रिया जो ईश्वर-पुत्र, ईसा ने शुरू की थी उसे विस्तार देने के लिए विश्व का ईसाईकरण करना था और इसी में रोमन साम्राज्य के विस्तार को वैधता और दैवीय आधार प्रदान किया! अत: जब कॉनस्टेंटायीन के अधीन वृहद क्षेत्र में रोमन साम्राज्य का विस्तार हो गया तब इसे दैवीय आदेश का पूर्व-निर्धारित पालन ही माना गया! और उसके बाद इस मान्यता ने जन्म लिया कि अब शीघ्र ही 'ईश्वरीय राज्य' की स्थापना की पृष्ठभूमि निर्मित हो चुकी है और अब किसी भी निकट

भविष्य में 'ईश्वरीय राज्य' स्थापित हो ही जाएगा![47] यह मान्यता इसलिए ग्राह्य और स्वीकार्य हो रही थी क्योंकि, ईसा का जन्म रोमन साम्राज्य की स्थापना के काल में हुआ था और अब जब वह अपने चरमोत्कर्ष पर है तब ज़ाहिर ही है कि, 'ईश्वरीय राज्य' की स्थापना अपरिहार्य है। किन्तु मात्र सात वर्ष बाद ही ईसा सन् 410 में जैसे ही बर्बर माने जानेवाले योद्धा, विसिगोथ एलारिक ने रोमन साम्राज्य की राजधानी और केन्द्र, रोम पर ही आधिपत्य स्थापित कर लिया, वैसे ही यह विश्वास और आस्था दोनों को करारा झटका लगा![48] लेकिन ईसाई धर्म को सत्ता परिवर्तन से कोई फर्क नहीं पड़ा, क्योंकि, ईसा सन् 380 से 392 के मध्य विभिन्न अधिनियमों के माध्यम से रोमन साम्राज्य में ईसाई धर्म ही एकमात्र मान्यता प्राप्त धर्म रह गया था।[49]

जिस कैरोलस मैग्नस को हम चार्ल्मेन या शार्लमेन (742-814) के नाम से जानते हैं वह अपने शासन-काल में धार्मिक मामलों में भी निरन्तर हस्तक्षेप करता रहा था। इसी क्रम में जब पोप लियो तृतीय को चर्च ने ही निर्वासित कर दिया था (399), तब चार्ल्मेन ने ही उसे वापस इटली पहुँचाकर पोप के सिंहासन पर पुनः आरूढ़ करवाया था अतः ईसा सन् 400 के क्रिसमसवाले दिन, चार्ल्मेन को इसी पोप लियो तृतीय ने कृतज्ञता-भाव से सम्राट को घोषित करके रोमन सम्राटों का ताज उसके सर पर रखा![50]

जैसे सेंट पॉल ने ईसाई धर्म की स्थापना में महत्त्वपूर्ण योगदान दिया था उसी प्रकार, सेंट ऑगस्टीन को इस धर्म का द्वितीय संस्थापक माना जा सकता है। ऐसे समय जब ईसाई धर्म पर भयावह संकट आ पड़ा तब सेंट ऑगस्टीन ने उसे पुनर्जीवित किया। अपनी कृति 'De Civitate Dei' या 'सिटी ऑफ़ गॉड' के माध्यम से उसने इसे पुनः अध्यात्म से परिपूर्ण कर दिया और ईसाई प्रगति के विचार को व्यक्तिगत मुक्ति से सम्बद्ध कर दिया। अतः इसने ईसाई लोगों को अवसाद से उबरने का अवसर प्रदान किया? जो लोग रोमन साम्राज्य के चरमोत्कर्ष में ईश्वरीय सत्ता की स्थापना की उम्मीद कर रहे थे और रोम के पतन से अराजकता से घबड़ा गए थे उनके अन्दर पुनः आशा का संचार किया। उसने लोगों

को ईश्वर के प्रति पूर्ण समर्पण का आह्वान किया और मानव-समाज के सामुदायिक मुक्ति के स्थान पर हिन्दुओं की भाँति मनुष्य के व्यक्तिगत मोक्ष पर अपना ध्यान केन्द्रित करके ईसाई जगत में एक बड़ा परिवर्तन ला दिया!

इसी भ्रम और सन्देह के दौर में केन तथा एबल का सिद्धान्त भी अंकुरित होता है, जिसमें एक परिवार या वंशज नकारात्मकता के प्रति प्रेम रखते हैं तो दूसरे सकारात्मकता के प्रति। ऑगस्टीन के अनुसार केन ने शहर बसाए किन्तु एबल ने नहीं वह बाह्य जगत से जो था? इसी बसे हुए शहर को अन्ततः शान्ति, प्रेम एवं न्याय के शहर में विकसित होना था – एक अनैतिहासिकता से परिपूर्ण अवधारणा विकसित होने लगी? जब विकसित, समृद्ध और सशक्त मानव-सभ्यतावाले समाज का विध्वंस एक बर्बर या असभ्य मानव समुदाय के योद्धा द्वारा हुआ तब ईश्वरीय सत्ता के प्रति समर्पण के अलावा और कोई चारा ही ऑगस्टीन को नहीं समझ आया?

जैसे बपतिस्मा के द्वारा आदिम पाप से मुक्ति मिलती थी वैसे ही अब ऑगस्टीन ने 'तत्त्वान्तरण' की एक नई अवधारणा को जन्म देकर ईसाई मत को पुनर्जीवित कर दिया! जैसे सेंट पॉल ने 'बपतिस्मा' द्वारा ईसा के जन्म, मृत्यु और पुनरुत्थान से मनुष्य को जोड़ा था वैसे ही 'तत्त्वान्तरण' की प्रक्रिया के अनुसार ईसाई जब चर्च में प्रसाद के रूप में 'ब्रेड' तथा 'वाइन' ग्रहण करता है तब वह ईसा का ही मांस एवं रक्त के अंश को ग्रहण करके ईश्वरीय सत्ता से सम्बद्ध होकर उसे आत्मसात् करके अपने पाप से मुक्त हो जाता है![51]

किन्तु सेंट ऑगस्टीन की अवधारणा से पुष्ट हुए पुनर्जीवित ईसाई जगत ने उसके सिद्धान्त से ही चर्च को 'सिटी ऑफ़ गॉड' मान लिया और आज तक 'वैटिकन सिटी' में निवास करनेवाले कैथोलिक पोप को ईश्वर के प्रतिनिधि के रूप में पूजते हैं! 'सिटी ऑफ़ गॉड' (426 ई.) से "पवित्र चर्च" तक की यात्रा भी इस पुनर्जीवित ईसाई धर्म की विकास-यात्रा ऐतिहासिकता से वापस दैवीय की ओर लौटने की है – इसमें मनुष्य अपने प्रारब्ध से ही बँधा हुआ था और ईश्वरीय कृपा के अभाव में उसकी

मुक्ति का कोई विकल्प ही नहीं था? मानव-समय या काल भी ऑगस्टीन के अनुसार अराजकता और अशान्ति के भेंट चढ़ चुका था? अतः मानव-वैभव और श्री अस्थाई ही थी, स्थायित्व का भाव सिर्फ़ ईश्वरीय अनुकम्पा में ही सम्भव था?

सेंट ऑगस्टीन की इस अवधारणा का एक और परिणाम हुआ और यह बहुत दूरगामी साबित हुआ? इस सिद्धान्त ने व्यक्तिगत मुक्ति को रेखांकित करके, ईसाई धार्मिक जीवन को आत्मा से पूरी तरह से जोड़ दिया। शारीरिक जीवन को भाग्य भरोसे छोड़ दिया गया? उसकी कृति में ईसाई मान्यता के अनुसार विश्व इतिहास को ईश्वरीय कृपा के अनन्त प्रवाह के रूप में चित्रित किया गया है। उसी के अनुसरण में अन्य इतिहासकारों ने भी स्त्रोतों को बिना आन्तरिक समीक्षा के जस-का-तस स्वीकार किया जिससे सिर्फ़ परम्पराओं को ही इतिहास के रूप में चित्रित किया गया? इस प्रकार के इतिहास-लेखन में कारण-कारक सम्बन्धों की पड़ताल नहीं थी। इसमें पृष्ठभूमि और कारण जानने के किसी भी प्रकार के प्रयास नहीं किए गए।[52] इन्हीं कारणों के चलते इसकी प्रतिक्रिया स्वाभाविक थी और हुई भी—यहीं से इतिहासकार पाश्चात्य जगत में गैर-धार्मिक दृष्टिकोण की शुरुआत भी मानते हैं! उनके मतानुसार आत्मा और शरीर (रूह और जिस्म) पृथक इकाई हो गईं। अतः सांसारिक जीवन अपने भोग-विलास में डूबा रहा और धार्मिक संगठन ने धर्म का दायित्व ग्रहण किया। और यहीं से हम पाश्चात्य विश्व में चर्च एवं सिंहासन के मध्य के संघर्ष का बीजारोपण भी देख सकते हैं?

वस्तुतः जैसे ही धर्म या आस्था की रक्षा और संरक्षण का प्रश्न गहराया तब यह अधिकार धार्मिक संगठन या सांगठनिक ईसाई (कैथोलिक) धर्म ने क्रूसेड्स या इस्लाम धर्म के अनुयायियों के विरुद्ध धार्मिक युद्धों के संचालन और नेतृत्व का दायित्व भी निभाया। और, जैसे-जैसे 'क्रूसेड्स' ने आक्रामकता अख़्तियार की वैसे-वैसे चर्च और पोप की सत्ता और अधिकार अधिक ध्रुवीकृत होने लगे। अन्ततः यह पोप और चर्च के हाथों में केन्द्रित हो गए और ऐसी युद्धपरक परिस्थितियों में यह अपरिहार्य भी था! अतः यदि व्यक्तिगत मोक्ष या मुक्ति की बात थी तब तो चर्च पर निर्भर

थे ही अब तो धर्म संरक्षण के कार्य में तो सर्वोच्च धर्माधिकारी के नेतृत्व में संलग्न हों अत: अपने धार्मिक दायित्वों के निर्वहन के प्रश्न पर तो वे पूरी तरह चर्च और उसके अधिकारियों पर निर्भर/आश्रित होते चले गए और धर्म-युद्धों के लम्बे काल में चर्च तथा पोप सर्वोच्च संस्था तथा अधिकारी के रूप में प्रतिष्ठित हो गए!

जैसे-जैसे शक्ति का केन्द्रीकरण चर्च में हुआ वैसे-वैसे सत्ता भी पोप के हाथों में केन्द्रित होती चली गई और जितने दुर्गुण सत्ता से सम्बद्ध हो सकते हैं, वे चर्च और उसके उच्चाधिकारियों में दृष्टिगोचर होने लगे? चर्च भी राज-परिवार तथा पोप राज-सिंहासन से जुड़े भ्रष्टाचार से बच नहीं पाए। इन धर्म-युद्धों के लम्बे दौर में राजनीति और राज्य करने के सारे दुर्गुण चर्च ने आत्मसात कर लिए थे! इसी दौर में चर्च और उसके सांगठनिक स्वरूप में एक अन्य परिवर्तन भी दृष्टिगोचर होने लगा। इन युद्धों के फलस्वरूप नए केल्टिक तथा जर्मन क्षेत्र भी ईसाई जगत के अन्तर्गत आ गए और इसने पाश्चात्य रोमन-विश्व को एक नया विस्तार भी प्रदान किया। दूसरी ओर, इन युद्धों ने ही पाश्चात्य जगत के द्वार खोल दिए। अत: वे गैर-ईसाई और जिनसे युद्धरत थे—इस्लाम के अनुयायियों के प्रभाव तक से वे नहीं बच सके। यहूदी प्रभाव तो सर चढ़कर बोलने ही लगा था? क्योंकि यही उनको औचित्य प्रदान करता था 'प्रॉमिस्ड लैंड' को पुनर्विजित करना ही उन्हें युद्धों की वैधता और प्रभुत्व के विस्तार का तर्क प्रदान करता था। इसी से वे अपने युद्धों को धर्म-युद्ध साबित कर सकते थे?

सेंट ऑगस्टीन ने ही 'चर्च' को एक पवित्रता और उसके साथ अनजाने में सर्वशक्तिमान करते हुए आक्रामकता से भी लैस कर दिया। इसी आक्रामकता का परिणाम पहले 'धर्मयुद्धों' या 'क्रूसेड्स' में तथा और बाद में, धर्म-सुधार आन्दोलनों के दौर में 'इन्क्विज़िशन' या धार्मिक न्यायालयों द्वारा 'धर्मच्युतों के मृत्युदंड' प्रदान किए जाने में साफ़ दिखता है! दूसरी ओर प्रारब्ध के सिद्धान्त ने नई ऊर्जा के साथ ज़्विंगली, लूथर, केल्विन जैसे सुधारकों को चर्च पर आक्रमण करने के लिए आधार भी प्रदान किया था! किन्तु मानव को प्रारब्ध से जोड़नेवाले ऑगस्टीन ने 'काल' और

'ऐतिहासिकता' के साथ उसका सम्बन्ध विच्छेद करके इतिहास और मानव-प्रगति या सभ्यता के विकास को ही पृष्ठभूमि में ढकेल दिया यानी इतिहास-लेखन के साथ तो अन्याय किया किन्तु इतिहास-दर्शन को एक नया रूप दे दिया?

इन प्रभावों तथा निरन्तर युद्धों के चलते, वैज्ञानिक एवं तकनीकी विकास भी होता रहा। और इसी ने अन्ततः तर्कवाद तथा अनुभववाद के भी बीज बो दिए। कार्टेसियन क्रान्ति के बाद कोपर्निकस, केप्लर, गलेलियो के क्रान्तिकारी विचारों ने इस प्रक्रिया को और सशक्त किया था। इसने भी गैर-ईसाइयत तथा तर्कवाद को ऊर्जा प्रदान की। दूसरी ओर, रोमन विधिशास्त्र ने एक साम्राज्य के ढाँचे को सशक्त किया वहीं इन वैज्ञानिक विचारों ने इसके साथ सम्मिश्रित होकर अन्ततः एक दीर्घ प्रक्रिया के चलते साम्राज्यवाद के उपरान्त 'राष्ट्रिय-राज्य' की अवधारणा दी! इसी ने चर्च के अपवित्र आचरण और दुर्गुणों के विरुद्ध भी लोगों को उत्तेजित किया और धर्म-सुधार आन्दोलनों के चलते एक ओर अगर 'रोमन कैथोलिक चर्च' विघटित हुआ वहीं राज्य और चर्च के संघर्ष भी अधिक महत्त्वपूर्ण हो गए। इस दृष्टिकोण से भौतिक समृद्धि एक छलावा ही माना गया और, इसका अन्त दुखान्त ही होना था, जैसा रोमन साम्राज्य के पतन से स्थापित ही हुआ? इसी ने अन्ततः उसे इतिहास के पुरातन चक्रीय सिद्धान्त के विरुद्ध कर दिया।[53]

पूरा पाश्चात्य इतिहास-दर्शन एक तरह से यहूदी-ईसाई धर्म की विकास-यात्रा से ही सम्बद्ध रहा है अतः आइए उसकी विकास-यात्रा के वृत्तान्त को आगे बढ़ाया जाए। पोप लियो तृतीय ने जब शार्लमेन या चार्ल्मेन को रोमन सम्राट घोषित किया तब ईसाईकरण ने स्पेनी तथा दक्षिण इटली के सारसेनों के साथ हो रहे युद्ध ने धार्मिक युद्धों के साथ ही एक व्यापक युद्धपरक माहौल ही बना दिया! किन्तु मुस्लिमों के साथ हुए युद्धों ने अन्ततः भूमध्यसागर का मार्ग खोल दिया, जिससे व्यापार-व्यवसाय में वृद्धि तो हुई ही, विचारों के आदान-प्रदान ने सांस्कृतिक पुनर्जागरण का मार्ग भी प्रशस्त कर दिया! इस प्रकार के विनमय ने विज्ञान तथा कलाओं को भी प्रेरित किया और इसी के परिणामस्वरूप, राज्य

के गैर-धार्मिक स्वरूप पर अधिक जोर पड़ने लगा और ईसाईकरण की प्रक्रिया के फलस्वरूप शुरू हुए इन युद्धों ने अपने अन्तर्निहित अन्तर्विरोध के चलते उसी धर्म की पकड़ ढीली कर दी। इसका एक ओर दूरगामी परिणाम निकला और वह था मानव चेतना के मौलिक स्वरूप में परिवर्तन! मानव जाग्रति के मूलभूत बदलाव ने शुद्ध तर्क के आधिपत्य को स्थापित करते हुए पुनर्जागरण काल से ही विज्ञान और प्रौद्योगिकी को केन्द्र में ला दिया!

केल्टिक तथा जर्मेनिक जनजातियों के ईसाईकरण ने इसे जगत के केन्द्र को भी नवीन उत्तरी यूरोप की ओर घुमा दिया जिसके परिणामस्वरूप नवीन शक्तियाँ एवं उनकी आस्थाएँ तथा विचार ईसाई जगत को प्रभावित करने लगे। अत: एंग्लो-सैक्सन, आइरिश, फ्रैंकिश आदि नवीन ईसाई समुदाय हुए और यह तर्क तथा वास्तविकता के आधार पर समाधान के पक्षधर हो गए। इसने भी ईसाई जगत के मौलिक स्वरूप को परिवर्तित करने में अपना योगदान दिया! एक ओर नव-अफ़्लातूनवाद (नियो-प्लेटोनिज़्म) दर्शन में प्रमुख स्थान बनाए रहा किन्तु इसमें भी अरस्तू के तर्कवाद ने सर्वोच्च स्थान ग्रहण कर लिया! बाद में इसी तर्कवाद ने द्वन्द्ववाद या डायलेक्टिक्स का रूप धारण किया था। और इसी ने अन्तत: तर्कवाद को सर्वाधिक महत्त्वपूर्ण बनाते हुए अरस्तू को भी सर्वोच्च महत्त्व प्रदान कर दिया!

ग्यारहवीं सदी आते-आते ईसाई नार्मन लोगों ने सारसेनिक आधिपत्य से दक्षिण इटली एवं सिसिली विजित कर ली। इसी समय स्पेन पर भी ईसाई आधिपत्य स्थापित हुआ और पूरा आयीबेरियाई प्रायद्वीप जो मध्यकाल में मुस्लिम विश्व का भाग रहा था अब ईसाईकरण के दौर से गुजरने लगा। पूर्वी तत्त्व एवं कथाएँ तक लैटिन भाषा में अनुवादित होने लगीं और, इसी के फलस्वरूप एक मिश्रित संस्कृति जन्म लेने लगी, जिसमें पूर्वी और पाश्चात्य के तत्त्वों का सम्मिश्रण होने लगा। वस्तुत: रोमन साम्राज्य की स्थापना और विस्तार के इस पूरे काल में भी पूरब में स्थापित बाईज़ेंटाईन साम्राज्य में तो यूनानी परम्पराएँ जीवित ही रही थीं किन्तु पश्चिमी यूरोप में पुनर्जागरण के फलस्वरूप पुन: प्राचीन यूनानी क्लासिक की ओर लौटना

अपरिहार्य था अतः एक बार पुनः अरस्तू का दर्शन प्रभावी होने लगा।

सर्वप्रथम यह अरब विद्वान एवोर्स (1126-1198) की टीका के साथ इस नई पीढ़ी ने देखा-समझा। उसके तथा उसके फ्रान्सीसी शिष्य, सिगर दी ब्रबां ने अर्थ के द्वैतवादवाले सिद्धान्त को जन्म दिया – जो दर्शन में सत्य हो, वह धर्म में असत्य हो सकता है। इसी प्रकार, जो धर्म में सत्य है वह दर्शन में असत्य हो सकता है और इनके द्वन्द्व के आधार पर इन्होंने अन्ततः तर्क के प्रभुत्व को ही रेखांकित किया![54] पुनर्जागरण के विज्ञानवाद और तर्कवाद ने अन्ततः अरस्तू के दर्शन के महत्त्व को पुनर्स्थापित कर दिया और गम्भीर अध्ययन के क्षेत्र में अरस्तू का द्वन्द्वात्मक विश्लेषण ही स्वीकार्य हुआ! अरस्तू की मान्यता थी कि आत्मा अमर नहीं है। शुरू में तो चर्च ने इस पर अपना विरोध दर्ज करते हुए अरस्तू के अध्ययन को ही प्रतिबन्धित कर दिया किन्तु यह निष्फल ही साबित हुआ। अन्ततः काल को कारण से सम्बद्ध किया और फिर कारण से (विश्व की) रचना से और इस प्रकार अरस्तू के ही तर्क से अरस्तू स्वीकार्य हुआ! इसी के फलस्वरूप, आस्था पर तर्क की विजय हुई और ऐतिहासिक काल के साथ ही धर्मनिरपेक्ष काल निर्धारण ने उसके आध्यात्मिक और धार्मिक पक्ष को महत्त्वहीन कर दिया!

अरस्तू के दर्शन में क्या कुछ अन्तर्निहित था वह भी पुनर्जागरण के पश्चात उसके अध्ययन ने ज्ञान-विज्ञान के नवीन द्वार खोल दिए। एवोर्स, सिगर दी ब्रबां के पश्चात हम बोनावेंचुरा (1221- 1274) तथा टॉमस एक्विनास (1225-1274) में उसके प्रभाव को देखते हैं। इन दोनों ने ही अपने वैज्ञानिक शोधपूर्ण अध्ययन में अरस्तू के विचारों की ही पुष्टि की है कि 'तत्त्व' (मैटर) एवं 'स्वरूप' (फॉर्म) से ही व्यक्तित्व का विकास सम्भव होता है और पृथक विशेषताएँ उभरकर ही इन अनेकताओं को जन्म देता है। एक्विनास ने इस सिद्धान्त के आधार पर आधुनिक विज्ञान की ही नींव रख दी। अरस्तू के व्यापक प्रभाव से ज्ञान-विज्ञान के विस्तार को हर्बर्ट बटरफील्ड ने अपने प्रसिद्ध निबन्ध में 'हिस्टोरिकल इम्पोर्टेन्स ऑफ़ ए थ्योरी ऑफ़ इम्पेटस' में उजागर किया है। अतः उसके विषय में विस्तार से कोई भी वहाँ देख सकता है।[55]

अब नए विचारों से आच्छादित विश्व में चर्च को एक बार पुनः वैश्विक सत्ता के लिए संघर्षरत होना पड़ा और वह स्वयं दैवीय सत्ता से पृथक होते हुए स्वयं एक वैश्विक शक्ति बनने के लिए प्रयासरत हुआ। और, इस प्रक्रिया में उसमें वे सभी अवगुण समाहित होते चले गए जिनके विरुद्ध उसे एक संरक्षक संस्था की भूमिका में होना था? अतः इस पृष्ठभूमि में हम चर्च में प्रविष्ट अशुद्धियों और उनके विरुद्ध ज़्विंग्ली, कैल्विन एवं लूथर के द्वारा संचालित धर्म-सुधार आन्दोलन को समझ सकते हैं! बेन के अमौरी जैसे विद्वान ने तो अन्ततः स्थापित किया कि नरक सिर्फ़ अज्ञान है और स्वर्ग है सत्य का ज्ञान! अतः आस्था को उसने ज्ञान से सम्बद्ध कर दिया, जिसके परिणामस्वरूप, फ़ादर (ईश्वर), सन (पुत्र, ईसा) के बाद 'घोस्ट' प्रत्येक मानव था जो मुक्ति-मार्ग पर अग्रसर है!

इसी दर्शन को आगे बढ़ाते हुए फ्लोरेन्स के जोआकिम ने मुक्ति के मार्ग का विस्तृत ऐतिहसिकरण प्रस्तुत किया था। इसमें हमें यहूदी दर्शन का भी पर्याप्त प्रभाव दिखाई देता है। उसने स्पष्ट कर दिया कि यह मुक्ति काल के अन्त में नहीं अपितु काल के दौरान ही प्राप्त की जाती है! अतः यह किसी अनिश्चित काल के नहीं टलनी है और न ही 'सिटी ऑफ़ गॉड' की भाँति काल के अन्त में आने हैं कि मानव सिर्फ़ प्रतीक्षारत रहे? इस स्तर पर पहुँचने में मनुष्य न केवल पवित्र ग्रन्थों की आवश्यकता महसूस नहीं करता अपितु वह चर्च के अनुशासन से भी मुक्त हो जाता है। इस प्रकार वह ऐसे परिवेश की कल्पना भी प्रस्तुत करता है जिसमें पोप के आधिपत्यवाले चर्च के स्थान पर एक आध्यात्मिक चर्च स्थापित हो जाएगा जिसमें आध्यात्मिक मानव पूर्णतया स्वतन्त्र होगा! सम्भवतः इसी सिद्धान्त और दर्शन ने धर्म-सुधार आन्दोलन की तात्कालिक पृष्ठभूमि तैयार की थी।

तेरहवीं सदी तक तो जोआखिम और उसके सामुदायिक जीवन की अवधारणा चलती ही रही किन्तु चौदहवीं सदी के माहौल में इन्हीं को गैर-ईसाई माना गया और अन्ततः उसके अनुयायी जो 'फ्रेंसिकन्स' कहलाते थे वे कैथोलिक धर्माधिकरण या 'इन्क्युज़िशन' के हत्थे चढ़े! यह प्रवृत्ति इस बात की द्योतक थी कि देर-सबेर साम्राज्यीय शासक और पोप के हित

टकराने ही थे, क्योंकि अनेक परिवर्तन समाजार्थिक कारणों से पूरे परिवेश को प्रभावित कर रहे थे। आइए उन परिवर्तनों पर भी एक नज़र डाल ली जाए। बारहवीं सदी से ही व्यापार तथा शहरों के विकास ने गति पकड़ ली थी। इसी ने समाज एवं परिवेश में धर्म के स्थान पर धर्मनिरपेक्षता के तत्त्व की प्रधानता को रेखांकित करना शुरू कर दिया था। इसी परिवर्तित परिस्थितियों ने एक व्यवस्थित प्रशासन तथा न्याय-व्यवस्था को अपरिहार्य बना दिया था। और, इसीलिए 'रोमन विधि' आवश्यक ही नहीं अपितु अपरिहार्य हो गई![56]

जहाँ तक रोमन विधि संहिता का प्रश्न है, लगभग 1100 ईसवी सन् से इस 'रोमन विधि' का अध्ययन-अध्यापन बोलोग्ना के विश्वविद्यालय (University of Bologna) में न्यायविद इर्नेरियस (Irnerius) द्वारा प्रारम्भ हुआ था। इसी के परिणामस्वरूप एक नवीन 'विधि स्कूल' की निर्मिति हुई थी जिसे 'ग्लोस्सतार्स' (Glossators) कहलाया और इनकी उपलब्धियों ने विभिन्न आयामों में अपने झंडे गाड़े! अत: बोलोग्ना से अन्य विश्वविद्यालयों में भी 'रोमन विधि' का अध्ययन-अध्यापन फैला और शनै:-शनै: इसने शहरी जीवन से लेकर व्यापक राजनीतिक-प्रशासनिक जीवन में विधि-सम्मत जीवन-प्रणाली को रेखांकित किया और ईसवी सन् 1140 में बोलोग्ना के ही एक भिक्षु, ग्रेशियन (Gratian) ने इसे संकलित कर दिया – 'डेक्रेटम ग्रेशियन' (Decretum Gratiani'/ 'Concord of Discordant Canons) उसके बाद यही संकलन विधि-संहिता के रूप में स्थापित एवं प्रतिष्ठित हो गया।[57]

इसी के चलते गैर-धार्मिक दृष्टिकोणवाले शासकों के लिए तो यह संहिता अपने सामन्तों को अधीन बनाए रखने के लिए आवश्यक हो गई और इसी से उसका व्यावहारिक महत्त्व स्थापित हो गया था। सम्राट फ्रेड्रिक बर्बरोसा (Fredrick Barbarossa) ने तो लोम्बारड (Lombard) शहरों पर अपने आधिपत्य का औचित्य स्थापित करने के लिए बोलोग्ना के विधिवेत्ताओं (legists) की सहायता प्राप्त की थी। इसी के बाद से इन विधि-विशेषज्ञों को शासकों, सम्राटों के यहाँ स्थाई नियुक्तियाँ मिलीं और फिर तो यह ही मंत्रियों के रूप में प्रतिष्ठित हुए! इनकी सलाह से ही

अन्ततः प्रशासनिक अफसरशाही तथा निरंकुश राजतन्त्रों ने अपनी जड़ें जमाईं! अतः रोमन विधि एवं उसके विशेषज्ञों ने शासन-प्रशासन को गैर-धार्मिक बनाने में महत्त्वपूर्ण भूमिका निभाई। और, इसी के फलस्वरूप 'काल' भी अपना धार्मिक स्वरूप से मुक्त हुआ और काल-गणना के (ईसाई) धार्मिक आधार का परित्याग किया गया। अब 'काल' क्षेत्रीय राज्यों से सम्बद्ध हुआ![58]

लेकिन काल तथा काल-गणना की इस प्रगति ने अन्ततः इस अवधारणा को पूर्व स्थापित ईसाई मत के समानान्तर ही नहीं, अपितु उसके विरुद्ध लाकर खड़ा कर दिया। अरस्तू की अवधारणा के अनुसार एक तो 'काल अनन्त था और इसमें सभी तत्त्वों की निर्मिति और क्षरण निरन्तर चक्रीय प्रक्रिया में होता ही रहता है'! अरस्तू की यह दोनों अवधारणाएँ ईसाई स्थापित मत के प्रतिकूल थीं। ईसाई मत के अनुसार न तो काल अनन्त है – मुक्ति के साथ उसका अन्त निश्चित एवं पूर्व-निर्धारित है! वे यह भी मानते थे कि घटनाओं का चूँकि पृष्ठपेषण नहीं होता है अतः यह काल रेखीय स्वरूप में बढ़ता है। वे चक्रीय के स्थान पर काल के रेखीय प्रगति की बात करते थे! खैर, यह विचार चौदहवीं-पन्द्रहवीं सदी तक क्षेत्रीय होकर रह गया जब विधिवेत्ताओं ने शासकों को देवत्व प्रदान करना सहज स्वीकार किया था। वे असीमित समय की अवधारणा के आधार पर वंशीय सत्ता एवं राज्य के सातत्य को निरूपित करने लगे थे?

'द किंग इस डेड लाँग लिव द किंग' इंग्लैंड में आज तक प्रयुक्त होता है। इसका अभिप्राय ही वंशीय सत्ता की अविरलता बनाए रखना है। जैसे ही एक शासक की मृत्यु होती है दूसरा उत्तराधिकारी सिंहासनारूढ़ मान लिया जाता है। वस्तुतः यह कथन मूल फ्रान्सीसी वक्तव्य से ग्रहण किया गया है जिसमें इसी सातत्य की दृढ़ अभिव्यक्ति है। (Le roi est mort, vive le roi!) इसका सर्वप्रथम प्रयोग 1422 में चार्ल्स सप्तम के सिंहासनारोहण के समय हुआ था जब वह अपने पिता चार्ल्स षष्ठम की मृत्यु के उपरान्त शासक बना था। जैसे ही मृत शासक का ताबूत दफनाने के लिए नीचे ले जाया जाता था वैसे ही परम्परागत रूप से वरिष्ठ अमीर (duc d' Uzes) इसका उद्घोष करता था![59]

बिलकुल यही अवधारणा चर्च ने भी अपनायी और वहाँ भी व्यक्ति जो पोप के पद पर कार्यरत था वह तो मरता था किन्तु पद स्थायित्व के भाव से अविरल था! वस्तुतः यह अवधारणा नए बदलते समाज के अनुकूल थी, जिसमें प्रथम तो व्यापार-व्यवसाय आदि की अभिवृद्धि से शहरों का विकास हो रहा था वहीं दूसरी ओर, सामन्तवाद का क्षरण हो रहा था- उसके स्थान पर क्षेत्रीय शासकों की उत्पत्ति हो रही थी। यह क्षेत्रीय शासक और नगर-गणतन्त्र के शासक पुरातन विशेषाधिकार आदि ग्रहण करने में कोई विलम्ब और हिचकिचाहट प्रदर्शित नहीं कर रहे थे अतः यह अवधारणा भी शीघ्र ही क्षेत्रीय शासकों ने अपनी वंशीय सत्ता के सातत्य के लिए अपना ली—इससे उनको अपने नए शासन का औचित्य और वैधता मिल गई!

इसी प्रकार चर्च ने भी धर्म-युद्धों के नाम से धन-उगाही की और जैसे राज्य कर लगता था वह भी कर वसूलने लगा था। इतना ही नहीं, बेगार जैसे सामन्तों के विशेषाधिकारों को भी इन दोनों संस्थाओं, यथा क्षेत्रीय राजाओं एवं चर्च ने न केवल जारी रखा अपितु उसे एक विधिक रूप भी प्रदान कर दिया! 'कोन्स्क्रिप्शन' या अनिवार्य सैन्य-सेवा दोनों ने अपने-अपने कारणों से – एक ने धर्म-युद्धों (क्रूसेड्स) के लिए तो दूसरे ने राज्य के संरक्षण और सुरक्षा के लिए अपनाया! अतः राज्य और धार्मिक संस्था दोनों का स्वरूप एक सा ही होता चला गया और काल तथा काल-गणना भी प्रश्न-चिह्न के घेरे के बीच में आ गई? युद्ध, युद्ध-विराम, सन्धियों और शान्ति-स्थापनाओं आदि प्रक्रियाओं की आवश्यकता ने विशेष दूतों, राजदूतों से लेकर विधि-प्रशिक्षित सन्धि-कर्ताओं की आवश्यकता को जन्म दिया और इसी के फलस्वरूप स्थाई राजदूतावासों के साथ ही विदेश सेवाओं का उद्‌भव हुआ!

पूरी तरह से 'गैर-धार्मिक होते काल' के स्वरूप से आध्यात्मिकता भी समाप्त हुई और काल अब जीवन का पर्याय हो गया न कि मृत्यु और मुक्ति का! यह 'मुक्ति' की ईसाई अवधारणा से मुक्त होकर पूरी तरह से 'ज्ञान-आधारित मानव-विकास' से आबद्ध हो गया! अतः ज्ञान से जागृति और उससे मानव-चेतना का विकास ही मानव के असली विकास का

परिचायक हो गया! बारहवीं शताब्दी में जो विचार विद्वानों का ध्यान सर्वाधिक अपनी ओर खींचने में सफल रहा था वह वस्तुतः छठीं सदी के व्याकरण के प्रसिद्ध आचार्य प्रिश्चियन का था। प्रिश्चियन की मान्यता थी कि 'जो युवा हैं वे अधिक कुशाग्र होते हैं!' बारहवीं सदी के प्रारम्भ में चरत्रस विद्यालय के एक अध्यापक, बर्न्हार्ड ने इसे सिद्धान्त रूप देते हुए इसकी व्याख्या की कि हम नई पीढ़ीवाले इसलिए अधिक देख-सुन और समझ पा रहे हैं क्योंकि हम अतीत के विद्वानों के ज्ञान से व्यापक एवं गहन दृष्टि प्राप्त करते हैं। इसके विषय में सेलिसबरी के जॉन ने आगे लिखा जो बर्न्हार्ड का ही शिष्य था।

फिर बारहवीं सदी के मध्य जर्मन बिशप, ऑटो ऑफ़ फ्रेसिंग जो द्वितीय धर्मयुद्ध (क्रूसेड) में सेनानायक भी रहा था, उसने एक कृति की रचना की जिसका शीर्षक था, 'हिस्टोरिया दे दुआबस सिवी टेटिबस' – या, 'अ हिस्ट्री कंसर्निंग टू सिटीज़'। इसमें एक शहर ईश्वरीय तथा दूसरा मानवीय है! इसमें वह ऑगस्तीन के आदम से शुरू करके अपने समय के होहेंस्तौफं साम्राज्य तक के काल के विकास की यात्रा के माध्यम से मानव-विकास दर्शाता है। उसने इस तथ्य को रेखांकित किया कि कैसे मानव को समझ आता है कि समय व्यतीत होने के साथ सब का क्या हश्र होता है। रोमन साम्राज्य के उदाहरण से वह यह तथ्य समझाता भी है!

इसी तरह विकास और काल का निरूपण होता रहा और इस क्रम में ईसा सन् के 1200 में बोलोग्ना के विधि-विशेषज्ञ एज़ो था जो इरेनियस का शिष्य था। उसी ने अठाहरवीं-उन्नीसवीं शताब्दी तक के विचारों को प्रभावित किया! उसके मतानुसार 'अध्ययन के माध्यम से ज्ञानार्जन करके मानव स्वभाव में निरन्तर सुधार किया जा सकता है।' यह उसकी कृति 'सुम्मा कोडीकस' की प्रस्तावना में ही अनुरेखित होती है और उसके अध्ययन की विशेषता भी है। उसके अनुसार अध्ययन की आदत से ज्ञान ही मानव स्वभाव की स्थाई विशेषता बन जाती है! अतः इन तमाम विद्वानों ने एक 'ऐतिहासिक चेतना' के विकास के क्रम का चित्रण करके मानव-विकास या इतिहास के अध्ययन एवं लेखन को भी एक निश्चित दिशा

और गति प्रदान की। इस प्रकार, बारहवीं शताब्दी से ऐतिहासिक चेतना लगभग स्वतन्त्र रूप से विकसित हो गई थी और यह धार्मिक प्रभाव से मुक्त हो चुकी थी। और विकास की अवधारणा ही इतिहास में सर्वप्रमुख हो गई।

IV

वस्तुतः पुनर्जागरण काल की सामुद्रिक खोजों और वैज्ञानिक आविष्कारों ने दुनियावालों को दुनिया और प्रकृति के गूढ़ रहस्यों को देखने-परखने का बिलकुल ही नया दृष्टिकोण दिया। अतः 15वीं सदी के पुर्तगाली राजकुमार, हेनरी द नेविगेटर से लेकर 18वीं शताब्दी तक ब्रिटेन की औद्योगिक क्रान्ति ने मानव-प्रगति और सभ्यता के विकास को देखने की सिर्फ़ गैर-धार्मिक दृष्टि को ही रेखांकित किया। और इसी गैर-धार्मिक दृष्टिकोण ने ही धर्म-सुधार के लिए ज़्विंग्ली, केल्विन तथा लुथर के लिए उर्वर पृष्ठभूमि तैयार की! एक तरह से यूरोप में पुनर्जागरण ने बौद्धिक आन्दोलन को अत्यधिक सशक्त किया। अतः फ्रान्स में वाल्तेयर, रूसो, मोंटेस्क्यू से लेकर 'एन्सायिक्लोपीडिस्ट्स' (Encyclopaedists) तथा 'फिज़िओक्रेट्स' (Physiocrats) ने वह परिवेश निर्मित कर दिया कि 1789 में फ्रान्स में उस 'क्रान्तिकारी परिस्थिति' (Revolutionary situation) का जन्म हुआ जिसमें यूरोप से बेहतर परिस्थितियों के बावजूद फ्रान्स में राज्यक्रान्ति सम्भव ही नहीं अपरिहार्य हो गई![60] और इसलिए हमारे लिए इस पूरी पृष्ठभूमि को समझना ज़रूरी हो जाता है जिसमें विचार घनीभूत होकर अनुकूल परिस्थितियों में विचारधारा का स्वरूप ग्रहण करते हैं! अतः पुनः पुनर्जागरण की ओर लौटना हमारे अध्ययन के लिए आवश्यक हो जाता है।

जैसा कि स्पष्ट ही है, पुनर्जागरण काल के तुरन्त बाद शुरू हुए धार्मिक सुधार एवं प्रति-धर्म सुधार आन्दोलनों के पारस्परिक संघर्ष ही सोलहवीं-सत्रहवीं शताब्दियों के विद्वानों के अध्ययन-विश्लेषण के आकर्षण का केन्द्र बना रहा। क्योंकि इस संघर्ष ने एक बिलकुल दूसरे ही किस्म के

संघर्ष को जन्म देकर एक ज़बर्दस्त परिवर्तन ला दिया था। कैथोलिक धर्म में आए दुर्गुणों के विरुद्ध शुरू किए गए इस आन्दोलन ने अन्ततः राजतन्त्र और सामन्तवाद के मध्य संघर्ष और फिर विभिन्न वंशीय सत्ताओं के मध्य सैन्य संघर्ष का रूप धारण कर लिया था जो 'तीस वर्षीय युद्ध' या 'थर्टी ईयर्स वॉर' (Thirty Years War) नाम से मशहूर है। लेकिन इन संघर्षों, युद्धों और सैन्य कार्यवाहियों ने अन्ततः इन्हें विचारधाराओं के मध्य संघर्षवाला स्वरूप प्रदान कर दिया। यह सिर्फ़ धार्मिक या वंशीय संघर्ष न होकर एक वैचारिक संघर्ष में तब्दील हो गया!

अतः इसका अध्ययन बहुत समीचीन है। एक ओर हमें फ्रान्सीसी तर्कवाद तो दूसरी तरफ ब्रिटिश साम्राज्यवाद एवं प्रकृतिवाद के मध्य वैचारिक प्रतिद्वन्द्विता स्पष्ट रूप से दिखाई देती या समझ में आने लगती है। इन संघर्षों का ही प्रतिफल था कि जिस दर्शन से विज्ञान की उत्पत्ति हुई थी, उसी विज्ञान की प्रमुखता एवं श्रेष्ठता को सहज स्वीकृति मिल गई। किन्तु इन परिवर्तनों ने जिस क्रान्तिकारी परिवर्तन की पृष्ठभूमि तैयार की उसने दुनिया का दृष्टिकोण तथा वैचारिक धरातल पूरी तरह से बदल दिया। पुनर्जागरण, धर्म सुधार आन्दोलनों एवं प्रबोधन-काल ने अन्ततः ऐसा परिवेश निर्मित किया जिसमें अमरीका का स्वतन्त्रता संग्राम, फ्रान्सीसी क्रान्ति तथा ब्रिटेन की औद्योगिक क्रान्ति होनी ही थी। यह वस्तुतः उसी परिवेश की देन थी अतः इन तीनों को एक साथ देखने की ज़रूरत है! इन्हें पृथक-पृथक रूप से पढ़ने से जो एकीकृत वैचारिक धरातल है वह प्रायः ओझल ही रहता है!

उपर्युक्त विश्लेषण के आधार पर हम कह सकते हैं कि विज्ञान हमारे दैनिक जीवन में आवश्यकता के रूप में प्रविष्ट हो चुका था और उसका भी बौद्धिक स्वरूप निश्चित स्वरूप में परिभाषित हो चुका था। स्पष्ट ही है इन सबका इतिहास के अध्ययन पर यह प्रभाव पड़ा कि 'इतिहास के अध्ययन की इकाइयाँ विस्तृत होने के साथ ही थोड़ी अधिक जटिल भी हो गईं'! अतः अब इतिहास के स्वरूप और दर्शन में भी मौलिक अन्तर विदित होने लगा था। अतः अपने नवीन आयामों के साथ इतिहास ने अपने अध्ययन-क्षेत्र में विस्तार करते हुए उनकी प्रविधियों,

तकनीकों और पद्धतियों में भी परिस्थितिजन्य परिवर्तन करना आवश्यक पाया। यह परिवर्तन इसलिए भी अपरिहार्य हो चुका था क्योंकि अब नए ज्ञान-विज्ञान के चलते मानव-चेतना का अत्यधिक विकास और विस्तार हो चुका था!

पुनर्जागरण के बाद धार्मिक आन्दोलनों, वंशीय सत्ताओं के संघर्षों एवं सामन्तवाद के पतन ने ऐसा माहौल बना दिया जिसमें तर्कवाद और प्रत्यक्षवाद का पारस्परिक सम्बन्ध हुआ और विज्ञान की अभूतपूर्व प्रगति ने एक ओर फ्रान्सीसी क्रान्ति को जन्म देकर मानव-चेतना के संवाहक नवीन मध्यम वर्ग को राजनीतिक नेतृत्व देकर एक वैचारिक स्तर के परिवर्तन का सूत्रपात किया तो वहीं औद्योगिक क्रान्ति ने वर्गों के उदय और वर्ग-चेतना को जन्म दिया! इन्हीं दो घटनाओं ने आगे आनेवाली विश्व-परिवर्तनों के द्वार खोल दिए! इसके बाद की जितनी भी ऐतिहासिक घटनाएँ घटीं वे सब 'समाजीकृत' हुईं; इसी के फलस्वरूप विभिन्न दर्शन विचारधाराओं में समाजीकृत हुए और अन्ततः समाजवाद, पूँजीवाद, नस्लवाद से लेकर उपनिवेशवाद तक की विचारधाराएँ दृष्टिगोचर होती हैं! तकनीकी और प्रौद्योगिकी की क्रान्तियों ने घटनाओं के समाजीकृत को और विस्तार दिया जब उन्होंने अपने सिद्धान्तों से इन घटनाओं के 'सामूहिकीकरण' की प्रक्रिया को मजबूत किया। इस प्रक्रिया के परिणामस्वरूप ही 'मानव-जीवन के सामूहिकीकरण' को भी दार्शनिक दृष्टिकोण से आगे बढ़कर एक विचारधारा का मूर्त रूप प्राप्त हो सका!

इस आलोक में अगर हम विश्लेषण करें तो स्पष्ट है कि औद्योगिकीकरण ने ब्रिटेन में दो विचारधाराओं को जन्म दिया था, जो बहुत महत्त्वपूर्ण एवं प्रभावी साबित हुईं। प्रथम विचारधारा का जन्म ब्रिटेन के उद्योगों की आर्थिक-भौतिक सफलता; 'व्हिग' (Whig) राजनीतिक दृष्टिकोण; 'फिज़ियोक्रेट्स' (Physiocrats) के विचारों से उत्पन्न 'क्लासिकल अर्थशास्त्र' (Classical Economics) एवं 'सोशल/सामाजिक डार्विनवाद' (Social Darwinism) ने सम्मिश्रित रूप से अन्ततः पूँजीवाद को जन्म दिया! इसी के विरोध में दूसरी विचारधारा पनपी और वह थी, 'मार्क्सवादी'। रिकार्डो तथा हीगेल के प्रभाव के चलते और औद्योगिकीकरण के चलते

समाज का 'वर्ग विभाजन', मार्क्स के लिए 'साम्यवाद' के सिद्धान्त का मार्ग प्रशस्त कर गया!

इस अध्ययन के आलोक में यदि प्रारम्भ से लेकर वर्तमान अध्ययन के इस मोड़ तक देखें और उसे विश्लेषित करें तो हम पाते हैं कि तब से लेकर आधुनिक काल आते-आते तक इसमें सबसे महत्त्वपूर्ण परिवर्तन धार्मिक से नितान्त गैर-धार्मिक स्वरूप में अध्ययन की विधा ही है! अध्ययन की विधा इसलिए वैज्ञानिक हुई क्योंकि, तर्क और जिज्ञासा ने जैसे विश्व के स्वरूप को परिवर्तित किया उसी प्रकार, उसका अध्ययन, अध्ययन की प्रविधि और दर्शन भी प्रभावित तथा परिवर्तित हो गया! इसी दृष्टिकोण ने ईश्वर और मनुष्य के पारस्परिक सम्बन्ध को भी मूलभूत रूप से परिवर्तित कर दिया। ब्रह्मांड के स्थान पर अध्ययन का केन्द्र-बिन्दु अब भौतिक जगत के तात्त्विक स्वरूप का विश्लेषण हो गया। अब आत्मा-परमात्मा के स्थान पर नितान्त दुनियावी प्रक्रियाओं एवं घटनाओं के अध्ययन पर विद्वानों का ध्यान केन्द्रित हो गया!

मानव तथा उसके ऊपर ईश्वरीय कृपा का स्थान अब मनुष्य की तार्किक क्षमता ने ले लिया। इस नए मत के अनुसार मनुष्य जो कुछ भी हासिल कर सकता था उसकी काबिलियत पर निर्भर करता था न कि प्रभु की इच्छा पर? अतः अध्ययन के पूरे दृष्टिकोण और उसके स्वरूप में मौलिक अन्तर दिखने लगता है। अब मानव और ईश्वर अथवा ब्रह्मांड के अन्तर्सम्बन्धों का स्थान मानव और सांसारिक या भौतिक तत्त्वों के अन्तर्सम्बन्धों के अध्ययन ने ले लिया था। अर्थात अब अध्ययन व्यक्ति और वस्तु या तत्त्व के समीकरण पर केन्द्रित हो चुका था। इसी ने इतिहास-अध्ययन के उद्देश्य या 'पर्पस' (Purpose) को भी परिवर्तित कर दिया। अब इतिहास-अध्ययन मानव और उसके तात्कालिक भौतिक परिवेश की ओर घूम गया और यही उसका उद्देश्य ही हो गया! प्रारम्भिकं काल से मध्य काल तक जहाँ मानव अपने सही आचरण और नैतिकता को ही उद्देश्य मानता था, वह आधुनिक काल में परिवर्तित हो गया। अब मानव अधिकाधिक भौतिकता की तलाश और उसमें तृप्ति प्राप्त करने के उद्देश्य से जीवन जीने लगा।

हम सब जानते ही हैं कि कैसे पुनर्जागरण काल की तार्किकता, वैज्ञानिकता और व्यक्तिवादी सोच ने मानव-व्यवहार के सिद्धान्तों को भी प्रकृति के सिद्धान्तों की भाँति विश्लेषित करना शुरू कर दिया था और इसी के फलस्वरूप विज्ञान की भाँति सामाजिक विज्ञान भी प्रचलन में आया! किन्तु, विज्ञान के नियमों के निरूपण में समान विशेषताओं को समझना तथा उनका वर्गीकरण करना एक सामान्य नियम था। अतः वर्गीकरण एवं मात्रीकरण या प्राकृतिक-प्रक्रियाओं को परिमाण के आधार पर विश्लेषित करना एक आम चलन हो गया। यह निश्चित ही मानव के अध्ययन में विचित्र सा परिवर्तन प्रतीत होता है, क्योंकि प्रत्येक मनुष्य अपनी विशेषताओं और परिवेश आदि के चलते एक-दूसरे से काफी भिन्न होता है? कैसे मानव के व्यवहार एवं अन्य विशेषताओं के आधार पर उसका सामान्यीकरण सम्भव था – इसका उत्तर वैसे भी कठिन है किन्तु यन्त्रीकरण ने उनके अध्ययन पर जोर देना तो शुरू कर ही दिया।

वस्तुतः हम कितना अधिक यन्त्रों, मशीनों पर निर्भर हो गए हैं कि जीवन यान्त्रिक होता जा रहा है और इसी कारण से मानव का मापन भी सम्भव होता जा रहा है? जिस गति से प्राकृतिक क्षेत्रों पर मानव और उसके द्वारा बनाए यन्त्रों का नियन्त्रण होता जा रहा है उसके फलस्वरूप प्राकृतिक क्षेत्र सिकुड़ते जा रहे हैं और कृत्रिम निर्माण उनका स्थान लेते जा रहे हैं अतः मानव कृत्रिमता में जीने को विवश है और इसी कारण मानव की जो व्युत्पन्नमति थी, उसका स्थान एक यान्त्रिक-सी सोच और एक-सी प्रतिक्रिया ने ले लिया—इससे मनुष्य का सृजनात्मक विकास ही अवरोधित होता है। अतः मानव-विकास प्रकृति से दूर होकर अपनी सृजनात्मकता के क्षरण से होकर गुज़रता है जो मानव-विकास को ही बहुआयामीय नहीं रहने देता है। यह न केवल सीमित होता जाता है अपितु एकपक्षीय भी हो जाता है। सबकुछ समझने के स्थान पर यह संकीर्णता मानव-मस्तिष्क के विकास को ही सम्पूर्णता और विस्तार में सोचने की क्षमता को ही प्रतिकूल रूप से प्रभावित करने लगती है। अर्थात मानव-विकास असीमित न होकर एक सीमा पर रुकने को ही कहीं बाध्य न हो

जाए—अध्ययन के इस 'मॉडल' या मानक में यह भय तो सहज व्याप्त होता ही है?

इस विचार के पूरे वाङ्मय को एरिक कैह्लर[61] ने अच्छे से समेटा है आइए उसी विश्लेषण की ओर चलें। उसके मतानुसार सामूहिकीकरण, मानकीकरण एवं एक निश्चित वृत्तिमूलक अस्मिता ने अन्ततः मानव की वैयक्तिकता को ही समाप्त सा कर दिया है। वह या तो अपनी पहचान एक समूह, समुदाय, या पदभार, भूमिका और उद्देश्य के आधार पर ही पाता है, वह एक व्यक्ति न होकर एक निश्चित वर्ग या समुदाय या स्तर का व्यक्ति रह जाता है। यह वैयक्तिकता का लोप मानव-चेतना को भी प्रभावित करता ही है अब मनुष्य की 'व्यक्तिगत चेतना' भी एक 'सामूहिक चेतना' में तब्दील हो जाती है। वह अधिकाधिक अपने निर्णयों पर अपनी अवचेतना पर निर्भर होने लगता है न कि स्वतन्त्र चेतना के निर्णय पर! उसकी चेतना अब तक समुदाय, वर्ग या स्तर की चेतना और उसी आधार पर सीमित और संकीर्ण होती जाती है। अब वह निश्चित ही प्रकृति के विस्तार और गहनता को समझने से परे हो जाती है और यही उसकी चेतना को और अधिक संकीर्ण कर देता है![62]

उपर्युक्त परिवर्तनों का एक सबसे बड़ा दुष्परिणाम है, तर्क से उपजे विश्लेषण/व्याख्या के मध्य अन्तर उत्पन्न होना? अभी तक जो तर्क वास्तविक बुद्धिवाद को जन्म देता था अब वही इस संकीर्णता के चलते यान्त्रिक बुद्धिवाद को ही जन्म देनेवाला रह गया। तर्कवाद भी अपने वास्तविक स्वरूप में न रहकर एक तकनीक या पद्धति में परिवर्तित हो गया। तर्क अब व्यक्तिपरक न रहकर वस्तुपरक होने लगा और इसने इतिहास अध्ययन में भी वस्तुनिष्ठता को ही रेखांकित किया। लेकिन इसके भी प्रारम्भिक अंकुरण हमें अरस्तू के 'ओर्गानन' में दृष्टिगोचर हो सकते हैं? अतः यह भी अतीत के ही ज्ञान का पुनः अंकुरण था? अरस्तू ने अपने एनालिटिक्सवाले अंश में इसी को समझाया है। उसके गुरु अफ़लातून ने कम लिखा और उसके गुरु सुकरात ने कुछ भी नहीं लिखा या जब तक वह लिखता उसे विषपान करवा ही दिया गया था? किन्तु भला हो अफ़लातून का जिसने उनके विचारों को विस्तार भी दिया और उनकी

व्याख्या करके उनके नाम को जिन्दा रखा। अरस्तू को तो अफ़लातून (प्लेटो/Plato) के गुरुकुल (Academy) में अध्ययन का अवसर मिला था उसने इन बातों पर खूब लिखा जो मानव विकास और उसके मस्तिष्क, परिवेश आदि से सम्बन्धित थी।

लेकिन ईसवी सन् की उन्नीसवीं सदी आते-आते विज्ञान, प्रौद्योगिकी, अप्राकृतिक या कृत्रिम विकासक्रम ने मानव को समूहों, राष्ट्रों, उपनिवेशों और न जाने किस-किस वर्ग में विभक्त कर दिया था अतः मानव की चेतना उसी वर्ग की चेतना होकर रह गई थी वह उसकी व्यक्तिगत चेतना रह ही नहीं गई थी? इस परिवेश में मानव तत्त्व या कारक महत्त्वहीन होता चला गया बाकी अन्य तत्त्व अधिक प्रभावशाली हो गए अतः तर्क के स्थान पर एक अवचेतन पर आधारित 'सामूहिक चेतना' ही निर्णायक हो गई और इसने मानव-विकासक्रम में एक अन्तर्निहित अन्तर्विरोध को ही जन्म दे दिया—अवचेतन और चेतना के स्तर पर। इसको इस प्रकार से भी समझा जा सकता कि, 'व्यक्तिगत चेतना' और 'सामूहिक चेतना' में एक द्वन्द्व की स्थिति बन गई और यहीं से हीगेल से लेकर मार्क्स की पृष्ठभूमि को समझा जा सकता है!

हम मानव विकासक्रम में जहाँ से शुरू हुए थे—प्रकृति से उत्पन्न हुए उसी को समझते-समझते उसके साथ समन्वय स्थापित करके विकास करते हुए विज्ञान की ओर झुकते हुए उसे नियन्त्रित करने लगे और सोचा कि सब कुछ हमारी मुट्ठी में है और वहीं हम उस प्रकृति से दूर होते चले गए। प्रकृति से दूरी बढ़ने के चलते हम अपने स्वभाव से भी दूर होते चले गए। मानव और बाह्य जगत का सन्तुलन बिगड़ना शुरू हुआ और अन्ततः हम एक असन्तुलित होते विश्व में खुद को पा रहे हैं, जहाँ तर्क और बुद्धि में अन्तर्विरोध सर्वाधिक प्रबल हो गया है। इसीलिए तर्कवाद से शुरू करके हम अतार्किक और अब कुतर्क की सीमा पर पहुँच रहे हैं?[63]

जिन तीन अन्वेषणों ने मानव को प्रगति के पथ पर अग्रसर किया था वे निश्चित ही क्रमशः नाविकों के प्रयोगवाला कुतुबनुमा; बारूद; तथा, मुद्रण प्रेस। पहले ने सामुद्रिक यात्राओं को सफल बनाया ताकि नए क्षेत्रों

के विकास और व्यापार की वृद्धि के साथ पाश्चात्य जगत के मानव का ज्ञान क्षितिज भी विस्तृत हो सके। दूसरे अन्वेषण ने युद्धों का स्वरूप बदल दिया तथा यही यूरोपीय सामन्तवाद के पतन के लिए उत्तरदायी बना। तृतीय खोज ने सूचना तथा ज्ञान के प्रसार को चार चाँद लगाया एवं नई विचारधाराओं के प्रचार को भी पंख लगा दिए। इनमें एक दूरबीन या टेलिस्कोप को और जोड़ दीजिए तब प्राचीन मान्यताओं के पतन का मार्ग पूरी तरह से सुदृढ़ हो जाता है।

किन्तु इस गैर-धार्मिक प्रगति को दो प्राचीन पारम्परिक शक्तियों से सामना करना पड़ा—एक ईसाई मत तथा, दूसरी थी, पुनर्जागरणकालीन क्लासिकल-वाद। इन अन्वेषणों ने आगे आनेवाले अन्वेषणों तथा आविष्कारों को प्रेरित और प्रोत्साहित ही किया अत: वैज्ञानिक तथा प्रौद्योगिकी की प्रगति को मानव-विकास के रूप में आँका गया। इनके आधार पर एक नए तरह का विचार भी पनपा और वह प्रकृति एवं मानव दोनों के स्वभाव को स्थाई एवं शाश्वत मानने लगा! देकार्ते ने इस विज्ञान की प्रगति को 'वैश्विक' रूप प्रदान करते हुए ईसाइयत से बिलकुल ही मुक्त कर दिया। यह विचार भी रेखीय प्रगति के पथ पर सदा अग्रसर नहीं हो पाया, बीच-बीच में इसमें सन्देह होते और प्रश्न चिह्न लगते रहे और एक बार पुन: चक्रीय सिद्धान्त हावी होने लग गए?

इस संक्रमण-काल में इतिहास अध्ययन के सहायक तकनीकों या प्रविधियों को जन्म दिया, जिसने विद्वतापूर्ण इतिहास-लेखन की शुरुआत कर दी। इस प्रकार के इतिहास-लेखन का पहला प्रमाण या साक्ष्य हमें लोरेंज़ो वेला (1407-1457 ई.) के लेखन में मिलता ही, जब वह आन्तरिक आलोचना के माध्यम से उस अतिविश्वसनीय दस्तावेज़—सम्राट कांस्टेंटाईन द्वारा चर्च को प्रदत्त दान-पत्र को जाली प्रमाणित कर देता है! यही वैज्ञानिक परिवेश का इतिहास-लेखन पर प्रभाव का प्रमाण है! और, यहीं से आधुनिक युग के वस्तुपरक इतिहास-लेखन की शुरुआत हो जाती है! जिससे यह मध्ययुगीन इतिहास-लेखन और दर्शन से पृथक हो जाता है। इस प्रकार, सत्रहवीं सदी से भाषा-शास्त्र, शिलालेखों के अध्ययन की प्रविधि, मोहर-विद्या तथा कूटनीति और राजनयिक सम्बन्धों के दस्तावेज़ों

ने इतिहास-लेखन में सहायक अध्ययन तकनीक की महत्त्वपूर्ण भूमिका अदा करनी शुरू की जिससे हमें एक समावेशी इतिहास-लेखन की प्रविधि सहज ही प्राप्त हो सकी।[64]

इस चक्रीय विकास के ढाँचे को ले रॉय ने रेखांकित किया फिर उसी के तत्काल बाद आँग्ल सन्त जॉर्ज हेक्वेल ने 1627 (Circular progress) को परिभाषित किया एवं 1725 में विको ने अपने 'सायिंज़ा नुओवा' (Scienza nuova) में इसे एक सुनिश्चित और विस्तृत रूप प्रदान किया। इसको बाद के काल में तो टॉयनबी ने भी अपने सामाजिक-सांस्कृतिक अध्ययन के सिद्धान्त के रूप में इसी अवधारणा को प्रयुक्त किया और 'स्टडी ऑफ़ हिस्ट्री' में इस सिद्धान्त का बेहतरीन स्वरूप हमें देखने को मिलता है। एक चक्रीय विकासक्रम ही इन विचारों के लिए उत्तरदायी रहा है। जैसे वास्तविक घटनाओं ने अवधारणा का विस्तार किया वैसे ही अवधारणाओं ने वास्तविक घटनाओं को भी सम्भव बनाया! अत: यह चक्रीय क्रम भी उस चक्रीय विकास के सिद्धान्त की जैसे पुष्टि ही कर रहा था।

यह विकासक्रम जिन्होंने अन्तत: फ्रान्सीसी राज्य क्रान्ति से लेकर औद्योगिक क्रान्ति को जन्म दिया था वे उस स्थाई मानव स्वभाव एवं उसकी स्थिति में सुधार की सम्भावना को ही रेखांकित कर रहे थे। फ्रान्सीसी क्रान्ति ने तो उनकी इस अवधारणा को जैसे प्रमाणित भी कर दिया, क्योंकि जैसा कि हम सबको ज्ञात ही है फ्रान्स की परिस्थितियाँ यूरोप के अन्य देशों से कहीं बेहतर थीं, फिर भी वहाँ क्रान्ति हुई! इस क्यों के उत्तर से भी हम सब अभिज्ञ हैं—फ्रान्स में ज्ञान और मानव-चेतना का स्तर कहीं ऊँचा और बेहतर था। इस चेतना ने वहाँ के लोगों को अपने अधिकारों के साथ वैकल्पिक व्यवस्था के 'मॉडल' के प्रति भी आश्वस्त कर रखा था। यह वैकल्पिक मॉडल वहाँ के दार्शनिकों ने तैयार कर दिया था और मानव-अधिकारों के साथ नागरिकों के आम-अधिकारों की उद्‌घोषणा वहीं 'नेशनल असेम्बली' में सम्भव भी हुई!

1789 की फ्रान्सीसी राज्य क्रान्ति ने ही देकार्ते के 'वैश्विक बुद्धिवाद' के सिद्धान्त को व्यावहारिक साबित करके पूरी तरह से पुष्ट एवं प्रतिष्ठित

किया था। इस क्रान्ति के उपरान्त परिवर्तित सामाजिक-राजनीतिक संस्थाओं में इनके प्रभाव को स्पष्टतः देखा जा सकता है। एबे दी सेंट पियरे एवं फोंटेल ने तो सत्रहवीं सदी में ही कहा था कि ज्ञान-प्राप्ति से मानव एक आदर्शमूलक पूर्णता प्राप्त कर सकता है और फ्रान्सीसी क्रान्ति से पूर्व ही मोंटेस्क्यू ने मानव-प्रगति के इस सिद्धान्त को सुपरिभाषित कर दिया था। मोंटेस्क्यू ने मानव-विकास में भाग्य और प्रारब्ध की भूमिका को पूरी तरह से नकार दिया था। उसके मतानुसार इस विकास के सामान्य कारण (causes generals) होते हैं और यह मानव के साथ ही उसकी संस्था- जैसे कि राजतन्त्र पर भी लागू होते हैं। इसीलिए राजतन्त्र का भी उद्भव, उत्कर्ष और पतन होता है! मोंटेस्क्यू के अनुसार जो भी होता है उसके अपने कारण होते हैं और बिना कारण कुछ भी नहीं घटता।[65] वाकई फ्रान्सीसी क्रान्ति ने राजतन्त्रीय व्यवस्था के पतन का साक्षात दर्शन करवाया भी!

मानव के इस आदर्श एवं पूर्णिम रूप का इस्तेमाल आगे चलकर हीगेल और मार्क्स ने अपने सिद्धान्तों में उन्नीसवीं सदी में किया था। लेकिन अब तक यह स्पष्टतः स्थापित हो चुका था कि मानव-चेतना की यह प्रगति वह अपनी क्षमताओं के परिष्करण से प्राप्त कर सकता है और, इसी से उसकी भौतिक, सामाजिक एवं आर्थिक परिस्थितियों में भी सुधार की सम्भावना बनती है। और, जैसे ही मानव अपनी चेतना का स्तर अभिवृद्ध करता है वह परिवर्तन का आकांक्षी हो जाता है? यही बढ़ी हुई चेतना उसे फ्रान्सीसी क्रान्ति की ओर ले जाती है तो वही उसे वर्गविहीन समाज की निर्मिति के लिए प्रेरित करती है। मार्क्सवादियों का विचार और विश्वास था कि इस वर्गविहीन समाज में न स्वार्थपरक राजनीति और न ही युद्धों की सम्भावना शेष रह जाएगी! यानी वे भी एक आदर्श समाज की परिकल्पना कर रहे थे?

हीगेल की द्वन्द्वात्मक सिद्धान्त तो अन्ततः इतिहास के अर्थ को स्पष्ट करते हुए महत्त्वपूर्ण होना ही था क्योंकि, यही मानव-विकास को लेकर समय या काल-गणना के साथ ही मानव-मस्तिष्क के द्वन्द्व का भी परिचायक था। कभी यह मन सन्तुष्ट होता कभी अपनी

अवधारणाओं पर सन्देह व्यक्त करता; कभी सकारात्मक होता तो अगले ही क्षण नकारात्मकता उसे घेर लेती? मानव-मन प्रगति से वापसी के मार्ग पर चलने लगता। आगे-पीछे; भविष्य के प्रति आतुरता और कभी अतीत से अति-मुग्धता इसका अन्त द्वन्द्वात्मक सिद्धान्त की उत्पत्ति में होना ही था और हीगेल ने उसे एक सुनिश्चित, वैज्ञानिक स्वरूप प्रदान कर ही दिया!

जहाँ सकारात्मक प्रगति के विचार का प्रश्न है वह बेकन (Bacon) से लेकर पेरौ (Perrault) तथा सेंट पीयर (Saint Pirre) तक दिखता है और इसके विरोध में हमको सन्देहास्पद दर्शन की अभिव्यक्ति पीयर बेयल (Pierre Bayle) वाल्तेयर (Voltaire) तथा रूसो (Rosseau) में दृष्टिगोचर होती है? अत: यह द्वन्द्वात्मक मानव-विचार उसके विकास सम्बन्धी विचारों को भी प्रभावित करता रहा है। इसीलिए 'थीसिस' एवं 'एंटी-थीसिस' के समानान्तर समन्वय का विचार हमें तर्गो (Turgot) एवं कांट (Kant) आदि के दर्शन में मिलता है। कांट ने तो बुद्धि या तर्क अथवा विवेक को ही विश्व तथा मानव-विकास का मूल कारण माना है। आइए इस पृष्ठभूमि की भी कुछ पड़ताल कर ली जाए जिसने इस विचार के विकास को अन्तत: एक मूर्त-रूप देने में अपना योगदान दिया।

जिस प्रकार यूरोपीय पुनर्जागरण के पश्चात अध्ययन एवं ज्ञान के क्षेत्र गैर-धार्मिक होते चले गए थे, उसने ब्रह्मांड, पृथ्वी, जीवों तथा मानव-उत्पत्ति के प्रश्नों को इस नए नज़रिये से देखने की पद्धति विकसित की। इस पद्धति ने मानव-विकासक्रम को इसीलिए अर्जित ज्ञान से सम्बद्ध कर दिया। इस सिद्धान्त के अनुसार मानव अपने पूर्व के संचित ज्ञान से आगे बढ़ते हुए अपने अतीत को आधार बनाकर नवीन ज्ञान अर्जित करता है और उसी के बल पर वह मानव-उत्पत्ति को समझने-समझाने का प्रयास करता है। इसीलिए फ्रान्स के लुई चतुर्दश के काल में विद्वानों को प्रतीत होता था कि मानव-विकास 'पूर्णता' की स्थिति को प्राप्त कर चुका है। वे 'प्रबुद्ध निरंकुशता' के इस शासन को ही मानव-विकासक्रम की चरम गति मान रहे थे।

इसके अगले चरण में हमें फ्रेंसिस बेकेन जैसा वैज्ञानिक एवं विचारक दिखता है, जो 'काल के समापन' को नज़रन्दाज़ करते हुए अतीत की

प्रगति को मात्र भविष्य की प्रगति के लिए आशा की किरण मानता है! यहीं से हमें इस नई विचारधारा के संकेत मिलते हैं। प्रबोधन एवं फ्रान्सीसी क्रान्ति के काल के विद्वानों, विशेषकर कोंडोरसेट एवं कैबनिस ने स्वतन्त्रता, समता तथा सद्गुणों के अभूतपूर्व मिश्रण से मानव-पूर्णता एवं श्रेष्ठता की सम्भावना व्यक्त की! वे यह मानते थे कि 1789 की फ्रान्सीसी क्रान्ति से अब यह अधिक सम्भव प्रतीत होता है। वस्तुत: इसी विचार ने मार्क्स के 'वर्गविहीन समाज' की अवधारणा को भी जन्म देकर पुष्ट किया था? मार्क्सवादियों को भी प्रतीत होता था कि वर्गविहीन समाज के सृजन के पश्चात राजनीति एवं युद्ध दोनों ही समाप्तप्राय हो जाएँगे? ऐसा हुआ नहीं खैर यह इस समय हमारी चर्चा का विषय नहीं है।

इस पूरे वैचारिक आन्दोलन और उससे उत्पन्न विचारधाराओं ने मानव-विकासक्रम का लक्ष्य तो निर्धारित ही कर दिया। जैसा कि ऊपर हमने कहा ही है, उनके मतानुसार मानव की श्रेष्ठतायुक्त पूर्णता ही मानव-विकास का निर्धारित उद्देश्य होता है! इस उद्देश्य और मानव-विकासक्रम की दिशा को सर्वाधिक यदि किसी ने रेखांकित किया तो वे प्रबोधन एवं प्राकृतवादी (रोमांटिक) कालों के जर्मन दार्शनिक ही थे। कांट ने तो "वैश्विक इतिहास के सर्वदेशीय दृष्टिकोणवाले विचार" (Idee zu einer allgemeinen Geschichte in Weltburgerlicher Absicht/ Idea of a Universal History from a Cosmoplitan Point of View, 1784) का प्रतिपादन ही किया! वैसे यहाँ इतिहास के साधारण विद्यार्थी के लिए भी एक महत्त्वपूर्ण संकेत है इस सिद्धान्त का वर्ष! यह वर्ष फ्रान्सीसी क्रान्ति से पूर्व का है तथा जर्मनी को एक राष्ट्र के रूप में उबरने में अभी लगभग एक शताब्दी का विलम्ब था! अत: स्वाभाविक ही है कि कांट सर्वदेशीय दृष्टिकोण से वैश्विक इतिहास की अवधारणा की ही बात करता है।

चूँकि, अभी उसके लिए राष्ट्रीय इतिहास का प्रश्न ही नहीं उत्पन्न हो रहा था, अत: वह अपने परिवेश तथा परिस्थितियों के अनुकूल ही विचार व्यक्त कर रहा था और जर्मन विद्वानों के फलस्वरूप यही तो प्रबोधन एवं प्राकृतवादी आन्दोलन की अवधिवाले इतिहासकारों, विद्वानों तथा विचारकों की विशेषता बन गई! इस अवधारणा की एक और प्रमुख

विशेषता है—ईश्वर के स्थान पर प्रकृति को सृष्टा मानना! इस विचार में प्रकृति एक निश्चित वैश्विक बुद्धि (तर्क) के स्वरूप में मान्य है, जो अपने निश्चयपूर्ण एवं दैवीय दृढ़ता से विश्व और मानव के भाग्य के निर्देशक की भूमिका अदा करती है! इस भूमिका को अदा करने के लिए ही वह अपनी इच्छा-शक्ति तथा विवेक को मानवीय इच्छा-शक्ति एवं विवेक में परिवर्तित करती है। अर्थात जब मानव, प्रकृति से सम्बद्ध रहता है तब वह अपने प्राकृतिक परिवेश को आत्मसात करके उसकी इच्छा-शक्ति और विवेक को ग्रहण करके ही अपनी इच्छा-शक्ति और विवेक को विकसित कर पाता है और तभी उसका विकास सम्भव हो पाता है! मानव की चेतना की उत्पत्ति एवं उसके विकास को भी कांट ने प्राकृतिक या वैश्विक चेतना से माना![66]

कांट के मतानुसार यदि मानव के अन्दर जिजीविषा न हो तो वह कुछ भी अर्जित नहीं कर सकता? अतः प्रकृति से जुड़ाव से मनुष्य के अन्दर उससे संघर्ष करने की क्षमता भी विकसित हुई जिसे रूसो ने सभ्यता के दुर्गुणों में गिरना या मनुष्य के पतन के रूप में दर्शाया है; तत्पश्चात टर्गो एवं हीगेल ने भी यह तर्क उपयोग किए। कांट के विकास और उसके समापन की अवधारणा में ही हीगेल के विचारों के प्रारम्भिक बीज छुपे थे, जिसमें यह वैश्विक विवेक एक आदर्श स्थिति में परिवर्तित हो जाती है। कांट ने उद्घोष-सा किया मानव नस्ल के इतिहास को समावेशी दृष्टि से देखें तो वह प्रकृति की गुप्त योजना का ही क्रियान्वयन करता नज़र आएगा। उसका उद्देश्य यही है कि समाज में राजनीतिक संविधान तथा बाह्य जगत में भी ऐसी ही आदर्श व्यवस्था स्थापित हो जिससे मानव, प्रकृति द्वारा प्रदत्त विशेषताओं को पूर्णतया विकसित करके स्वतः सम्पूर्ण एवं सुखी मानव हो सके![67]

हीगेल और मार्क्स के आदर्श समाज और राज्य के गठन में मानव के विकास का चरमोत्कर्ष माना गया था और इसने अन्ततः मानव-मुक्ति का ईसाई विचार से भी पृथक एक गैर-धार्मिक अन्त की ओर इंगित किया! एक और विचार विद्वज्जगत में जोर पकड़ रहा था वह भी 'विकासशील प्रगतिवाद' का ही परिचायक था। यह महत्त्वपूर्ण विचार भी फ्रान्सीसी क्रान्ति

के पूर्व की वैचारिक क्रान्ति के विचारकों जो निरन्तर विश्वकोष में योगदान दे रहे थे (Encyclopaedists) में से एक दी अलेम्बर्ट (d'Alembert) की विशेष देन थी। दी अलेम्बर्ट भी बीसवीं सदी के आधुनिक भविष्यवादियों की भाँति अतीत को भुलाकर सिर्फ आशावादी भविष्य की ओर देखने का आग्रह कर रहा था।

स्पष्ट ही है जिस प्रकार मानव-विकासक्रम दीर्घकालीन प्रक्रिया थी उसी प्रकार उसके विकास के चरणबद्ध अध्ययन की प्रक्रिया भी शनैः-शनैः विकसित हुई अतः उसकी भी कहानी लम्बी है। किन्तु, एक बात बहुत स्पष्ट है कि चाहे-अनचाहे अरस्तू के प्रभाव से यह अध्ययन कभी मुक्त नहीं हो पाया। किन्तु एक बड़ा प्रश्न है कि अरस्तू किसका शिष्य था? प्लेटो या अफ़लातून का? यह अफ़लातून किसका शिष्य और परम अनुयायी था? ज़ाहिर ही है, सुकरात का! अतः सारी अवधारणाओं के जन्म के बीज हम सुकरात एवं उसके दर्शन या विचारों तक ले जा सकते हैं? अरस्तू ने निरन्तर काल की अनन्तता को रेखांकित किया है। यह विचार गैर-धार्मिक इतिहास-अध्ययन और लेखन को प्रभावित करता रहा है और करता ही रहेगा! जियोर्दनो बोदिन ने मैक्सिमा तथा मिनिमा के सिद्धान्त का प्रतिपादन किया था जिसके अनुसार ब्रह्मांड एवं नक्षत्रिक जगत अनन्त ही थे। उसने कोपर्निकस के विचारों का ही समर्थन किया था और उसे जलाकर मृत्युदंड दिया गया था!

इसी प्रकार, हर्मन वेयल ने भी काल को अनन्त ही माना। उसके मतानुसार, काल मात्र इसीलिए अनन्त नहीं है कि इसका कोई अन्त है ही नहीं अपितु इसकी अनन्ता की एक अन्य महत्त्वपूर्ण विशेषता भी है। यह अपने हर अंश में भी अनन्त है। अर्थात आन्तरिक अनन्तता ही इसको अनन्तता प्रदान करती है। यदि इसके किसी अंश या भाग को ले लें तब भी उसके अपने आंशिक भाग में भी यह अनन्त ही होता है! अतः उसके शब्दों में यह एड इंफिनिटम (ad infinitum) की ओर ही संकेत देनेवाला तथ्य है![68]

अगर गणित के विकास में भी देखें तो इसी अनन्तता के सिद्धान्त का उपयोग लीब्निज़ एवं न्यूटन ने भी किया था—'डिफरेन्शियल' तथा 'इंटीग्रल कैलकुलस' की उत्पत्ति में! यही उनके सिद्धान्त का मूलाधार

है! इसी प्रकार सामाजिक विज्ञान अध्ययन के क्षेत्र में इस सिद्धान्त के प्रयोग से जीन बोदिन (1530-1596) के विचारों ने तुलनात्मक इतिहास तथा तुलनात्मक न्यायशास्त्र को जन्म दिया। उसने पुरानी 'रोमन विधि' में नवीन विचारों को सम्मिलित किया उनको वर्गीकृत और सुव्यवस्थित करके एक सुनिश्चित रूप प्रदान किया। उसने और उसके अनुयायियों ने अलग-अलग देशों एवं क्षेत्रों के कानूनों में विविधता को उनकी पृथक पारिवेशिक एवं संस्थागत विशेषताओं से सम्बद्ध किया। अतः उसने असीमित अधिकार के विचार के स्थान पर एक आलोचनात्मक चिन्तन को जन्म दिया। यह धर्मशास्त्र से सम्बद्ध विधिशास्त्र से आधुनिक विधिशास्त्र के संक्रमण की प्राकृतिक प्रक्रिया ही नहीं एक स्वाभाविक विकासक्रम भी था! उसके पश्चात भी इस क्षेत्र में हुए विकास पर बोदिन का प्रभाव स्पष्टतः झलकता है![69]

बोदिन ने ही 'वैश्विक इतिहास' नहीं अपितु 'ऐतिहासिक वैश्विकता' के विचार का प्रतिपादन किया था। उसने 'स्वर्ण युग' तथा मानव-पतन की अवधारणाओं को नकारते हुए मानव-ज्ञान एवं उसकी आविष्कारक बुद्धि को विकास का कारक माना। अतः उसके अनुसार मानव-विकासक्रम सदैव जारी रहेगा क्योंकि यह उसके ज्ञान और आविष्कारों से जन्म लेता है और इसीलिए यह एक अनन्त प्रक्रिया है! उसने इसी आधार पर प्राचीन काल से चले आ रहे मानव-इतिहास के वर्गीकरण को भी निरस्त किया। उसने उन चार युगों को नकार दिया और एक अन्य तीन खंडों के विश्व इतिहास के वर्गीकरण को प्रचलित किया! यह तीन युग थे—दक्षिण-पूर्वी देश; मध्यदेशीय (भूमध्यसागर क्षेत्रीय) एवं उत्तर क्षेत्रीय। इनके वर्गीकरण का क्रम इनके प्रभुत्व के काल से निर्धारित किया था। यही 'विश्व-इतिहास' का गैर-धार्मिक विभाजन बना रहा। हालाँकि रोजर बेकन ने भी त्रियुगीन विभाजन किया था – प्राचीन; मध्य – यूनानी एवं रोमन काल-खंडों में पुनः विभक्त और आधुनिक काल, जो बेकन के समय तक का अर्थात आजकल के हिसाब से मध्यकाल है! इसी त्रियुगीन काल-विभाजन से इतिहास का ध्यान एवं लेखन चल रहा है – प्राचीन, मध्य काल और आधुनिक! वस्तुतः आज तक यही बेकनवाला मानक काल-विभाजन ही

मान्य है!

इतने विकासक्रम के पश्चात विकासीय संरचनात्मक परिवर्तनों को भी समझने की ज़रूरत अपरिहार्य हो गई? इसका अध्ययन किया विको (1725) ने। उसके पहले तो समस्त ब्रह्मांड को ईश्वरीय उत्पत्ति मानकर कभी इस ओर ध्यान ही नहीं गया था। अब पूरे विकास को जब गैर-धार्मिक दृष्टि से देखा जाने लगा और उसी का आग्रह हुआ तब यह स्वाभाविक भी था कि लौकिक जगत को समझने के ईमानदार प्रयास हों? उसने विचारों के प्रतिपादन की शुरुआत तो चक्रीय सिद्धान्त या 'रिकोर्सो' (Ricorso) से ही की थी किन्तु फिर क्रमिक विकास के आधार पर अध्ययन के विषयों के नवीन विभाजन को विश्लेषित किया। विषयों का यह विभाजन निश्चित ही विशेषज्ञता के आधार पर किया गया था। इसी क्रम में वह एक 'अनन्त आदर्श इतिहास' (Storia ideal eternal/ eternal ideal history) की अवधारणा विकसित करने में सफल रहा।

इसी प्रकार उसने इसको परम्परा के दर्शन (Filosofia dell Autorita/ philosophy of tradition) के आधार पर भी विश्लेषित किया था। इसमें भी वह मानव-सभ्यता के विकासक्रम को तीन चरणों में व्याख्यायित करता है: प्रारम्भिक अवस्था जिसमें बस जोश और जुनून हावी थे—यह अव्यवस्थित अवस्था थी; द्वितीय, 'शौर्य युग' (Heroic age) जिसमें मानव-कल्पना (Human imagination) और काव्य-विवेक (Poetic wisdom) जाग्रत था; और, अन्ततः सभ्यता का युग (Age of civilization)। विको के इस विश्लेषण की सबसे बड़ी विशेषता उसकी वस्तुपरकता थी! उसने बहुत जटिल और अत्याधुनिक अवधारणाओं के आधार पर यह विश्लेषण न करके, सरल ढंग से इसे व्याख्यायित करने का प्रयास किया और इसी कारण से वह समझा जा सका तथा मान्य, प्रतिष्ठित एवं लोकप्रिय भी हुआ!

इसी प्रकार फ्रान्सीसी क्रान्ति से पूर्व वित्त मन्त्री रहे एवं वित्तीय सुधारों के आग्रही, टर्गो (Turgot 1727-1781) ने भी कालखंड-विभाजन किया था। यह विभाजन पूरी तरह से धार्मिक प्रभाव से मुक्त रहा था और अनजाने ही यह विको (Vico) की योजना से साम्य रखता है। स्पष्टता, संयमित

विचार तथा तथ्यपरकता इनकी प्रमुख विशेषता रही है। भौतिकी प्रभावों से पूर्व के काल में अध्ययन और ज्ञान के विस्तार पर ही यह निष्कर्ष निकाला, जो बाद में ऑगस्ट कॉम्टे (August Comte) ने त्रिस्तरीय चरण के रूप में निरूपित किया था। ज्ञान-विज्ञान के प्रसार और सुदृढ़ीकरण ने न केवल तत्त्वों की अन्तर्क्रिया पर अपितु तथ्यों के ठोस आधार ने भी बाद में प्रत्यक्षवादी चरण को एक सुनिश्चित स्वरूप प्रदान कर दिया।

इस प्रकार हम पाते हैं, भौतिक विज्ञान के विकास ने इतिहास-दर्शन को निरन्तर प्रभावित किया और उसके विकास में महत्त्वपूर्ण योगदान दिया। हीगेल के दर्शन में तो हमें इसका पूर्ण प्रभाव दिखता ही है। उसने इस पूरे वैज्ञानिक ज्ञान की विरासत का उपयोग करते हुए एक व्यवस्थित संरचना को जन्म दिया। हीगेल ने भौतिक विज्ञान के साथ प्राकृतिक विज्ञानों की समस्त शाखाओं के ज्ञान के चलते ही 'ऐतिहासिक चेतना' के आधार पर एक सुस्पष्ट 'इतिहास-दर्शन' की नींव रखी। उसके दर्शन से वास्तविक आधुनिक विवेक का श्रीगणेश माना जाता है। उसने व्यवस्थित तरीके से चतुर्वर्गीय के साथ ही त्रिवर्गीय विभाजन को भी एकीकृत कर दिया। चार कालों के रूप में पूर्वी, यूनानी, रोमन तथा 'जर्मनिक' विश्व के विवरण प्रस्तुत किए। इसमें विकास को समझने-समझाने के लिए मानव को विवेक का कारक माना। उसके मतानुसार यही तर्क या बुद्धि मनोवैज्ञानिक 'व्यक्तिगत चेतना' से वस्तुनिष्ठ एवं सामूहिक 'सामाजिक चेतना' (Selbstbewusstsein) में परिवर्तित होती है। हालाँकि कांट ने भी लगभग यही बात कही थी बस उसने इसे 'सामान्य चेतना' (Bewusstsein uberhaupt/ consciousness in general) का नाम दिया था। जहाँ तक त्रिस्तरीय वर्गीकरण का प्रश्न है वह हीगेल के दर्शन में 'थीसिस'; 'एंटीथीसिस' एवं 'सिन्थेसिस' के रूप में नज़र आता है भले ही उसका प्रतिपादन फ़िचे ने किया हो किन्तु हीगेल ने उसे व्यवस्थित रूप दिया।

इन तमाम विचारों और वैचारिक पृष्ठभूमि ने अन्ततः इनके अन्तर्विरोधों को भी रेखांकित किया और स्वाभाविक ही था अतीत को नकारने के लिए भी उसके ज्ञान और उस पर ध्यान की भी अपरिहार्यता तो थी ही? इन सबका निष्कर्ष यही निकला कि इतिहास के साथ ही 'इतिहासवाद'

(Historism) भी इतिहास के अध्ययन की विषय-वस्तु हो चुकी थी। इस 'इतिहासवाद' की उत्पत्ति वस्तुतः दो केन्द्राभिमुख या संसृत विचारों के फलस्वरूप सम्भव हुई थी। एक प्रवाह-क्रम था जैविक-विकास का सिद्धान्त तथा दूसरा था 'रोमांटिक आन्दोलन' इन दोनों के सम्मिलित रूप ने इस इतिहासवाद को जन्म देकर आगे 'ऐतिहासिकतावाद' (Historicism) का मार्ग प्रशस्त कर दिया। अब एक नया आयाम इतिहास के अध्ययन-दर्शन में सम्पृक्त हो चुका था, जो अभी तक आशावाद और सन्देह, प्रगति और प्रत्यावर्तन तक सीमित था अब बुद्धिवादी एवं जैविक प्रकृतिवादी के साथ सम्मिलन के परिणामस्वरूप जर्मन 'ऐतिहासिकतावाद' के रूप में विकसित हुआ। इसीलिए सम्भवतः उन्नीसवीं सदी में जर्मन इतिहास-लेखन अपने चरमोत्कर्ष पर पहुँचकर सर्वश्रेष्ठ और सर्वोत्तम इतिहास की रचना सम्भव कर सका?

V

आगे बढ़ने से पूर्व कहीं बेहतर होगा यदि हम पुनर्जागरण एवं प्रबोधन-काल के इतिहास-लेखन पर कुछ अधिक प्रकाश डाल लें तभी हमें 1789 की फ्रान्सीसी राज्यक्रान्ति और उसके पश्चात यानी उन्नीसवीं शताब्दी के इतिहास-लेखन की पृष्ठभूमि और उसके अनेक प्रस्थापना बिन्दु स्वतः समझ आएगी? वस्तुतः पुनर्जागरण की घटनाओं, आविष्कारों तथा अन्वेषणों ने ऐतिहासिक अध्ययन एवं लेखन की सहायक ज्ञान-शाखाओं को गति एवं बल प्रदान किया था! उस काल की भौगोलिक खोजों ने एक ऐसा वातावरण निर्मित किया था कि लोगों की पुरजोर कोशिश और आग्रह इसी बात में था कि उन्हें बिलकुल सटीक जानकारी प्राप्त हो सके ताकि वे अपनी यात्राओं को सुनियोजित रूप प्रदान करके उनकी सफलता असन्दिग्ध कर दें! यह सटीक जानकारी इतिहास और भूगोल के सही ज्ञान से ही सम्भव थी? इसी प्रकार, छापेखाने के प्रयोग ने अतीत को जानने की लालसा के साथ इतिहास की कृतियों के प्रकाशन को गति प्रदान की थी।[70]

उपर्युक्त के आलोक में हम कह सकते हैं कि, इसी ज्ञान के आग्रह ने अन्ततः सर इसाक न्यूटन (1642-1727 ई) के कार्य-क्षेत्र और अमूल्य योगदान के परिवेश की निर्मिति की थी। इसी प्रकार, जब धर्म-सुधार आन्दोलन का प्रादुर्भाव हुआ तब उसके एवं उसकी प्रतिक्रियास्वरूप उपजे प्रति-धर्म सुधार (कैथोलिक धर्म-सुधार) आन्दोलन की प्रतिद्वन्द्विता एवं अपने-अपने प्रभुत्व की स्थापना ने ऐतिहासिक अध्ययनों को और अधिक प्रोत्साहित किया! दोनों ही पक्ष अपने-अपने पक्ष के औचित्य की स्थापना के लिए प्रयासरत जो थे? मार्विक तो कहता है कि लूथर के सहयोगी मेलान्क्थन (Melancthon, 1497-1560) ने जर्मन विश्विद्यालयों में वैज्ञानिक इतिहास के प्रति उत्साह को और प्रेरित कर दिया। इसी प्रंकार, फ्रान्सिस इलीरिकस (Francis Illyricus, 1520-1575) ने लूथर की पक्षधरता करते हुए उसके पक्ष को प्रमाणित करने हेतु ऐसे स्त्रोत एकत्रित किए जिन्हें हम लोग 'प्राथमिक स्त्रोत' कहते हैं। अतः इतिहास-लेखन में 'वैज्ञानिक दृष्टिकोण' तथा 'प्राथमिक एवं प्रामाणिक स्त्रोतों' का महत्त्व न केवल स्थापित हुआ अपितु इस दौर में उसकी जडें स्थाई और सशक्त हो गईं![71]

यूरोपीय पुनर्जागरण ने क्लासिकी यूनानी तथा लैटिन के स्थान पर स्थानीय बोलियों को साहित्य की भाषाओं में परिवर्तित करने का महत्त्वपूर्ण कार्य किया था। इसका सबसे बड़ा प्रभाव यही था कि इस प्रकार का साहित्य और विशेष रूप से इतिहास सिर्फ़ बुद्धिजीवियों और धर्माधिकारियों तक न पहुँचकर व्यापकता लेकर जन-साधारण के लिए भी उपलब्ध हुआ! इस प्रकार के इतिहास-लेखन में पथ-प्रदर्शक की भूमिका अनेक प्रमुख इतिहासकारों ने निभाई जैसे लियोनार्डो ब्रूनी (1347-1444) ने अपनी कृति 'फ्लोरेंटाइन हिस्ट्री' (Florentine History, 1415-1429) के माध्यम से; यह इतिहासकारों के लिए एक प्राथमिक ग्रन्थ के रूप में अधिक उपयोगी है। अन्य प्रमुख नाम हैं निकोलो मेकियावेली (1469-1527) का। मेकियावेली ने सर्वप्रथम इतिहासकार लिवी पर अपने विमर्श या सम्भाषणों का संकलन 1516 में 'डिस्कोर्सेस ओन लिवि' (Discourses on Livy) प्रकाशित किया; 1522 में उसकी रचना 'हिस्ट्री ऑफ़ फ्लोरेन्स'

(History of Florence) प्रकाशित हुई तथा अन्तिम और सर्वाधिक प्रसिद्ध कृति 'प्रिन्स' (Prince) 1531 में पूर्ण हुई थी और 1532 में प्रकाशित हुई। वस्तुतः 'प्रिंस' राजनीतिक दर्शन की अमूल्य कृति होने के कारण, राजनीति एवं इतिहास के अध्ययन एवं लेखन के लिए एक मील का पत्थर है। सोलहवीं शताब्दी के प्रारम्भ में इटली की सरकार और कूटनीति के स्वरूप का वास्तविक चित्रण इसकी विशेषता है। इसी का पूरक ग्रन्थ है फ्रान्सेस्को गुईसीआर्दिनि (Francesco Guicciardini, 1483-1540) कृत इटली का इतिहास (History of Italy)। यह कृति उसकी मृत्यु पर भी 1540 में अपूर्ण ही रही। इस कृति का महत्त्व इस बात में है कि वो राजनीतिक के उत्प्रेरक कारकों की वैज्ञानिक व्याख्या प्रस्तुत करती है। अर्थात वह अपने विश्लेषण से यह स्पष्ट करने में सफल रहा है कि राजनीतिक प्रकरण क्यों वैसे ही घटते हैं, जैसे घट रहे हैं? इतिहास में प्रक्रियाओं के अध्ययन में उसके उद्भव और विकास के कारणों को सर्वाधिक बल दिया जाना ही इस कृति की प्रमुख विशेषता है।[72]

इस समय इंग्लैंड में भले ही सर वाल्टर रैले (Sir Walter Raleigh) ने 1614 में अपनी कृति विश्व इतिहास (History of the World) की रचना पूर्ण कर ली थी या इससे कुछ पूर्व जॉन स्टो (John Stow) ने लन्दन का सर्वेक्षण (Survey of London, 1598) नामक ग्रन्थ लिखे किन्तु वैज्ञानिक इतिहास-लेखन की शुरुआत वहाँ पर विलियम काम्डेन (William Camden, 1551-1623) कृत ब्रिटेनिया (Britannia) से होती है जिसके छह संस्करण 1586 से 1607 के मध्य प्रकाशित हो गए थे। इसी प्रकार उसकी एक अन्य कृति भी महत्त्वपूर्ण अध्ययन के रूप में स्थापित है यथा, 'हिस्ट्री ऑफ़ एलिज़ाबेथ' (History of Elizabeth) जो 1615 में प्रकाशित हुई थी।[73] इस प्रारम्भिक विकास के बाद सबसे महत्त्वपूर्ण योगदान सर फ्रेंसिस बेकेन का है। उनको इंग्लैंड में बौद्धिक कार्यों तथा अन्य गतिविधियों में भी एक तार्किक और वैज्ञानिक दृष्टिकोण अपनानेवाले व्यक्ति के रूप में मान्यता प्राप्त है। भले ही बेकन ने एक ही ऐतिहासिक ग्रन्थ, 'हिस्ट्री ऑफ़ हेनरी सेवेन्थ' (History of Henry VII) की रचना की किन्तु यह

रचना न केवल एक वैज्ञानिक अध्ययन है अपितु इसमें वे साक्ष्यों का विस्तृत परीक्षण करते हैं। साथ ही, वह समस्त प्रक्रियाओं के कारणों की गहन पड़ताल भी करता है।[74] वैसे प्रबोधन-काल से पूर्व एडवर्ड हाईड ने 'हिस्ट्री ऑफ़ द रिबेलियन एंड सिविल वॉर्स इन इंग्लैंड' (History of the Rebellion and Civil Wars in England) की रचना की थी। इतिहासकार मार्विक तो इस कृति की तुलना चर्चिल द्वारा रचित दोनों महायुद्धों के इतिहास से करते हुए इसे भी उत्कृष्ट रचना मानता है![75]

इसी प्रकार, ऐतिहासिक अध्ययन का महत्त्वपूर्ण एवं अग्रणी सिद्धान्तकार फ्रान्सीसी जीन बोदीन (Jean Bodin, c. 1530-1596) था, जिसने 'मेथड फॉर द ईज़ी अंडरस्टैंडिंग ऑफ़ हिस्ट्री' (Method for the Easy Understanding of History) की रचना की थी। उसके मतानुसार उसने इस कृति की रचना निश्चित उद्देश्य से की थी, यथा बौद्धिक अभिरुचि तथा राजनीति में मूल्यों के संवर्धन के साथ उसके व्यावहारिक स्वरूप के अनुसार आचरण हेतु लोगों को प्रशिक्षित करना। ऐसे ही उद्देश्य से बोसुएत (Jacques Benigne Bossuet, 1627-1704) ने 'डिस्कोर्स ऑन यूनिवर्सल हिस्ट्री' (Discourse on Universal History) की रचना की थी। इसके भी दो उद्देश्य थे – एक, तख़्त के उत्तराधिकारी डॉफ़िन को प्रशिक्षित करना तथा धर्म-सुधार एवं प्रति-धर्म सुधार आन्दोलनों की प्रतिद्वन्द्विता के बीच इतिहास की अवधारणा को दैवी या ईश्वरीय इच्छा के रूप में स्थापित करने के लिए महत्त्वपूर्ण प्रयास करना।[76]

अट्ठारहवीं शताब्दी के प्रबोधन-काल में इतिहास-लेखन में एक बड़ा परिवर्तन दिखता है और वह है विवरण के अलावा विश्लेषण या व्याख्या पर बल देना। जॉन क्रिस्टोफ़ गेटरर (Johan Christoph Gatterer, 1729-1799) को रांके के पूर्वगामी के रूप में देखा जाता है और यही इसका महत्त्व है। वाल्तेयर (Voltaire, 1694-1778), एडवर्ड गिबन (Edward Gibbon, 1737-1794), चार्ल्स लुई (Charles Louis) तथा मोंटेस्क्यू (Montesquieu, 1689-1755) जैसे इतिहासकारों ने अपने लेखन के माध्यम

से इतिहास-लेखन में धार्मिक आधार को पूरी तरह से विखंडित कर दिया। अत: प्रबोधन-काल के इतिहास-लेखन ने उसे पूर्णतया लौकिक विषय में परिवर्तित कर दिया था। गिबन की कृति 'डिक्लाइन एंड फॉल ऑफ़ द रोमन एम्पायर' (Decline and Fall of the Roman Empire) में युद्धों तथा प्रशासनिक प्रबन्धन को केन्द्र-बिन्दु बनाया गया। मोंटेस्क्यू की कृति, 'द स्पिरिट ऑफ़ द लॉज़' (The Spirit of the Laws, 1748) में इतिहास-लेखन के अन्तर्गत प्रकृति तथा परम्पराओं को महत्त्वपूर्ण भूमिका निभाते हुए दर्शाया गया है। उसके मतानुसार 'विधि या कानून सामान्यत: मानव-तर्क का उत्पाद है।' वह मानता था कि मानव की अर्थ-व्यवस्था, विधि-विधान तथा राष्ट्रीय चरित्र की निर्मिति में वहाँ की जलवायु सर्वाधिक महत्त्वपूर्ण एवं सशक्त कारक होती है, जबकि वाल्तेयर ने मोंटेस्क्यू द्वारा जलवायु के अत्यधिक प्रभाव को खारिज ही किया।[77]

वस्तुत: सच तो यह है कि जलवायु से मानव किस प्रकार से लाभ को सर्वाधिक और हानि को न्यूनतम करता है यह एक महत्त्वपूर्ण कारक तो है ही। शेष बातें इस बात पर निर्भर करती हैं कि आप उससे कैसे लाभार्जित करते हैं। अत: जलवायु परोक्ष रूप से न कि प्रत्यक्ष रूप से इतिहास की निर्मिति में निर्णायक तत्त्व हो जाता है?[78] वाल्तेयर ने इतिहास के अध्ययन में सामाजिक-सांस्कृतिक परिवेश को चित्रित करने पर जोर दिया था। इस दृष्टिकोण से उसकी कृतियाँ महत्त्वपूर्ण हैं, जैसे उसकी 'हिस्ट्री ऑफ़ चार्ल्स ट्वेल्फ्थ' (History of Charles XII, 1731)। स्वीडन के इस शासक पर आधारित अपनी कृति में वह सभी स्रोतों का इस्तेमाल करता है। इतिहासकार बेन, इसे 'रूमानी' कृति घोषित करते हुए उसको विवरणपूर्ण किन्तु उसमें दिए हुए तथ्यों को त्रुटिपूर्ण बताता है।[79] उसने 'द सेंचुरी ऑफ़ लुइस फोर्टीन्थ' (The Century of Louis XIV, 1751) में इस कृति को राजनीतिक अथवा सैन्य इतिहास के स्थान पर इसे मानव मस्तिष्क का इतिहास घोषित किया, जिसमें कलाओं, वाणिज्य-व्यापार तथा सभ्यता सम्मिलित थे।[80] उसकी एक अन्य रचना 'एसे ऑन द मैनर्स एंड करैक्टर ऑफ़ द नेशंस' (Essay on the Manners and Character of the Nations',

1756) सात खंडों में प्रकाशित हुई थी। इसके प्रारम्भिक चौदह अध्यायों में वस्तुतः वैश्विक इतिहास पर प्रकाश डालते हुए चीन, फ़ारस, अरब, भारत तथा क्लासिकी यूरोप की सभ्यताओं के विकासक्रम पर पर्याप्त प्रकाश डाला है।[81] उसने गैर-यूरोपीय सभ्यताओं की ओर ध्यानाकर्षण करने पर जोर देने के साथ ही इतिहासकारों से राजनीतिक गतिविधियों के अतिरिक्त आर्थिक, सामाजिक तथा सांस्कृतिक मुद्दों पर जोर देने का आग्रह भी किया![82]

जहाँ तक एडवर्ड गिबन का प्रश्न है, उसका जन्म 1737 में हुआ था वह वाल्तेयर से मिला था तथा उसके ऐसज़ तथा ह्यूम की लेखनी को पढ़कर प्रबोधन से अत्यधिक प्रभावित हुआ। 1764 में रोम के 'कैपिटोल' के अवशेषों के बीच टहलते हुए उसने रोम के पतन पर ऐतिहासिक कृति, 'द डिक्लाइन एंड फॉल ऑफ़ द रोमन एम्पायर' (The Decline and Fall of the Roman Empire, 1776) की रचना का निर्णय लिया! यह छह खंडों में लिखा गया है। इतिहासकार विल ड्युरां के विचारानुसार 'गिबन किसी कुशल वक्ता की भाँति ही लिखता था। उसकी शैली, उसके मर्दाने विवरणों से आच्छादित रहती है, किसी न्यायाधीश की भाँति वह एक पूरी शताब्दी का वर्णन एक पैराग्राफ में कर देता था एवं दर्शन और इतिहास को एकमेक करता था।'[83]

अट्ठारहवीं शताब्दी में ही स्कॉटिश इतिहास-लेखन की भी शुरुआत हुई। इसके सबसे प्रमुख प्रतिनिधि थे डेविड ह्यूम (David Hume, 1711-1776)। उनकी प्रसिद्ध कृति 'हिस्ट्री ऑफ़ इंग्लैंड' (History of England) छह खंडों में है जो क्रमशः 1754 से 1762 के मध्य प्रकाशित हुई थी। वह मूलतः एक दार्शनिक था जिसने मात्र अट्ठाईस वर्ष की आयु में 'द ट्रेटाईस ऑफ़ ह्यूमन नेचर' (The Treatise of Human Nature) की रचना की थी। प्रायः लोग उम्र बढ़ने के साथ दार्शनिक होते जाते हैं किन्तु ह्यूम पैंतीस वर्ष की आयु में इतिहास की ओर घूम गया। उसका मत था कि 'इतिहास का अध्यहता, कुछ अर्थों, में विश्व के उद्गम के साथ ही जीवित होने जैसा महसूस करता है।'[84] इसी क्रम में एक अन्य उल्लेखनीय

नाम है एडम स्मिथ (Adam Smith 1723-1790) का। भले ही उनकी कृति (The Wealth of Nations', 1776) उन्हें 'पोलिटिकल इकॉनमी' के क्लासिकी स्कूल के संस्थापक के रूप में स्थापित करती हो, किन्तु यह वास्तव में मानव की सभी गतिविधियों के ऐतिहासिक विकासक्रम का ग्रन्थ है![85]

वस्तुत: प्रबोधन-काल का सम्पूर्णता में प्रतिनिधित्व करनेवाला इतिहासकार विलियम रोबर्ट्सन (William Robertson, 1721-1793) था। उसके मतानुसार इतिहास मानव-समाज एवं सभ्यता के विकास का क्रमबद्ध अध्ययन है। यह उसकी कृति 'हिस्ट्री ऑफ़ अमरीका' (The History of America) से लेकर अन्य सभी कृतियों में स्पष्ट है। इस दृष्टिकोण से उसकी रचना 'हिस्ट्री ऑफ़ स्कॉटलैंड' (History of Scotland, 1759) एक निश्चित मील का पत्थर है। इस कृति में उसने कयासबाजी और ऐसे तथ्यों से खुंद को दूर रखा जिसकी पुष्टि नहीं हुई हो? वह इस कृति में स्कॉटलैंड के इतिहास को चार काल-खंडों में विभक्त करता है अर्थात उसने काल-विभाजन की प्रक्रिया को भी एक तार्किक और वैज्ञानिक स्वरूप प्रदान किया। उसकी सर्वाधिक लोकप्रिय कृति, 'द हिस्ट्री ऑफ़ द रेन ऑफ़ द एम्परर चार्ल्स फ़िफ्थ' (The History of the Reign of the Emperor Charles V, 1769) है। यह स्रोतों के वैज्ञानिक उपयोग के साथ ही सामाजिक एवं राजनीतिक मामलों पर प्रकाश डालता हुआ एक समावेशी इतिहास की अवधारणा को पूर्ण करता हुआ ग्रन्थ है।[86]

वैसे स्कॉटलैंड के सर्वाधिक अभिरुचि जागृत करनेवाले इतिहासकार जॉन मिलर (John Millar 1735-1801) था जो ग्लासगो के विश्विद्यालय में नागरिक विधि (Civil Law) का आचार्य था। अपनी कृति, 'द ओरिजिन्स ऑफ़ द डिस्टिंक्शन ऑफ़ रैंक्स' (The Origins of the Distinction of Ranks, 1771) में उसने इंग्लैंड के सत्ता संरचना में होनेवाले परिवर्तनों की व्याख्या करते हुए समाज के विभिन्न वर्गों के साम्पत्तिक अधिकारों से उन्हें सम्बद्ध करके समाज के विश्लेषण में एक निश्चित ही नए दृष्टिकोण को अपनाया। इसी प्रकार, उसकी दूसरी कृति, 'ऍन हिस्टोरिकल व्यू ऑफ़

द इंग्लिश गवर्नमेंट' (An Historical View of the English Government, 1787) काल-विभाजन के दृष्टिकोण से महत्त्वपूर्ण है। उसने अपने अध्ययन-काल को तीन काल-खंडों में विभक्त किया है—'सामन्तवादी आभिजात्य' (Feudal aristocracy) का काल जो 1066 पर समाप्त होता है; तत्पश्चात, 'सामन्तीय राजतन्त्र' (Feudal monarchy) का काल 1603 तक; और अन्ततः वह तृतीय काल को 'औपनिवेशिक साम्राज्यवाद' के काल को 'व्यवसायी सरकार' 'The commercial government' के सम्बोधन से विभूषित करता है। वस्तुतः इन दोनों कृतियों के केन्द्रीय विचारों ने मार्क्स की पूर्वपीठिका निर्मित करने के साथ ही उसके विचारों की विकास-प्रक्रिया को प्रभावित भी किया![87]

इस प्रबुद्ध आलोचनात्मक इतिहास-लेखन की प्रतिक्रिया स्वाभाविक ही थी अतः हमें ऐसे विचार दृष्टिगोचर होते हैं जिनके अनुसार विचारों से अधिक भावनाओं को ध्यान में रखने की आवश्यकता है? अतः तर्क के युग (Age of Reason) ने अन्ततः भावना के युग (Age of Feeling) को जन्म दिया। इस भावपूर्ण या रूमानियतवाले इतिहास-लेखन का जन्मदाता और सर्वश्रेष्ठ प्रतिनिधि जीन जैक्स रूसो (Jean Jacques Rosseau, 1712-1778) था तथा उसका अनुगामी था हर्डर (Herder)।[88] हालाँकि वह प्रबोधन-काल (Age of Enlightenment) की सन्तान था फिर भी उसने रूमानी आन्दोलन (Romantic Movement/ Romanticism) को जन्म दिया। वह वापस मौलिकता और स्वाभाविक रूप में लौटने के साथ स्वतन्त्रता, प्रत्यक्ष अनुभव तथा उसके प्रवाहपूर्ण अभिव्यक्ति का हिमायती था।

भले ही उसकी कृति 'सोशल कांट्रैक्ट' (Social Contract) मात्र एक सौ पच्चीस (125) पृष्ठों की कृति हो किन्तु उसका प्रभाव आज तक बौद्धिक जगत पर सहज महसूस किया जा सकता है! इसी प्रकार, उसके उपन्यास 'न्यू हेलोइस' (New Heloise', 1761) ने भावनाओं की प्रभावपूर्ण अभिव्यक्ति के साथ रूमानी साहित्य का श्रीगणेश कर दिया! इसी प्रकार, उसकी साहित्यिक कृति 'एमिली' (Emile) को शिक्षा के क्षेत्र में एक 'क्लासिक' कृति का दर्ज़ा प्राप्त है। वह ऐसी

शिक्षा पर बल देता है जो मानव की स्वाभाविक भलाई को संरक्षित और संवर्धित करती है। पूरा यूरोप 1760 से 1859 अर्थात उसके अपने काल से प्रारम्भ होकर डार्विन के काल तक रूसो के ही प्रभाव में रहा! साहित्य में गेटे (Goethe); दर्शनशास्त्र में कांट (Kant) तथा इतिहास में हर्डर आदि में उसके ज़बर्दस्त प्रभाव को स्पष्टत: देखा जा सकता है![89]

VI

ज्ञान की अन्य शाखाओं में हो रहे विकासक्रम ने भी इतिहास-लेखन और उसके दर्शन को यथासम्भव प्रभावित किया। वैज्ञानिक आविष्कारों, परीक्षणों और ज्ञान के विस्तार ने समाज-विज्ञान और खासतौर से इतिहास के क्षितिज को भी प्रभावित करते हुए उसको विस्तृत और गहनता प्रदान की। जब वैज्ञानिक-प्रौद्योगिकी के विकासक्रम और उसके परिणामों को इतिहास के अध्ययन में समन्वित किया गया था तो अब निश्चित ही इतिहास-दर्शन में जैविक सिद्धान्तों को भी तार्किक और उचित स्थान तो देना ही था। अत: इसने इतिहास के अध्ययन, लेखन और दर्शन को प्रभावित किया और इसका सबसे उत्कृष्ट परिणाम एवं प्रमाण है, इतिहासकार तथा विद्वान, एच. जी. वेल्स की रचना, 'एन आउटलाइन ऑफ़ हिस्ट्री'! किन्तु इसे समझने के लिए आइए एक बार इसके विकास का भी सर्वेक्षण इस दृष्टिकोण से कर लें कि यह विचार कैसे इतिहास-दर्शन में सम्पृक्त ही नहीं सम्मिश्रित हुआ!

सर्वप्रथम जॉन रे (1602-1705) ने जैविक जगत के समस्त जीवों का वर्गीकरण करके उसे एक व्यवस्थित क्रम प्रदान किया था। इसीलिए उसे 'आँग्ल प्राकृतिक इतिहास का जनक' माना जाता है। उसी का योग्य शिष्य एवं प्रबुद्ध चेक अनुयायी कार्ल वॉन लिन्ने था, (Linnaeus, 1707-1778), जो समस्त वानस्पतिक तथा जीव-जन्तुओं को ईश्वरीय उत्पत्ति मानता था। इसका अभिप्राय यही था कि लिन्ने ने एक ही स्रोत से उन समस्त वनस्पतियों एवं जीवों की उत्पत्ति के सिद्धान्त का प्रतिपादन किया। वस्तुत: इसी सिद्धान्त ने टैक्सोनोमी (Taxonomy) से आनुवंशिकी (Genetics) तक

के सफर की पृष्ठभूमि निर्मित की थी। यह प्रक्रिया भी अट्ठाहरवीं सदी में पूर्ण हुई थी।

किन्तु बफ्फन (1707-1788) ने इस वर्गीकरण को तार्किक न मानते हुए और अनेक भिन्नताओं की ओर इशारा करते हुए इस वर्गीकरण पर अनेक सवाल उठाए? उसका मानना था कि सरलीकरण ने अनेक अन्तरों को जल्दबाज़ी या जान-बूझकर नज़रन्दाज़ किया है। दूसरा उसका मानना था कि इस प्रकार के वर्गीकरण से वैज्ञानिक शब्दों की प्रचुरता इतनी अधिक हो जाएगी कि वैज्ञानिक भाषाविज्ञान से भी अधिक कठिन हो जाएगी? उसके मतानुसार प्रकृति को बिना किसी पूर्व-निर्धारित वर्गीकरण को देखना-समझना ही बेहतर विकल्प है! अत: वह इस बात का आग्रही हो गया कि विवरणात्मक भाषा-शैली द्वारा ही समस्त प्रकृति का वर्णन किया जाना समीचीन होगा। तभी हमें विभिन्नताओं की प्रक्रिया भी समझने में सुविधा होगी?

वस्तुत: बफ्फन ने ही जन्तुओं के वास्तविक विवरणों के आधार पर आकृति विज्ञान (morphology) की नींव डाली थी! बफ्फन ने अपने विवरणों के माध्यम से जीव-जन्तुओं के अन्तरों या भेदों को लगभग नकारते हुए, इस अवधारणा पर उठे 'कैसे सम्भव हुआ' के उत्तर के स्थान पर 'यह क्यों हुआ' को स्पष्ट करने की सफल कोशिश की। वह इस तथ्य पर जोर देने में विश्वास करता था कि आखिर यह भिन्नताएँ क्योंकर उत्पन्न हुईं? उसके मतानुसार चूँकि, जीवों में कुछ अंग आवश्यक नहीं थे अत: वे समय और परिस्थितियों के अनुसार परिवर्तित होते रहे थे? एक ओर बफ्फन की वैज्ञानिक चिन्तन-शैली लॉक तथा रूसो के दर्शन से प्रभावित हुई वहीं विचारक रूसो तो बफ्फन के कार्यों एवं योगदान से इतना अधिक प्रभावित था कि जब वह पेरिस गया तब बफ्फन के घर गया था ताकि उसके द्वार पर उसके योगदान पर अपनी प्रसन्नता प्रकट करके सन्तुष्ट हो सके![90] सम्भवत: उसे अपने विचारों के ऐसे व्यवहृत रूप की आशा ही नहीं रही होगी? विचारों के इसी परस्पर प्रभाव ने न केवल ज्ञान के विस्तार के साथ वैचारिक विश्व में क्रान्ति का उद्घोष किया था अपितु इसी ने मानव-विकास पर इस महत्त्वपूर्ण कोण से सर्वप्रथम प्रकाश

डालकर, प्राकृतिक जगत से मनुष्य के विकासक्रम को समझने में महती भूमिका अदा की थी।

अतः अब इस जैविक विकासक्रम के अध्ययन में भी दो पृथक ही नहीं नितान्त विरोधाभासी विचार प्रस्तुत किए थे। इन दोनों परस्पर विरोधी विचारों का समन्वय करके इसको एक सुनिश्चित स्वरूप प्रदान किया कुवियर (Cuvier, 1769-1832) ने। इस जैव-वैज्ञानिक ने शारीरिक अंगों का उनके द्वारा सम्पन्न कार्यों से जोड़कर उसी प्रकार का कार्य-कारण सम्बन्ध स्थापित किया जैसा कि मानव-विकास के अध्ययन में इतिहासकारों ने अब तक किया था। सभी जीवों में उनके अंग एक ही प्रकार से कार्य कर रहे थे। अतः अंगों एवं उनके कार्यात्मक सम्बन्धों के आधार पर यह सिद्धान्त प्रतिपादित किया कि प्रत्येक अंग दूसरे पर निर्भर है अतः एक का परिवर्तन दूसरे को भी परिवर्तित कर देगा। इतना ही नहीं, उसके मतानुसार यह तमाम जैविक अंग जीवों के परिवेश से निश्चित परिभाषित रूप में सम्बन्धित होते हैं! इसको उसने अस्तित्व के आवश्यक नियमों (Loi des conditions d'existence/ law of the conditions of existence) को एक सुनिश्चित रूप में प्रस्तुत किया।

कुवियर ने ज्ञान-विज्ञान के क्षेत्र में एक और महत्त्वपूर्ण योगदान दिया था। उसने जीवाश्म विज्ञान के अध्ययन को भी अपने सिद्धान्त के निरूपण में सम्मिलित किया था अतः वह समन्वयवादी के साथ ही एक समावेशी सिद्धान्त देने में सफल रहा था तभी मानव-विकास के अध्ययन में आवश्यक ज्ञान के क्षेत्र में उसकी भूमिका एक मील के पत्थर सी हो गई! एक प्रकार से कुवियर ने पथ-प्रदर्शक की भूमिका का निर्वहन करते हुए जीव-विज्ञान के सिद्धान्त का ऐतिहासीकरण ही कर दिया। उसने 'फोस्सिल्स' या जीवाश्म को वानस्पतिक-अवशेषों के रूप में सफलतापूर्वक स्थापित किया था। उसने इसी प्रकार, जन्तुओं के जीवाश्मों के अध्ययन से भी प्राकृतिक दुर्घटनाओं के क्रम के साथ ही पृथ्वी के विकास के काल का निर्धारण किया था। और, इस प्रकार, उसने 'पृथ्वी के इतिहास' या 'पृथ्वी पर जीवन के इतिहास' की नींव तैयार की थी![91]

कुवियर ने अरस्तू के विचार जैसे ही चक्रीय सिद्धान्त की भाँति पुनः-पुनः होनेवाली दुर्घटनाओं को पृथ्वी के परिवर्तनों की वजह के रूप में देखा। इस सिद्धान्त से उत्पन्न पद्धति के चलते वास्तविक 'आनुवांशिक विकास' के सिद्धान्त के प्रतिपादन से वह दूर ही रह गया। उसने जीवों की उत्पत्ति के लिए जातिवृत्ति के आधारवाले सिद्धान्त को स्वीकार नहीं किया। इस सिद्धान्त को जेफ़री सेंट-हिलेयर (1772-1844) ने अन्ततः स्थापित किया कि चूँकि, सभी जीवों के शरीरों में एक से अंगों से एक ही किस्म के कार्य सम्पादित होते हैं अतः उसने स्विट्ज़रलैंड-निवासी प्रकृति-वैज्ञानिक, चार्ल्स बोनेट (1720-1793) के सिद्धान्त को आधार बनाते हुए यह स्थापित किया कि भ्रूणावस्था में सभी जीवों के शारीरिक अंग एक-समान होते हैं।

अन्ततः लेमार्क (1744-1829) ने सर्वप्रथम जैव-जगत की तरलता और लचीले स्वभाव को रेखांकित किया। उसने यह भी स्थापित किया कि कैसे विकासक्रम में किसी अंग के उपयोग एवं परिवेश के आधार पर उसमें जीवों में परिवर्तन होते हैं। हर जीव की अपनी आवश्यकता और जिस परिवेश में उसे जीवन-निर्वहन करना पड़ता है, उसके अनुसार अंग-विशेष में परिवर्तन हो जाता है जबकि बिलकुल प्रारम्भिक अवस्था में वे अंग सब जीवों में एक समान होते हैं! वस्तुतः यह विचार हीगेल के दर्शन से बहुत साम्य रखता है। दोनों ने ही उत्पत्ति काल और विकासक्रम के अन्तर्सम्बन्धों की प्रक्रिया को विश्लेषित किया है! इस पृष्ठभूमि में डार्विन का पदार्पण होता है जो माल्थस के जनसंख्या सिद्धान्त से प्रभावित है। माल्थस ने अपनी स्थापना में रेखांकित ही किया कि प्रकृति अपने स्वभाव से किफायती नहीं है अतः वह एक ही जाति के ढेरों जीवों को उत्पन्न करता है। इन ढेरों जीवों में से वे ही जीवित रहते हैं जो 'योग्यतम के संरक्षण' के सिद्धान्त में अपने परिवेश के अनुरूप अपने आप को ढाल पाते हैं!

जैव-विज्ञान के क्षेत्र के इन सिद्धान्तों ने जर्मनी में दर्शन के क्षेत्र को कैसे प्रभावित किया आइए उसका अध्ययन भी किया जाए। हमन्न (1730-1788) ने अपने दर्शन के विषय में खुद ही कहा कि

वह लिख क्या रहा है नहीं समझ सकता। वस्तुतः वह जर्मन रहस्यवादी (रोमांटिक) आन्दोलन का बीजारोपण कर रहा था। उसके बाद उसके शिष्य हर्डर (1744-1803) समस्त पाश्चात्य विचारों को आत्मसात किए हुए था। इतिहास के विद्यार्थी होने के नाते हमें स्मरण रखना होगा कि इस समय तक जर्मनी का एकीकरण नहीं हुआ था और न ही राष्ट्रीयता की भावना बहुत सशक्त थी। अतः सारा ध्यान भविष्य की ओर केन्द्रित था।

भविष्य का कोई भी प्रकरण अतीत की पृष्ठभूमि से ही निकल सकता था अतः यह एक गतिशील दर्शन हो गया। इसी ने ऐतिहासिक एवं नृजाति-अध्ययनों को गति प्रदान की। इसी से भाषा, धर्म, दर्शन एवं कलाओं की उत्पत्ति के अध्ययन को प्रोत्साहित किया। इसी ने अतीत के अध्ययन के फलक को विस्तार देने के साथ उसको गहराई भी प्रदान की। इसी के साथ इन अध्ययनों ने वर्तमान को देखने के दृष्टिकोणों में भी अभिवृद्धि की। इस प्रकार हर्डर ने उपदेशात्मक एवं विस्तृत अध्ययनकर्ता बना दिया। वह विदेशों के रीति-रिवाज़ों तथा संस्थाओं का अध्ययन करने लगा। जर्मन रोमांटिक आन्दोलन का प्रसिद्ध सिद्धान्तकार, स्लेगल था। फ्रेड्रिक स्लेगल (1772-1829) ने हर्डर द्वारा अनेक देशों के लोकगीतों के संग्रहों के संकलन और अध्ययन के चलते ही पूरे जर्मन रोमांटिक आन्दोलन को ही एक प्रगतिशील वैश्विक कविता (Eine progressive Universalpoesie/ a progressive universal poetry) की संज्ञा दी है। वस्तुतः रोमांटिक आन्दोलन का अंकुरण इसी प्रकार से हुआ था। यही काल था जब कलाओं, साहित्यिक कृतियों, दर्शन के चरमोत्कर्ष का काल साबित हुआ। इसी काल में ऐतिहासिक उपन्यास का जन्म भी हुआ! यह अपने आप में इतिहास-केन्द्रित अध्ययन को ही रेखांकित करता था जैसे यूरोप भर के लोकगीतों का अध्ययन समान मानव-विकास की पृष्ठभूमि समझने का प्रयास था!

इस प्राकृतवादी आन्दोलन ने न केवल एक परिष्कृत जीवन-शैली को प्रोत्साहित किया अपितु इसने एक स्वतन्त्र जीवन-शैली की भी शुरुआत की जिसके नए प्रतिमान एवं मूल्य थे। अतः राजनीति, विज्ञान, मानव-

सम्प्रेषण सभी क्षेत्रों में इसने नए परिवर्तनों का मार्ग प्रशस्त किया। इसीलिए उपन्यासों में व्यंग्य केन्द्र में आ गया, जो विरोधाभासी प्रवाह-क्रम को जन्म देकर ऐसे ही व्यंग्यात्मक प्रकरणों की उत्पत्ति के माध्यम से उपन्यास के बहाने परिवेश में ऐसी परिस्थितियों पर चोट करते रहे। अत: व्यंग्य के माध्यम से समाज के अन्तर्विरोधों तत्त्वों और प्रवृत्तियों को रेखांकित करके एक तरह से लोगों को जागृत करने का यह एक सुविचारित प्रयास था। इसी में अन्तत: वैकल्पिक व्यवस्था के बीज भी छुपे रहते थे जिससे समझा जा सकता है कि मानव अपनी बेहतरी के लिए किस प्रकार की व्यवस्था की कामना कर रहा था?

हीगेल की तुलना में फ़िचे की द्वन्द्वात्मक पद्धति अधिक गतिशील प्रतीत होती है चूँकि, इसमें कार्य तथा संघर्ष करने की अनन्त प्रक्रिया की चर्चा है। मानव की उत्पत्ति के विषय में भी फ़िचे की मान्यता थी कि वह एक सुनिश्चित चेतना की ही देन है। अत: फ़िचे के विचार से मानव-प्रगति उसकी चेतना की ही भाँति अनन्त है और इसीलिए उसका कोई लक्ष्य या उद्देश्य नहीं था। मानव चेतना का विस्तार सीमित नहीं हो सकता अत: फ़िचे के विचार से हम सहमत हो सकते हैं। हम हर्डर, हीगेल और मार्क्स के विचारों के आगे निकल चुके हैं। मार्क्स के विचार से वर्गरहित समाज और विश्व राजनीति एवं युद्धों से हमें निजात दिलवा देगा? अत: फ़िचे का दर्शन मानव-चेतना और उससे सम्बद्ध उसके विकास के सत्य के ज्यादा नज़दीक प्रतीत होता है।

अन्तत: इन सबका—चाहे विकास का जैव-वैज्ञानिक दर्शन हो अथवा मानववादी – एक ही निष्कर्ष निकला। इसने सभी चीज़ों की स्थिरता के तत्त्व को नकारते हुए उनके तरलता और द्रवता स्वभाव को रेखांकित किया था। लेमार्क और हीगेल के वर्गीकरण, पृथक इकाइयों का चिह्नीकरण एवं विकास के चरणों का नए सिरे से निर्धारण ने अन्तत ऐतिहासिक समझ को स्पष्टत: स्थापित किया। अत: इस तरह से इतिहास अथवा मानव-विकास को प्रत्येक आयाम से देखने-समझने की कोशिशों ने इस 'इतिहासवाद' के फलक को बहुत विस्तार देकर उसे बहु-आयामी भी बना दिया! इस प्रकार इतिहास-लेखन के विभिन्न सिद्धान्तों एवं तदनुसार पद्धतियों का भी विकास हुआ।

इन अध्ययनों का एक और प्रभाव हुआ ज्ञान के क्षेत्र में न केवल इतिहास-दर्शन और लेखन में विविधता आई; राजनीतिक इतिहास से समाजार्थिक इतिहास पृथक हुआ; धर्म और सामाजिक-सांस्कृतिक अध्ययन अलग विषय हुए; समाजशास्त्र और नृतत्त्व भी विषय-विशेष हुए; आर्थिक इतिहास और अर्थशास्त्र; मिथकशास्त्र और इतिहास; मिथकशास्त्र और धार्मिक अध्ययन; भाषाशास्त्र एवं व्युत्पत्ति-विषयक अध्ययन आदि-आदि नए विषय और उनके अध्ययन की प्रविधियों ने प्रत्येक विषय के अध्ययन के दायरे के साथ उसकी प्रविधि के आयाम को भी नए स्वरूप प्रदान किए! और, चूँकि, इन सब विषयों का सम्बन्ध मानव के विकास से था अतः इतिहास-लेखन, उसका दर्शन इन अध्ययनों और उनके विस्तार से प्रभावित होना ही था और इतिहास के स्वरूप में भी निरन्तर परिवर्तन होते रहे! रही-बची कसर खगोलज्ञों के अध्ययन ने भी पूरी कर दी—जिस प्रकार से खगोल भौतिकी (एस्ट्रो-फिजिक्स) से लेकर नाभिकीय भौतिकी (न्यूक्लीयर फिजिक्स) ने इतिहास-लेखन को प्रभावित किया है हम सब वाकिफ़ भी हैं।

आलोचनात्मक अध्ययन, विधिपूर्ण शोध, प्राथमिक स्रोतों तक को आन्तरिक एवं बाह्य आलोचनात्मक दृष्टि से विश्लेषित करने के आग्रह ने उन्नीसवीं सदी में इतिहासवाद के विकास का चरमोत्कर्ष देखा। जिस प्रकार, ईसा के बाद की बारहवीं शताब्दी में द्वितीय क्रूसेड या धर्म-युद्ध के एक सेनापति, फ्रेसिंग के ऑटो (Otto of Freising) ने 'दो शहरों से सम्बन्धित इतिहास' (Historia de duabus civitatibus/ A History concerning two Cities) अर्थात ईश्वर एवं मानव के नगरों को आधार बनाया था। उसी प्रकार उन्नीसवीं शताब्दी में एक अन्य योद्धा जॉर्ज हेनरी पेर्त्ज़ (George Henrich Pertz) ने भी ऐतिहासिक पहल की थी। उसने बैरन वॉम स्टेन के परामर्श पर 'Monumenta Germaniae Historica' की 1824 में स्थापना की थी। यह योद्धा नेपोलियन के विरुद्ध लड़े गए जर्मन स्वतन्त्रता संग्राम का सेनानायक एवं राजपुरुष (Statesman) था!

इस प्रयास ने उन्नीसवीं सदी को इतिहास-लेखन के चरमोत्कर्ष को देखने हेतु तैयार कर दिया! तभी हमको इतिहास-लेखन के सबसे बड़े

नाम, यथा निएबुहर (Niebuhr), ड्रॉयसेन (Droysen), राँके (Ranke), मोमसेन (Mommsen), जैकब बर्कहार्ड्ट (Jacob Burckhardt), तोकुएविले (Tocqueville), टेन (Taine), मिशेलेट (Michelet), फस्टल दी कोलेंस (Fustel de Coulanges), मकाउले (Macaaulay), ब्राइस (Bryce) तथा मेट्लैंड (Maitland) आदि दिखते हैं। इन तमाम इतिहासकारों ने अपने-अपने ढंग से विभिन्न व्यक्तित्वों, सभ्यताओं, देशों, काल-खंडों, लोगों, समाजों के विकासक्रम का विश्लेषणात्मक अध्ययन किया और अपने क्षेत्र की विशेषज्ञता विकसित की। इसके परिणामस्वरूप इतिहास के अध्ययन का विस्तार और उसकी गहराई बढ़ी; तथा ऐतिहासिक-चेतना में नए आयामों की भी शुरुआत हुई। अन्ततः इतने योगदान के उपरान्त प्रगति या मानव-विकास का विश्लेषण इसी ऐतिहासिक-चेतना से सम्पृक्त हुआ तथा उस विकास के मूल्यांकन की स्वीकृत इकाई!

आइए इनमें से कुछ इतिहासकारों की चर्चा के माध्यम से हम फ्रान्सीसी क्रान्ति से उपजी परिस्थितियों की पृष्ठभूमि में इतिहास-लेखन और दर्शन में हुए अपरिहार्य से परिवर्तनों और इतिहास में नई प्रवृत्तियों को समझने का प्रयास करें। इतिहास-लेखन और उसके बदलते स्वरूप, उससे सम्पृक्त इतिहास-दर्शन और शैली को इतिहासकारों की रचना से ही सरलता से सम्प्रेषित कर सकते हैं! अतः उन्नीसवीं शताब्दी के इस कालखंड के इतिहासकारों का अध्ययन अपरिहार्य है। वस्तुतः फ्रान्सीसी क्रान्ति ने इस निष्कर्ष को स्थापित कर दिया था कि न तो मानव स्वभाव और प्रकृति अपरिवर्तनीय है और न ही समाज तथा उसकी संस्थाएँ जड़ तथा अपरिवर्तनशील हैं! अतः अब विद्वान बुद्धिजीवियों ने एक नए विषय या आयाम पर विश्लेषणात्मक अध्ययन पर जोर देना शुरू किया—वे आधिकारिक दस्तावेज़ों के आधार पर ऐतिहासिक कारणों तथा ऐतिहासिक परिवर्तनों के वैज्ञानिक अध्ययन में संलग्न हो गए।[92] विज्ञान के विभिन्न विषयों और उनकी भी शाखाओं के नवीनतम शोध को अपने अध्ययन में सम्मिलित करने के आग्रही हो गए थे!

हालाँकि सर वाल्टर स्कॉट ने अपने ऐतिहासिक उपन्यासों के माध्यम से विगत युगों की मान्यताओं, व्यावहारिक आचरण के बेहतरीन चित्रण

से मानव-समाज के समावेशी अध्ययनों पर जोर दिया! कुछ इसी तरह की ऐतिहासिक कृतियों का लेखन ऑगस्टीन टेरी (Augustine Thierry, 1795-1856) तथा जूल्स मिशेलेट (Jules Michelet,1798-1874) में दृष्टिगोचर होता है। सम्भवत: यह उस युग की विशेषता ही थी? बौद्धिक रूप से शुद्ध ऐतिहासिक लेखन का श्रेय न्यूभर (George Niebuhr, 1776-1874) तथा रांके (Leopold von Ranke 1795-1886) को जाता है और वे दोनों ही स्कॉट से अत्यधिक प्रभावित भी रहे। इस दृष्टिकोण से इतिहास-लेखन के क्षेत्र में अट्ठारहवीं शताब्दी के प्रबोधन के क्लासिक युग और उन्नीसवीं शताब्दी के प्राकृतवाद या स्वच्छन्दतावाद में बहुत भेद नहीं मिलता है! इस नैरन्तर्य का सबसे बड़ा साक्ष्य दो अलग-अलग काल-खंडों के दार्शनिकों के विचारों के साम्य से स्पष्ट हो जाता है। यह दोनों दो अलग-अलग कालखंड से हैं किन्तु साथ ही वर्गीकृत किए जाते हैं। यह हैं विको (Giambattista Vico, 1668-1744) तथा हर्डर (Gottfried von Herder, 1744-1803)![93]

स्पष्ट है हर्डर का जन्म जिस वर्ष में हुआ उसी वर्ष विको का देहावसान हुआ था! विको की कृति 'न्यू साइन्स' (New Science) 1725 में प्रकाशित हुई और बहुत लोकप्रिय नहीं हो सकी। फिर भी उसने जो काल-विभाजन किया था वह आधी शताब्दी के बाद प्रचलित हुआ था, यथा दैवीय (divine), वीरता (heroic), मानव (human) काल! हर्डर की संक्षिप्त कृति 'वन मोर फिलोसोफ़ी ऑफ़ हिस्ट्री' (One More Philosophy of History) 1774 में प्रकाशित हुई थी; तथा चार खंडों में विस्तृत 'फिलोसोफ़ी ऑफ़ हिस्ट्री' (Ideas for the Philosophy of History of Mankind) 1784 से 1791 के मध्य प्रकाशित हुई थी। इस कृति के माध्यम से हर्डर ने यह स्थापित करने का प्रयास किया है कि इतिहास भी प्रकृति की भाँति समरूपी (यूनिफार्म) सिद्धान्तों से निर्देशित होती है। द्यूरां ने इस कृति को अट्ठारहवीं शताब्दी की 'युगीन' एवं 'प्राथमिक' स्वभाव की रचना घोषित किया है![94] कॉलिंगवुड इस कृति में अभूतपूर्व मात्रा में उर्वर, अमूल्य विचारों का संकलन देखता है।[95]

जैसा कि डार्विन जैसे महान वैज्ञानिक ने बाद में स्थापित किया था उसी प्रकार हर्डर वस्तुत: डार्विन का पूर्ववर्ती प्रतीत होता है जब वह मनुष्य को प्रकृति के विकासक्रम का ही एक उत्पाद मानता है। इस विकासक्रम के प्रत्येक स्तर पर वह विकास के अगले चरण के लिए तैयार होता है। वह मानव को प्रकृति की सर्वश्रेष्ठ देन मानता है। उसके अनुसार तार्किकता, धार्मिकता और मानवता आदि इसकी प्रमुख विशेषताएँ थीं जिनका अन्य जीवों में निश्चित अभाव है।

विको तथा हर्डर के विचारों का अट्ठारहवीं शताब्दी में कोई विशेष प्रभाव न भी पड़ा हो परन्तु उन्नीसवीं शताब्दी के प्रारम्भ के लेखकों, कवियों, बुद्धिजीवियों और इतिहासकारों ने इसका उत्साह से स्वागत किया। इस काल के यह बुद्धिजीवी उनकी ही भाँति 'अतीत के आन्तरिक आयाम से परिचित' होने के लिए उत्सुक थे। साथ ही, वे उसी प्रकार 'अतीत को वास्तविकता' में देखने/चित्रित करने के भी आग्रही थे! और, यह विचार इन्हीं अभिव्यक्तियों के साथ रांके ने उद्घोषित किए और यही रांके के प्रमुख विचार भी थे। 1824 में प्रकाशित अपनी कृति, 'हिस्टरीज़ ऑफ़ द लेटिन एंड ट्यूटोनिक नेशन्स, 1494-1514' (Histories of the Latin and Teutonic Nations, 1494-1514) की भूमिका में वह स्वीकार करता है कि 'इतिहास को अतीत के मूल्यांकन का दायित्व सौंपा गया है ताकि इसके माध्यम से वह वर्तमान का दिशा-निर्देश करते हुए भविष्य के लिए लाभप्रद हो सके। किन्तु ऐसा कुछ न करते हुए मेरी यह कृति बस अतीत का वास्तविक चित्रण करने के इच्छा से रची गई है।'[96] किन्तु रांके (1795-1886) अपने को निबुहर (1776-1831) का अनुयायी ही मानता था अत: आइए आगे बढ़ने से पूर्व निबुहर के विषय में ही कुछ बात हो जाए। उसने अपने पिता से इतिहास का प्रारम्भिक ज्ञान अर्जित करके दस वर्ष की आयु में 'अफ्रीका का ऐतिहासिक भूगोल' लिखा जिसे गूच ने 'ज्ञान के एक छोटे चमत्कार और बौद्धिक परिपक्वता'[97] का उदाहरण घोषित किया है। वह सरकारी नौकरी में आ गया किन्तु प्रशा स्थानान्तरण होने पर त्यागपत्र देकर नव-स्थापित बर्लिन विश्वविद्यालय में अध्यापन करने लगा। तीन भागों में दिए व्याख्यानों ने दो खंडों में

'हिस्ट्री ऑफ़ रोम' (History of Rome, 1811-12) का पुस्तकाकार रूप ग्रहण किया। इसी कृति से आधुनिक इतिहास-लेखन एवं उसकी प्रविधि का श्रीगणेश माना जाता है। 'उसने संस्थाओं और उसके माध्यम से वर्गों, रिवाज़ों यथा समाज के विकास के अध्ययन पर जोर दिया। उसने विश्लेषण किया कि कैसे नस्लीय भेद ने शासक-शासित वर्गों की उत्पत्ति में योगदान दिया तथा उसने सर्वप्रथम कृषक समस्याओं को पूर्णता में विश्लेषित किया था!'[98]

चूँकि, उसे अतीत के अवशेषों के साथ बीस भाषाओं का ज्ञान था अत: उसने स्रोतों के आन्तरिक विश्लेषण की भी पहल करके, अपने अध्ययन को और सशक्त किया। अर्थात वह बाह्य परीक्षण के साथ अपने स्रोतों के आन्तरिक परीक्षण के माध्यम से ऐतिहासिक अध्ययन को एक विशिष्ट वैज्ञानिक स्वरूप देने में सफल हुआ था! इसीलिए वह स्वयं अपनी कृति को कला की कृति न मानकर विज्ञान की कृतियों में वर्गीकृत करने का आग्रही था। साथ ही वह तथ्यों की पुष्टि के अभाव में किसी भी बात को सत्य के रूप में स्वीकृत नहीं करता था। अत: बाद के इतिहासकारों, यथा रांके, ग्रोते, मोमसेन तथा डिल्थी आदि सभी उसको मानक के रूप में ही देखते-पूजते थे! इस दृष्टिकोण से निबुहर प्रथम और रांके द्वितीय विद्वान है, जिसने इतिहास-लेखन, उसके दर्शन में एक नवीन आलोचनात्मक भाव को उसका अपरिहार्य अंग बना दिया।

रांके की जिस कृति का हम ऊपर उल्लेख कर आए हैं, वह वस्तुपरक इतिहास-लेखन के क्षेत्र में एक निश्चित अग्रगामी चरण था; तथा अब विधिवत आलोचनात्मक इतिहास-लेखन का दौर शुरू हो गया। वह अपने स्रोतों के व्यक्तित्वों के माध्यम से उनके अवचेतन तक को विश्लेषित करता था।[99] अत: उसकी कृतियाँ वस्तुपरक अध्ययन की मिसाल बनीं। इस प्रविधि से अतीत को अतीत के रूप में व्याख्यायित करने के प्रचलन की विधि भी सशक्त हुई। मार्विक के मतानुसार रांके को ही विश्वविद्यालयों में इतिहास के विधिवत अध्ययन, अध्यापन, शोध शुरू करवाने के क्षेत्र में केन्द्रीय भूमिका निर्वहन करने का श्रेय दिया जाना चाहिए। बर्लिन

विश्वविद्यालय में उसने बाकायदा शोध प्रविधियों पर सेमिनारों के माध्यम से ऐतिहासिक शोध को वैज्ञानिक स्वरूप प्रदान करने में केन्द्रीय और अग्रणी भूमिका निभाई![100]

रांके ने निरन्तर काम करते हुए अनेक ग्रन्थों की रचना की यथा, 'द ओटोमन एंड द स्पेनिश एम्पायर्स इन द सिक्सटीन्थ एंड सेवनटीन्थ सेंचुरीस' (The Ottoman and the Spanish Empires in the Sixteenth and Ṣeventeenth Centuries, 1827), 'द पोप्स ऑफ़ रोम, देयर चर्च एंड स्टेट इन द सिक्सटीन्थ एंड सेवनटीन्थ सेंचुरीस' (The Popes of Rome, their Church and State in the Sixteenth and Seventeenth Centuries 1834-1836) तथा 'हिस्ट्री ऑफ़ द रिफोर्मेशन इन जर्मनी' (History of the Reformation in Germany, 1845-1847) उसकी अन्तिम कृति, 'यूनिवर्सल हिस्ट्री' (Universal History) उसकी मृत्यूपरान्त उसके शिष्यों ने पूर्ण की थी। किन्तु रांके के इतिहास-लेखन की भी अपनी कमजोरियाँ थीं, मार्विक के अनुसार वह सामाजिक वर्गों तथा राष्ट्र के प्रति अपनी अवधारणाओं एवं पूर्वाग्रहों का परित्याग नहीं कर पाया था?[101]

स्वाभाविक ही है, रांके के बहुत आलोचक भी थे किन्तु उसके प्रशंसकों की संख्या उनसे भी अधिक थी और उनमें से कई तो अत्यधिक महत्त्वपूर्ण इतिहासकार थे जैसे थियोडोर मोमसेन (1817-1903) उसने अपने अनेक खंडोंवाली 'रोमन हिस्ट्री' (Roman History) में एक ऐसी विधा से रचना की है कि मार्विक उसे रांके से अधिक रांकेवादी या 'रांकियन' (Rankean) कहने से नहीं चूकता। किन्तु वह यह भी जोड़ता है कि जिस तरह से मोमसेन ने अपनी कृति की रचना एवं अध्ययन में मौद्रिक साक्ष्यों तथा मुद्राशास्त्र, क्लासिकी भाषा-शास्त्र, तथा पुरालेखीय ज्ञान का उपयोग किया है वह उसे रांके से आगे ले जाकर सांस्कृतिक इतिहासकारों की पंक्ति में ही नहीं खड़ा कर देता है अपितु उस विधा का पथप्रदर्शक बना देता है![102]

जबकि दूसरी ओर, बर्लिन में 1859 से 1884 तक इतिहास के प्रोफ़ेसर रहे गुस्ताव द्रोय्सन (1804-1884) रांके की वस्तुनिष्ठता को निन्दनीय मानता है। किन्तु रांके का विकल्प सुझाया जैकब बर्खहार्ड्ट

(1818-1897) ने। उसने तो रांके का शिष्य होते हुए भी बर्लिन में उसका उत्तराधिकारी होने से इनकार किया और बसले में 1845 में इतिहास का प्रोफ़ेसर होना पसन्द किया। उसने 'द एरा ऑफ़ कांस्टेंटाईन द ग्रेट' (The Era of Constantine the Great, 1853), 'द सिविलाइज़ेशन ऑफ़ द रेनेसाँ इन इटली' (The Civilisation of the Renaissance in Italy, 1860) तथा 'हिस्ट्री ऑफ़ द रेनेसाँ इन इटली' (History of the Renaissance in Italy', 1867) जैसी रचनाओं के माध्यम से रांके की विधि, शैली और विचारधारा का खुलकर विरोध किया और एक बार पुनः वाल्तेयर के समावेशी इतिहास-लेखन की प्रविधि को ही अनुरेखित किया, जिसमें इतिहास के अन्तर्गत समस्त सभ्यताएँ तथा संस्कृतियों के अध्ययन की अपरिहार्यता को स्वीकारा गया था![103]

जहाँ तक फ्रान्सीसी इतिहासकारों का प्रश्न है, थियरी अपनी कृति, 'हिस्ट्री ऑफ़ द नॉर्मन कोन्क़ुएस्ट ऑफ़ इंग्लैंड' (History of the Norman Conquest of England) के माध्यम से इतिहास के अध्ययन में कुछ प्रसिद्ध व्यक्तित्वों के स्थान पर लोगों या आमजन या मानव द्वारा भविष्य निर्माण को रेखांकित करता है! यह अपने आप में महत्त्वपूर्ण है। अतः वह सामाजिक जीवन को अधिक महत्त्व देता दिखता है बनिस्बत विशिष्ट व्यक्तियों की भूमिकाओं को। जूल्स मिशेलेट भाष्य विषयक या अर्थ सापेक्ष व्याख्या का आग्रही था तथा 1831 में वह राष्ट्रीय अभिलेखागार में इतिहास विभाग का प्रमुख नियुक्त हुआ था। वह अतीत की पुनर्स्थापना के लिए कृतसंकल्प होने के साथ ही, वीको के भूले हुए कार्यों को प्रकाश में लाने के लिए भी उत्तरदायी था और तृतीय, फ्रान्स में इतिहास अध्यापन के क्षेत्र में अपनी कृतियों के माध्यम से उसने पर्याप्त दिशा-निर्देश दिए – यह पुस्तकें महत्त्वपूर्ण हैं – 'प्रेसिस ऑफ़ मॉडर्न हिस्ट्री' (Precis of Modern History, 1827) तथा, 'ऐन इंट्रोडक्शन टू यूनिवर्सल हिस्ट्री' (An Introduction to Universal History 1831)।

उसकी अन्य महत्त्वपूर्ण कृतियाँ हैं, छह खंडोंवाली 'हिस्ट्री ऑफ़ फ्रेंच रेवोल्यूशन' (History of French Revolution 6 Volumes, 1846-1853) तथा 'हिस्ट्री ऑफ़ फ्रान्स', जो सत्रह खंडों में है (History of France,

17 Volumes 1883-1867)। किन्तु, यदि हम मध्य उन्नीसवीं शताब्दी के फ्रान्सीसी इतिहासकारों, विद्वानों और लेखकों का उल्लेख करेंगे तब निश्चित ही, सबसे प्रसिद्ध व्यक्ति हमें फ्रान्सीसी इतिहासकार तोक्युवेली ((Alexis De Tocqueville 1805-1859) ही दिखता है! वह राजनीतिज्ञ के साथ ही एक विचारक भी था, जो स्वतन्त्रता और जनतन्त्र की समस्याओं पर ध्यान केन्द्रित किए रहा। उसकी कृति, 'डेमोक्रेसी इन अमरीका' (Democracy in America) इस तथ्य का साक्षात नमूना है। इस कृति का पहला खंड 1835 में; तथा, द्वितीय खंड 1840 में प्रकाशित हुआ था। लेकिन उसका सबसे अमूल्य योगदान है, 'द आन्सियाँ रेजीम एंड द रेवोल्यूशन' (The Ancien Regime and the Revolution, 1856)। इस कृति में तोक्युवेली ने फ्रान्सीसी क्रान्ति के समस्त घटनाचक्र का समावेशी अध्ययन किया है। वह ऐसा प्रथम इतिहासकार था जिसने प्राथमिक स्रोत, यथा 'केहियर' जैसे आमजन (साधारण कृषकों के) शिकायती-पत्रों, भूमि-रिकॉर्ड या रजिस्टर, क्रय-विक्रय के दस्तावेज़ों तथा अन्य प्रशासकीय प्रलेखों का प्रयोग किया है। स्थानीय एवं राष्ट्रीय स्तर के इन तमाम दस्तावेज़ों के माध्यम से उसने प्रामाणिक स्रोतों की तलाश पर जोर देते हुए उनके उपयोग की प्रविधि भी अपनी कृति से प्रदर्शित कर दी। इस दृष्टिकोण से वह निश्चित ही एक 'वैज्ञानिक दृष्टिकोण' से इतिहास लिख रहा था![104]

VII

यहीं से हम अब 'प्रत्यक्षवाद' की चर्चा करते हुए 'मार्क्सवाद' के अध्ययन की ओर क़दम बढ़ाएँगे! 'प्रत्यक्षवाद' के अनुसार प्राकृतिक विज्ञान की प्रविधि ही एकमात्र विधि है जिसके सहारे वास्तविक, तथ्यात्मक ज्ञान तक पहुँचा जा सकता है। कोलिंगवुड ने तो कॉम्टे के इस 'प्रत्यक्षवाद' को प्राकृतिक विज्ञान की सेवा में प्रतिबद्ध दर्शन कहकर सम्बोधित किया। उसके मतानुसार मध्य काल में जिस प्रकार से धर्म के लिए दर्शन का समर्पण था, वही स्थिति अब ज्ञान की हो गई थी![105] अगस्त कॉम्टे (1798-1857) ने अपने दर्शन सम्बन्धी विचारों को 'द कोर्स ऑफ़

पोज़ीटिविस्ट फिलोसोफ़ी' (The Course of the positivist philosophy, 1830-1842) 'द सिस्टम ऑफ़ पोज़ीटिविस्ट पॉलिटिक्स' (The System of Positivist Politics, 1851-1854) में परिभाषित किया है। प्रथम कृति छह खंडों में जबकि द्वितीय चार खंडों में है! इन कृतियों में उसने इसी बात पर बल दिया है कि हम मानव के सामाजिक और ऐतिहासिक व्यवहार का अध्ययन इन्हीं प्राकृतिक नियमों के आधार पर कर सकते हैं![106]

कॉम्टे इतिहास को विकास की प्रक्रिया के रूप में निरूपित कर रहा था अत: वह उसके सामान्य नियमों या मौलिक सिद्धान्तों की स्थापना के लिए प्रयासरत था। उसके मतानुसार इन नियमों के माध्यम से ही भविष्य की घटनाओं का पूर्वाभास सम्भव होगा और उनकी पूर्व घोषणा हो सकेगी। उसकी मान्यता के अनुसार, प्रत्येक मानव-समाज को तीन चरणों से गुज़रना पड़ता है, जिन्हें वह, 'थियोलोजिकल' या 'धार्मिक'; 'मेटाफ़िज़िकल' अथवा 'तात्त्विक' तथा, 'साइंटिफिक' या 'वैज्ञानिक'। इस दृष्टिकोण से मार्विक के विचारानुसार कॉम्टे एक प्रकार से काल-विभाजन ही करता है।[107]

इतिहास-दर्शन एवं उसके लेखन में मौलिक परिवर्तन और एक नई दिशा मार्क्स के लेखन के पश्चात हमें दृष्टिगोचर होने लगती है। भले ही वह 1818 में जर्मन राइनलैंड में एक वकील के घर जन्मा हो, उसका अधिकांश लेखकीय काल लन्दन में गुजरा था, जहाँ 1883 में उसकी मृत्यु हुई थी। 1840 के दशक से लेकर 1880 के दशक तक के उसके बिखरे लेखन से ही उसके विचारों के क्रमिक विकास की जानकारी मिलती है और इसी के माध्यम से हम उसके इतिहास-दर्शन एवं उसके विकासक्रम को भी समझ पाते हैं। उसके प्रारम्भिक वक्तव्य एंजेल्स के साथ लिखे गए 'जर्मन आइडियोलॉजी' (German Ideology) के नाम से मौजूद है। यह कार्य 1846 में ही पूर्ण हो गया था हालाँकि, इसका एक भाग ही मार्क्स के जीवनकाल में प्रकाशित हुआ था, पूर्णता में तो यह 1932 में प्रकाशित हुआ था। 'कम्युनिस्ट मनिफेस्टो' (Communist Manifesto) 1848 में पूर्ण हुआ था। उसका एक बड़ा और महत्त्वपूर्ण काम, 'ए कांट्रिब्यूशन टू द

क्रिटीक ऑफ़ पोलिटिकल इकोनॉमी' (A Contribution to the Critique of Political Economy) 1859 में पूर्ण हुआ था। और उसके बाद आई एक सम्पूर्णता वाली कृति, 'कैपिटल' (Capital) और इसका रचना-काल 1867 से उसकी मृत्यु तक है।[108]

मार्क्स की कृति 'कैपिटल' वस्तुत: एक ऐतिहासिक स्वरूप की रचना भी है अन्य अर्थों में ऐतिहासिक होने के साथ ही। इसमें वह पूँजीवादी अर्थव्यवस्था के विकासक्रम को वैज्ञानिक ढंग से निरूपित करते हुए इसे आधुनिक इतिहास के एक सक्रिय या गतिशील कारक के रूप में विश्लेषित करता है। उसके मतानुसार, किसी भी समाज की आधारभूत संरचना उसके द्वारा धनार्जन की परिस्थितियों से निर्धारित होती है। इसके ऊपर विधि, संस्थाओं, विचारों, साहित्य, कलाओं की ऊपरी संरचना या अधिरचना का विकास सम्भव होता है। इसी क्रम में वह मानव विकासक्रम को 'एशियाटिक', 'पुराकाल', 'सामन्तवाद', तथा, 'आधुनिक बुर्जुवा' चरणों से गुज़रते हुए व्याख्यायित करता है। प्रत्येक चरण में धनार्जन उसकी परिस्थितियों के अनुरूप ही होता है और मानव का विकास एक चरण से दूसरे चरण में वर्ग-संघर्ष के ज़रिये ही सम्भव होता है! जैसे बुर्जुवा ने सामन्तवाद के विरुद्ध संघर्ष करके उसे समाप्त किया था, उसी प्रकार सर्वहारा उसके विरुद्ध संघर्ष करेगा! अगर हम 'कम्युनिस्ट मेनिफेस्टो' के प्रथम खंड को देखें तो पाएँगे कि उसकी शुरुआत ही एक चुनौतीपूर्ण वक्तव्य से होती है यथा, अस्तित्व में आज जितने भी मानव सामाज हैं उनका इतिहास, वर्ग-संघर्ष का ही इतिहास है। अत: प्रत्येक चरण के अन्त में नई उत्पादन शक्तियों का उदय होता है वे स्थापित या प्रचलित उत्पादन के सम्बन्धों से टकराते हैं और एक नवीन सामाजिक क्रान्ति को जन्म देते हैं। प्रत्येक चरण में जब उस व्यवस्था के अन्तर्निहित अन्तर्विरोध उसको पतनशील कर देते हैं तब परिवर्तन अवश्यसम्भावी हो जाता है![109] वस्तुत: यह हीगेल की ही विधि थी बस हीगेल ने प्लेटो की भाँति विचार को केन्द्रीय सत्ता माना था। वहीं मार्क्स ने ठोस भौतिकवाद को अनुरेखित किया था। एक प्रकार से प्लेटो या अफ़लातून से लेकर मिलर, विको,

कॉम्टे तथा हीगेल तक की यात्रा को मार्क्स ने तार्किक परिणति तक पहुँचा दिया![110]

मार्क्स का प्रभाव भले ही तात्कालिक न रहा हो परन्तु बीसवीं शताब्दी में यह स्पष्टतः दृष्टिगोचर ही नहीं महत्त्वपूर्ण होने लगता है। मैक्स वेबर जैसे अर्थशास्त्र के प्रोफ़ेसर तो उसके सिद्धान्तों को अपनाने से अपनी अध्ययन शैली में प्रभावशाली हो गए। इन सिद्धान्तों ने जहाँ ऐतिहासिक प्रक्रियाओं और घटनाओं को आर्थिक कारकों के साथ सामाजिक संरचना की अन्तर्क्रिया से समझाने में सफलता हासिल की वहीं कला, संस्कृति, साहित्य, विचारों के साथ राजनीति और अर्थ-व्यवस्था के पारस्परिक सम्बन्धों को वैज्ञानिक ढंग से विश्लेषित भी किया। अभी तक जो रांके की अभिलेखागारीय प्रविधि का उबाऊपन था उसके स्थान पर एक तार्किक, चरणबद्ध वैज्ञानिक प्रविधि प्रयोग में आ गई। अब मानव-विकास के क्रमबद्ध अध्ययन के लिए सामान्य नियमों के आग्रही विद्वानों को चमत्कृत करती पद्धति अधिक आकर्षक लगने लगी। इसने भाषाविज्ञान के अध्ययन को भी एक नया कलेवर प्रदान करके साहित्य विमर्श के साथ सामाजिक आधार की व्याख्या को भी एक नए रूप में प्रस्तुत किया। इंग्लैंड और अमरीका में इसी बीच मैकॉले और उसके 'व्हिग' इतिहासकारों का ही ज्यादा प्रभाव दिखता रहा। उसके 'हिस्ट्री ऑफ़ इंग्लैंड' (History of England', 1848-1855) के प्रकाशित चार खंड इन दोनों स्थानों पर बहुत लोकप्रिय रहे। इसका पाँचवाँ खंड उसकी मृत्यु के समय तक अपूर्ण ही रहा।

'व्हिग' इतिहास-लेखन के अन्तर्गत इतिहासकार इस मान्यता को केन्द्र-बिन्दु बनाकर इतिहास-लेखन करते रहे कि कैसे ब्रिटिश संसदीय संस्थाएँ व्हिग काल में सामाजिक प्रगति एवं समृद्धि का कारक होती हैं! इन व्हिग इतिहासकारों में हम उल्लेख पाते हैं, हेनरी हलम (Henry Hallam, 1777-1859) का। इस इतिहासकार की 'कॉन्स्टीट्यूशनल हिस्ट्री ऑफ़ इंग्लैंड फ्रॉम ए अक्सेसन ऑफ़ हेनरी सेवेन्थ टू द डेथ ऑफ़ जोर्ज सेकंड' (Constitutional History of England from the Accession of Henry VII to the Death of George II) 1827 में प्रकाशित हुई थी और उसका प्रभाव

पूरी शताब्दी के इतिहास-लेखन पर देखा जा सकता है। इसी प्रकार, कार्लाईल ने 'लेटर्स एंड स्पीचेस ऑफ़ ओलिवर क्रॉमवेल' (Letters and Speeches of Oliver Cromwell, 1845) तथा 'फ्रेडरिक द ग्रेट' (Fredrick the Great' 1858-1865) जैसी कृतियों के माध्यम से इतिहास के केन्द्र में महापुरुषों के जीवन-चरितों या जीवनियों को ला दिया![111]

1866 में विलियम स्टब्स (William Stubbs, 1825-1901) ने ऑक्सफ़ोर्ड में नियुक्ति के बाद प्राथमिक स्रोतों के अध्ययन पर जोर देते हुए 'रोल्स सीरीज़' के बीस खंड प्रकाशित किए। 1870 में 'सेलेक्ट चार्टर्स' (Select Charters) प्रकाशित हुआ। इसी प्रकार, 1874 से 1878 के मध्य उसकी एक अन्य कृति 'कॉन्स्टीट्यूशनल हिस्ट्री ऑफ़ इंग्लैंड' (Constitutional History of England) प्रकाश में आई। किन्तु अभिलेखीय साक्ष्यों या इतिहास की सूचना के प्राथमिक स्रोतों के प्रकाशन के इस क्रम का इंग्लैंड में विरोध इसलिए प्रखरता से हुआ क्योंकि वह जर्मनी का अनुसरण सा प्रतीत हो रहा था? ऑक्सफ़ोर्ड विश्वविद्यालय में उसका उत्तराधिकारी फ्रीमैन (Edward Augustus Freeman, 1823-1892) जो इस मान्यता को इतिहास-लेखन का केन्द्र-बिन्दु मानता रहा कि 'इतिहास, अतीत की राजनीति और राजनीति, वर्तमान इतिहास है।' किन्तु जॉन रिचर्ड ग्रीन (John Richard Green, 1837-1883) ने अपनी कृति, 'शोर्ट हिस्ट्री ऑफ़ द इंग्लिश पीपुल' (Short History of the English People) में इस परिभाषा के प्रथम भाग को नकार ही दिया। व्हिग इतिहासकारों में एक प्रमुख नाम है मेटलैंड का (F.W. Maitland, 1850-1896), जिसकी कृति 'डूम्सडे बुक एंड बियॉन्ड' (Doomsday Book and Beyond) है। इसी क्रम में गार्डिनर (Samuel Rawson Gardiner, 1829-1902) का भी नामोल्लेख किया जा सकता है।[112]

इंग्लैंड में ही कैम्ब्रिज स्कूल ने भी शोधपूर्ण ऐतिहासिक अध्ययन और विश्लेषण में महत्त्वपूर्ण योगदान दिया, जिसके परिणामस्वरूप पृथक 'कैम्ब्रिज स्कूल' की स्थापना और प्रतिष्ठा सम्भव हुई थी! कैम्ब्रिज में 1869 में जब सर जॉन सीली (Sir John Seeley, 1834-1895) की नियुक्ति हुई तब इस प्रकार के इतिहास-लेखन ने गति पकड़ी थी। उसकी कृति,

'द एक्सपेन्शन ऑफ़ इंग्लैंड' (The Expansion of England) 1883 में प्रकाशित हुई और इसके माध्यम से ब्रिटिश औपनिवेशिक विस्तार को राष्ट्रीय गौरव के विषय के रूप में प्रस्तुत किया गया था! इतिहास-लेखन के 'कैम्ब्रिज स्कूल' का वास्तविक संस्थापक लॉर्ड एक्टन (Lord Acton, 1834-1902) को माना जाता है।

1890 में थॉमस फ्रेडरिक टाउट (Thomas Fredrick Tout,1855-1929) ब्रिटेन के 'हिस्टोरिकल एसोसिएशन' (Historical Association) का एक संस्थापक सदस्य था। इस संस्था की स्थापना 1906 में ऐतिहासिक शोध एवं अध्ययन को प्रोत्साहित करने हेतु हुई थी। उसने 'डिक्शनरी ऑफ़ नेशनल बायोग्राफी' में निरन्तर अपने लेखों का योगदान दिया। यह लेख मूलतः जीवन-चरित्र के रूप में ही थे। टाउट ने स्कूल स्तर से ही शोध को प्रोत्साहित करने की नियत और दूरदृष्टिवाली सोच का परिचय देते हुए न केवल बेहतरीन 'इंग्लिश मेडिवल हिस्ट्री' जैसी कृति की रचना की थी बल्कि अनेक प्रकार के शोध-पत्रिकाओं आदि के प्रकाशन, सम्पादन का भी दायित्व निभाया! इसी प्रकार, 'एडमिनिस्ट्रेटिव हिस्ट्री ऑफ़ मेडिवल इंग्लैंड' (Administrative History of Medieval England) में उसके छह अध्यायों के योगदान को आज भी महत्त्वपूर्ण माना जाता है। अपनी शोध-परक कृतियों यथा, 'द पोलिटिकल हिस्ट्री ऑफ़ इंग्लैंड' (The Political History of England 1206-1377, 1905' एवं 'द प्लेस ऑफ़ द रेन ऑफ़ एडवर्ड सेकंड इन इंग्लिश हिस्ट्री' (The Place of the Reign of Edward II in English History, 1914) आदि के प्रकाशन के साथ नए शोधार्थियों के शोध के प्रकाशन के माध्यम से 'मेनचेस्टर इतिहास-लेखन स्कूल' की स्थापना की और अन्ततः प्रारम्भिक हिचकिचाहट के बाद शोध की इस नवीन दृष्टि का पूरे इंग्लैंड, फिर यूरोप में अनुसरण हुआ!

इसी प्रकार संयुक्त राज्य अमरीका में भी इतिहास-लेखन गतिशील हुआ। जॉर्ज बैनक्रोफ्ट (George Bancroft,1800-1891) ने अपनी कृति 'हिस्ट्री ऑफ़ द यूनाइटेड स्टेट्स फ्रॉम द डिस्कवरी ऑफ़ अमरीका, 1834-1887' (History of the United States from the Discovery of

America,1834-1887) से इस इतिहास-लेखन की शुरुआत की थी। जॉन मोटली ने डच रिपब्लिक पर कलम चलाई और विलियम प्रेस्क्कोट ने स्पेनी प्रसार पर लिखा। लेकिन बंक्रोफ्ट द्वारा प्रारम्भ किए गए रांकियन प्रभाव के विरुद्ध एक प्रतिक्रिया भी शुरू होती दिखाई देती है जब एंड्रू डी. वाइट और हेनरी एडेम्स ने इस रांकियन प्रविधि के बरक्स जर्मन इतिहास-दृष्टि को महत्त्व देना प्रारम्भ किया। इसका सर्वश्रेष्ठ उदाहरण हमें एल्फ्रेड टी. महान (Alfred T. Mahan,1840-1914) की कृतियों में दिखाई देता है। उसकी दोनों कृतियाँ सामुद्रिक शक्ति को केन्द्रित करते हुए रची गई थीं यथा, 'द इन्फ्लूएन्स ऑफ़ सी पावर ऑन हिस्ट्री, 1660-1783' (The Influence of Sea Power on History, 1660-1783) एवं 'द इन्फ्लूएन्स ऑफ़ सी पावर ऑन द फ्रेंच रेवोल्यूशन एंड एम्पायर, 1793-1812'। (The Influence of Sea Power on the French Revolution and Empire, 1793-1812) इस प्रकार से बीसवीं शताब्दी के आगाज़ के साथ संयुक्त राज्य अमरीका में भी इतिहास-लेखन ने गति पकड़ते हुए यूरोप की इतिहास विधि की धाराओं से प्रेरणा ली।

अन्त में हम कह सकते हैं कि उन्नीसवीं शताब्दी पूरे यूरोप में उथल-पुथल वाली थी और इस उथल-पुथल के लिए उत्तरदायी था विचारों का विस्फोट! 1789 की फ्रान्सीसी राज्य-क्रान्ति और उससे उत्पन्न परिस्थितियों तत्पश्चात नेपोलियन के उदय और यूरोपीय प्रसार के उसके युद्धों ने यूरोप के मानचित्र को ही तहस-नहस कर दिया था। इसी के पश्चात 1815 के वियना सम्मलेन ने शान्ति के साथ पुराने मानचित्रों के पुनर्स्थापना के साथ पुरातन राज्यवंशों की पुनर्स्थापना का जो क्रम शुरू किया था वह अन्तर्निहित अन्तर्विरोध से ग्रस्त था। 'वैधता' के सिद्धान्त ने अन्ततः उस राष्ट्रवाद को गति प्रदान कर दी जिसे एबे सिये क्रान्ति से पूर्व परिभाषित कर रहा था; जिसे नेपोलियन की विजयों ने प्रत्यक्ष और परोक्ष दोनों रूपों से प्रभावित किया था। प्रत्यक्षतः तो प्रशासन के केन्द्रीयकरण द्वारा और परोक्षतः विदेशी शासन के विरुद्ध उभरते प्रतिरोध और विरोध के रूप में! इस दृष्टिकोण से वियना ने घडी की सुई 1815 पर भी रोक

दी होती तो समस्या नहीं होती किन्तु वैधता के सिद्धान्त के आधार पर जो सुईओं को 1789 से पूर्व ले जाने का प्रयास किया उसने राष्ट्रवाद की ज्वाला भड़का दी और यूरोप को 1830 एवं 1848 की क्रान्तियों के दौर से गुज़रना पड़ा और अन्ततः जर्मनी एवं इटली के एकीकरण के साथ 1870 में हमें एक नए यूरोप का मानचित्र निर्मित हुआ दृष्टिगोचर होता है। और यही नया यूरोप नई सन्धियों के चलते खेमेबन्दी और शस्त्र-होड़ में ऐसा फँसा कि एक नहीं दो-दो महायुद्धों की विभीषिका का सामना करने को विवश हुआ।

इतने परिवर्तनों के चलते ही इतिहास-लेखन की भी नवीन धाराएँ प्रवाहित होनी ही थीं और इसके जितने स्वरूप हम उन्नीसवीं शताब्दी से लेकर बीसवीं तक देखते हैं वे ही 'वैराइटीज़ ऑफ़ हिस्ट्री' की जन्मदाता साबित हुईं।[113] अतः जो धाराएँ सुकरात, अफ़लातून तथा अरस्तू के काल से चली आ रही थीं, उन्हीं से हॉब्स, लॉक, रूसो से लेकर वाल्तेयर, रांके, निबुहर, हीगेल, मार्क्स, कॉम्टे आदि के विचार और कैम्ब्रिज, ऑक्सफ़ोर्ड इतिहास-लेखन की शैली और चिन्तन-स्कूल जन्मे और इतिहास-लेखन के अपने ढंग और उनकी प्रविधियों को जन्म दिया। इससे वस्तुतः इतिहास-लेखन ही समृद्ध हुआ और भिन्न-भिन्न मत के अनुसार सभी समृद्ध हुए और अपने-अपने प्रभाव-क्षेत्र भी निर्मित करने में सफल हुए। अतः इन धाराओं को समेटने और उनको सिलसिलेवार ढंग से वर्गीकृत या व्यवस्थित करने के क्रम में ही इनके निहितार्थ और दर्शन की समझ विकसित हो सकती है। अतः इस भाग में अब तक के इतिहास-लेखन के विकासक्रम को विश्लेषित करने का प्रयास मात्र किया गया है!

बीसवीं शताब्दी ने जैसे अपने नएपन का प्रभाव इतिहास-लेखन पर ही डाला हो, वैसे ही यूरोप से लेकर अमरीका में इतिहास-लेखन में नई ऊर्जा और गति का असर दिखने लगता है? किन्तु इसकी सुगबुगाहट थोड़ा पहले से सुनाई देने लगती है। जर्मनी में इसी कालावधि में गैर मार्क्सवादी आर्थिक इतिहास-लेखन की प्रविधि भी विकसित होती है, जिसमें विल्हम रोषर (Wilhelm Roscher, 1817-1894), कार्ल विल्हम नित्ज्श (Karl

Wilhelm Nitzsch, 1818-1880), गुस्ताव स्मोलर (Gustav Schmoller, 1838-1917), कार्ल लम्प्रेक्त (Karl Lamprecht, 1856-1915) आदि के योगदान सराहनीय हैं। मार्क्सवादी तथा गैर-मार्क्सवादी इतिहासकारों ने आर्थिक इतिहास-लेखन में एक पुल का काम किया। वेर्नर सोम्बर्ट (Werner Sombart, 1863-1914) ने अपनी कृति 'वार एंड कैपिटलिज़्म' (War and Capitalism, 1913) के माध्यम से, जब उसने दोनों प्रविधियों के सन्तुलित सम्मिश्रण से अपने अध्ययन को अंजाम दिया था। उसने इस कृति के माध्यम से युद्धों द्वारा औद्योगिक क्रान्ति को गतिशील बनाने की भूमिका पर अध्ययन किया था।

ब्रिटेन में भी ऐसे आर्थिक अध्ययन हो रहे थे जिसमें सर्वप्रमुख कृति थी, 'ए हिस्ट्री ऑफ़ एग्रीकल्चर एंड प्राइसेस इन इंग्लैंड' (A History of Agriculture and Prices in England, 1866-1902) जो जे.ई. थोरोल्ड रोजर्स (J.E. Thorold Rogers, 1823-1890) द्वारा 1866-1902 के मध्य सात खंडों में लिखी गई थी। इसी प्रकार, प्रसिद्ध आर्नल्ड जे. टॉयनबी के चाचा, आर्नल्ड टॉयनबी (Arnold Toynbee, 1852-1903) ने 'द इंडस्ट्रियल रेवोल्यूशन इन इंग्लैंड' 1884 में पूर्ण की। लगभग इसी सन्धि-काल में इस विमर्श ने भी जोर पकड़ा था कि क्या इतिहास विज्ञान है अथवा कला? अर्थात मूल प्रश्न जो केन्द्र में आ रहा था वह इतिहास-लेखन पर विज्ञान और विज्ञान के सिद्धान्तों के प्रभाव के चिन्तन से जुड़ा हुआ था। इतिहास-लेखन के केन्द्र में यही प्रश्न उभरकर आ गया कि क्या इतिहास को विज्ञान के तर्ज़ पर ही विकसित होने देना चाहिए अथवा उसे अपने विषयगत विशेषता के साथ ही प्रगति करनी चाहिए और एक समावेशी प्रविधि के ही सहारे चलना चाहिए?

इस प्रश्न पर डिल्थी ने 1883 के अपने 'इंट्रोडक्शन टू हिस्टोरिकल नॉलेज' (Introduction to Historical Knowledge) तथा उसके बाद के लेखों में भी विस्तार से चर्चा की। वह इस तथ्य को सदैव रेखांकित करता रहा कि 'वैज्ञानिक ज्ञान तथा सांस्कृतिक ज्ञान में बहुत अन्तर है।' अतः इतिहास वैज्ञानिक दृष्टिकोण से पृथक दृष्टि विकसित करने को

बाध्य है! अत: इसी विचारक्रम में ड्रोय्सन (Johann Gustav Droysen, 1808-1884) ने 'इन्साइक्लोपीडिया एंड मेथोडोलॉजी ऑफ़ हिस्ट्री' (Encyclopaedia and Methodology of History, 1868) की रचना की। इतिहास के साहित्यिक विषय के रूप में अध्ययन-शोध आदि पर प्रभावी रूप से जोर दिया जाने लगा? इतिहास-लेखन की प्रणाली अथवा पद्धति पर एक बेहतरीन पाठ्य-पुस्तक उन्नीसवीं-बीसवीं शताब्दी के सन्धि-काल में, अर्थात 1898 में 'इंट्रोडक्शन टू द स्टडी ऑफ़ हिस्ट्री' (Introduction to the Study of History, Paris and London, 1898) आई। इसके लेखक द्वय थे, सी.डब्लू. लेंग्लोई (C.W. Langlois, 1863-1929) तथा, चार्ल्स साईनोबॉस (Charles Seignobos,1854-1942)। इन्होंने बिलकुल स्पष्टत परिभाषित कर दिया कि इतिहास-लेखन को सिर्फ़ ज्ञान के लिए किया जाना चाहिए अत: उसके वैज्ञानिक अथवा साहित्यिक विषयक विमर्श निरर्थक हैं। उनके मतानुसार इतिहास निश्चित ही विज्ञान है किन्तु यह अलग प्रकार का वैज्ञानिक विषय है क्योंकि इसकी कार्यप्रणाली या विश्लेषण-लेखन-विधि अन्य सभी विज्ञान के विषयों से भिन्न है![114]

इन दोनों की यह मान्यता भी थी कि 1850 के पश्चात (अर्थात मेटेर्निक के पतन के पश्चात?) जनता और इतिहासकारों के बीच इतिहास और साहित्य पृथक विषय के रूप में मान्य हो गये थे—अब वे निश्चित ही एक विषय नहीं रह गए थे। किन्तु जब ब्युरी (J.B. Bury) ने 1902 में लॉर्ड ऐक्टन (Lord Acton) के उत्तराधिकारी के रूप में अपना प्रवेशी भाषण दिया तब उसने उद्घोष किया, 'भले ही इतिहास साहित्यिक कलाओं अथवा दार्शनिक विमर्शों के लिए सामग्री उपलब्ध करता है, वह अपने आप में सहज ही विज्ञान है, न कम न अधिक।' अब असली प्रश्न जो बुद्धिजीवियों के मध्य ज्वलन्त प्रश्न बना वह यही था कि जब विज्ञान भी अनिश्चितता अथवा सम्भावना को स्थान देता है तब हम इतिहास को भी इसी नज़रिये से देखने-समझने को बाध्य हैं? अत: इतिहास में भी परिवर्तन, संवर्धन एवं संशोधन की पर्याप्त गुंजाइश है? अत: ऐक्टन ने जो 'कैम्ब्रिज मॉडर्न हिस्ट्री' के अन्तर्गत इतिहास पुस्तकों की शृंखला शुरू की थी उसमें पूर्णता एवं वैज्ञानिकतावाले इतिहास-लेखन का ही आग्रह

था! इस शृंखला की पुस्तकों की निष्पक्षता भी असन्दिग्ध रखने की एक कोशिश भी की गई थी ताकि फ्रान्सीसी, अंग्रेज़, जर्मन एवं डच आदि सभी को इतिहास की कोई भी पुस्तक वस्तुनिष्ठ ही प्रतीत हो? वे अतिराष्ट्रवाद की प्रतिबद्धतावाले इतिहास-लेखन के निश्चित ही विरोधी थे। हमें स्मरण रखना होगा कि ब्युरी के प्रभाव में अनेक खंडों में 'हिस्ट्री ऑफ़ फ्रान्स' (History of France, 1900-1911) 1900 से 1911 के मध्य कई खंडों में अर्नेस्ट लेविस (Ernest Laviss,1842-1922) द्वारा सम्पादित होकर प्रकाशित हुई।[115] अत: इतिहास को विज्ञान मानने और न मानने के आग्रह दोनों ही अपनी-अपनी जगह अपने प्रतिनिधि लेखकों के माध्यम से अपनी बात रख रहे थे अर्थात बीसवीं शताब्दी के आगमन पर भी विरोधाभासी शब्द गूँज रहे थे!

नई (बीसवीं) शताब्दी के श्रीगणेश के साथ हमें इतिहास-लेखन के पुराने प्रवाह के कुछ परिवर्तित, संशोधित रूप में 'नवीन इतिहास' की तीन धाराएँ दृष्टिगोचर होती हैं। इसमें पहल की अमरीका ने और फिर दिखा फ्रान्स का 'अनाल्स स्कूल' और तत्पश्चात ब्रिटेन का सामाजिक इतिहास-लेखन की धारा! अमरीका में इस नवीन धारा का पूर्ववर्ती इतिहासकार टर्नर (Frederick Jackson Turner, 1861-1932) था। उसने अपना शोधपूर्ण आलेख 'द सिग्निफिकेन्स ऑफ़ द फ्रंटियर इन अमेरिकन हिस्ट्री' (The Significance of the Frontier in American History) 1893 में सम्पन्न 'अमेरिकन हिस्टोरिकल एसोसिएशन' (American Historical Association) की बैठक में प्रस्तुत किया था। इसी के बाद उसकी कृति 'द राइज ऑफ़ द न्यू वेस्ट' (The Rise of the New West, 1906) 1906 में प्रकाशित हुई थी। प्रकारान्तर से उसके लेखों के दो संकलन, यथा 'द फ्रंटियर इन अमेरिकन हिस्ट्री' (The Frontier in American History, 1920) 1920 में; तथा 'द सिग्निफिकेन्स ऑफ़ सेक्शन्स इन अमेरिकन हिस्ट्री' (The Significance of Sections in American History, 1932) 1932 में प्रकाशित हुए।

जिस इतिहासकार पर नवीन इतिहासकार का चस्पा लगा वह जेम्स हार्वे रोबिन्सन (James Harvey Robinson, 1863-1936) था। उसने

चार्ल्स बियर्ड (Charles A. Beard) के साथ मिलकर 'द डेवलपमेंट ऑफ़ मॉडर्न यूरोप' (The Development of Modern Europe, 1907-1908) कृति की रचना की थी। जहाँ टर्नर ने अपने इतिहास-लेखन में भौगोलिक सीमांकन और भू-राजनीतिक तत्त्वों को वरीयता प्रदान की थी, वहीं रोबिन्सन एवं बियर्ड ने आर्थिक कारकों को रेखांकित किया था। बियर्ड की एक अन्य कृति, 1913 में प्रकाशित हुई, जिसका शीर्षक था, 'ऍन इकनोमिक इंटरप्रेटेशन ऑफ़ द कॉन्स्टीट्यूशन' (An Economic Interpretation of the Constitution, 1913) उसके पश्चात 1915 में आई कृति, 'द इकनोमिक ओरिजिन्स ऑफ़ जेफेर्सोनियन डेमोक्रेसी' (The Economic Origins of Jeffersonian Democracy, 1915) बियर्ड के ही प्रभाव में आर्थर श्लेसिंगर सीनियर (Arthur M. Schlesinger Sr, 1888-1965) ने अपनी कृति पर शोधपूर्ण अध्ययन किया और प्रस्तुत की, 'द कोलोनिअल मर्चेंट्स एंड द अमेरिकन रेवोल्यूशन, 1763-1776' (The Colonial Merchants and the American Revolution, 1763-1776)। इस कृति में उसने आर्थिक कारकों एवं राजनीति की अन्तर्क्रिया की गहन जाँच-पड़ताल करके आर्थिक इतिहास को एक निश्चित पायदान पर स्थापित कर दिया! उसी ने 'हिस्ट्री ऑफ़ अमेरिकन लाइफ' के विभिन्न (चार खंडों) का कार्य सम्पन्न किया था।

अमरीका में इतिहास-लेखन की यह धारा जिसे वे 'प्रोग्रेसिविज़्म' सम्बोधित करते हैं, द्वितीय विश्व-युद्ध के पश्चात भी प्रवाहमान रही। आर्थर श्लेसिंगर जूनियर (Arthur Schlesinger Junior) की कृति 'ऐज ऑफ़ जैक्सन' (Age of Jackson, 1945) इसी धारा का प्रतिनिधित्व करती थी और यह सन् 1945 में प्रकाशित हुई थी। लेकिन अब एक एकीकृत अमरीका के चित्रण के चलते इन इतिहासकारों को 'सम्मति का इतिहासकार' (Consensus Historians)[116] घोषित किया गया न कि पूर्ववर्त 'प्रोग्रेसिव' के! इस धारा के प्रमुख इतिहासकार थे, रिचर्ड जे. होफ्स्टादर (Richard J. Hofstadter, 1916-1970) जिसकी कृति 'ऐज ऑफ़ रिफ़ोर्म' (Age of Reform, 1955); लुई हार्त्ज़ (Louis Hartz, born 1919) की कृति 'द लिबरल ट्रेडिशन इन अमरीका' (The Liberal Tradition in America,

1955) तथा डैनियल जे. बूर्स्टिन (Daniel J. Boorstin) की कृतियाँ, 'द जीनियस ऑफ़ अमेरिकन पॉलिटिक्स' (The Genius of American Politics, 1953) एवं 'द एमेरिकन्स : द कोलोनियल एक्सपीरियन्स' (The Americans: The Colonial Experience, 1958) इस धारा की प्रमुख प्रतिनिधि कृतियाँ साबित हुईं!

अमेरिका में प्रवाहित इतिहास-लेखन की इस धारा को हमें उसकी राजनीतिक पृष्ठभूमि में भी समझने की जरुरत है। यह वह दौर है जब अमेरिका प्रथम विश्व-युद्ध में तब की वैश्विक शक्ति की परिधि पर था और द्वितीय विश्वयुद्ध के पश्चात वही अमरीका सत्ता समीकरण के केन्द्र में अवस्थित ही नहीं प्रतिष्ठित हो चुका था। लेकिन फ्रान्स में प्रथम विश्वयुद्ध के पश्चात जर्मनी की पराजय को अपनी व्यक्तिगत विजय के रूप में मनानेवाले इस देश को महान मुद्रास्फीति के दौर में अचम्भा हुआ। और फिर फासीवाद के उदय के साथ सोवियत क्रान्ति के पश्चात वो भी ब्रिटेन के साथ एक तटस्थ विदेश नीति अपनाने लगा। इन दोनों देशों की मान्यता थी कि फासीवाद और साम्यवाद के इस झगड़े में इन खेमों के देश कमज़ोर होंगे जिसका लाभ अन्ततः ब्रिटेन तथा फ्रान्स उठाने में कामयाब रहेंगे। इन्हीं विचारों के मध्य फ्रान्स में 'एनाल्स स्कूल' के इतिहास-लेखन की शुरुआत हुई, जिसने वैश्विक स्तर पर इतिहास-लेखन को प्रभावित किया!

वैश्विक स्तर पर उपजी नई समस्याओं के लिए नए विचारों पर आधारित उसके हल ढूँढने की प्रक्रिया में नई दृष्टि और उसके अनुरूप नई प्रविधि की माँग ने इस नवीन 'एनाल्स स्कूल' को जन्म दिया था। इसी बीच दार्शनिक माइकल फूको (Michael Focault) ने सवाल खड़ा किया कि अभिलेखागारीय साक्ष्यों को 'द डस्ट एंड द क्लाउड' (The Dust and the Cloud) यानी 'धूल एवं बादल से ढके इन साक्ष्यों को क्यों पवित्र और सच माना जाए?' एक तरह से इस संशय भरे काल में इतिहास के साक्ष्यों एवं दस्तावेज़ों पर ही प्रश्नचिह्न अंकित होने लगे थे? इतिहासकार जैक्स लियोनार्ड (Jacques Leonard) ने फूको के इतिहास-लेखन में इस हस्तक्षेप पर ही प्रश्नचिह्न अंकित किया था? किन्तु स्ट्रैसबर्ग में स्थित

दो युवा इतिहासकारों, मार्क ब्लॉक एवं लुसियन फेब्र ने इस हस्तक्षेप के पश्चात इस विश्लेषण को अपरिहार्य ही माना जिसके आधार पर नवीन विषयों; विचारों को समाहित करते हुए एक नए तरह के समावेशी इतिहास-लेखन की ओर प्रवृत्त हुआ जाए। ज़ाहिर ही है इसके लिए एक नई प्रविधि की भी आवश्यकता महसूस की गई, जो समावेशी और तार्किक दोनों ही हो!

इस दृष्टिकोण के साथ इन दोनों, मार्क ब्लॉक एवं लुसियन फेब्र ने 1929 की जनवरी में एक नई शोध पत्रिका, अनाल्स दी' हिस्तोयर एकोनोमिक एत सोसियल' (Annales d' histoire economique et sociale) का प्रकाशन शुरू किया! वस्तुतः इसकी प्रेरणा उन्हें कुछ समय पूर्व हेनरी बेर्र (Henri Berr,1863-1954) के द्वारा 1900 में प्रारम्भ की गई शोध पत्रिका 'रिव्यू दी सिन्थीस हिस्टोरीक ल' एवोल्यूशनएल दी ल ह्यूमनाइट' (Revue de synthese historique L' Evolution de l' humanite', 1900)। बेर्र की भाँति वे भी न केवल समाजशास्त्र अपितु समस्त समाज-विज्ञान की प्रविधियों के सम्मिलन से एक इतिहास-अध्ययन एवं लेखन की एक नवीन पद्धति विकसित करने के लिए कृतसंकल्प थे। लुसियन फेब्र प्रारम्भ में अपने अध्ययन को भौगोलिक आधार पर ही सीमित किए रहा जैसा कि उसकी प्रथम कृति, 'द रीजन्स ऑफ़ फ्रान्स : फ्रांचे-कॉम्टे' (The Regions of France : Franche-Comte, 1905) 1905 में प्रकाशित हुई; 1911 में फिलिप द्वितीय पर आधारित इतिहास पर पुस्तक प्रकाशित हुई, (Philippe II and the Franche-Comte, 1911; इसके पश्चात आई 'हिस्ट्री ऑफ़ फ्रांचे-कॉम्टे' (History of Franche-Comte); तत्पश्चात मानव-विकासक्रम को प्राकृतिक विकास से सम्बद्ध करती पुस्तक प्रकाशित हुई 'द अर्थ एंड ह्यूमन एवोल्यूशन' (The Earth and Human Evolution)। इसके पश्चात वह समूह के मनोविज्ञान की तरफ आकर्षित हुआ और उसकी कृति, 1928 में 'मार्टिन लूथर : ए डेस्टिनी' (Martin Luther : un destin/Martin Luther: A Destiny, 1928) प्रकाशित हुई। यहीं से फेब्र ऐतिहासिक मनोविज्ञान की ओर घूमा और उसकी कृति द्वितीय विश्वयुद्ध

के तुरन्त बाद 1947 में प्रकाशित हुई, 'द रिलिजन ऑफ़ रबेलायिस' (The Religion of Rabelais, 1947)[117]

मार्क ब्लॉक Marc Bloch ने भी फेब्र की भाँति भूगोल पर आधारित कृति से अपना रचना कर्म शुरू किया 'इल दि फ्रान्स' (Ile de France, 1913) फिर वह भी सामूहिक मनोविज्ञान की तरफ घूमा और 1924 में उसकी कृति, 'ले रोई थौमतुर्गिक किंग्स' (Les Rois thaumaturges) या 'द थौमतुर्गिक किंग्स' (The Thaumaturgic Kings) आई। इसका अंग्रेज़ी अनुवाद 1973 में 'रॉयल टच' (Royal Touch, 1973) शीर्षक से आया! किन्तु उसका अमूल्य कार्य सामन्तवाद पर आधारित था जो आज भी मील का पत्थर माना जाता है। यह कृति 1940 में आई किन्तु इस तरह के अध्ययन उसने इसके दो दशक पूर्व ही शुरू कर दिए थे। प्रारम्भिक कृति का शीर्षक था, 'रोई एट सर्फ : अन चेप्तियर द'हिस्तोयिर कापितेन' (Rois et Serfs : un chapiter d'histoire capitienne or Kings and Serfs : A Chapter in Capetian History, 1920)। ज़ाहिर है इसमें कृषकों के दृष्टिकोण से अध्ययन किया गया था अत: उसे पूर्ण करने की नियत से उसने दूसरी कृति, 'ले केरक्तेयर्स ओरिगिनौक्स दे ल हिस्तोयिर रूरल फ्रन्कैस 'Les Caracteres originaux de l' histoire rurale farncaise' (The Original Characteristics of French Rural History, 1931) पर कार्य किया। इस कृति में उसने कृषक कार्यों के साथ ही मध्यकाल से ही कृषक अर्थव्यवस्था में परिवर्तनों के साथ उसके विकासक्रम को समझने की ईमानदार कोशिश की है।

फ्रान्स के कृषक अर्थव्यवस्था के सामन्तीकरण के अध्ययन उससे अन्तत: उस कृति को पूर्ण करवाने की दिशा में ले गया जिसने उसे अमरत्व प्रदान कर दिया। यह कृति थी, 'द फ्यूडल सोसाइटी' (The Feudal Society, 1940)। इस रचना-क्रम के साथ ही वे शोध पत्रिका, 'अनाल्स दे हिस्तोयिर इकोनोमीक एट सोसिएल' (Annales d'Histoire Economique et Sociale, 1929) जिसका प्रकाशन जनवरी, 1929 में फेब्र के साथ संयुक्त रूप से प्रारम्भ किया था वह भी नियमित निकलती रही और उसी पत्रिका के आधार पर इस नवीन आन्दोलन का नामकरण

'एनाल्स' के रूप में हुआ। वस्तुतः इन दोनों ने हेनरी पिरीन (Henri Pirenne, 1862-1935) और उसके दृष्टिकोण को ही अपनाया था अतः वे चाहते थे कि इस नवीन पत्रिका का सम्पादन वही करें किन्तु अनेकानेक कारणों से यह सम्भव नहीं हो पाया। वस्तुतः पिरीन ने ही पूर्ववर्ती काल और अपने काल के अन्तर को परिभाषित करने के लिए 'शहरीकरण' को केन्द्र में रखा था! उसके मतानुसार शहरीकरण ही आधुनिक काल को मध्य काल से पृथक करता है![118]

उसके विचारानुसार जब ग्यारहवीं-बारहवीं शताब्दियों में व्यापार पुनः गतिशील हुआ तब शहरीकरण की प्रक्रिया सशक्त हुई थी। अतः 1925 में प्रकाशित उसकी कृति 'मेडिवल सिटीज़: देयर ओरिजिन्स एंड द रिवाइवल ऑफ़ ट्रेड' (Medieval Cities : Their Origins and the Revival of Trade, 1925) इस प्रकार के आर्थिक अध्ययन के लिए मानक ही नहीं अपितु एक निश्चित विकसित प्रविधि भी प्रदान करनेवाली साबित हुई। पिरीन ने ही मध्यकाल और आधुनिक के विभाजन के काल को 'पुनर्जागरण' और क्लासिक तथा मध्यकाल के विभाजन को भी नए सिरे से परिभाषित किया था। यह कार्य उसने 1910 घेंट (Lectures at Ghent, 1910) में दिए अपने सम्भाषणों में सम्पन्न किया था भले ही इनका प्रकाशन 1922-23 में सम्भव हो पाया हो? इसी प्रकार वैश्विक परिवर्तनों को समेटते हुए पिरीन ने 'मोहम्मद एंड चार्ल्मेन' (Mohammad and Charlemagne, 1937) नामक कृति की रचना की थी हालाँकि इसका प्रकाशन उसकी मृत्यूपरान्त 1937 में ही सम्भव हो सका था। वह सदैव विभिन्न विषयों की प्रविधियों के उपयोग से ही ऐतिहासिक प्रक्रियाओं को समझने या विश्लेषित करने पर जोर देता था[119] और इसी कारण बेल्जियम के इस इतिहासकार का वैश्विक प्रभाव पड़ा भी!

इसी के बाद हमें ऐसे इतिहासकार भी दृष्टिगोचर होते हैं जो इतिहास-लेखन के दोनों स्कूलों यथा, एनाल्स के साथ मार्क्सवादी विचारधारा के सम्मिश्रण से अपने अध्ययन-विश्लेषण को समृद्ध करते हैं। इनमें सर्वाधिक नाम जिसका हुआ वह था जॉर्ज लेफेब्व्र (Georges Lefebvre, 1874-1959))। लेफेब्व्र ने पहले अनुवाद कार्य किए तत्पश्चात 1924 में

उसकी स्वतन्त्र कृति आई जो फ्रान्सीसी-क्रान्ति के दौरान उत्तर फ्रान्स के कृषकों का वैज्ञानिक अध्ययन था। (Les paysans du Nord pendant la Revolution francaise/The peasants of the North during the French Revolution, 1924)। इसी प्रकार वह सामूहिक मनोविज्ञान के क्षेत्र में भी एक पथप्रदर्शक श्रेणी की कृति की रचना 1932 में करता है, 'ला ग्रांड प्यूर दे 1789' (La Grande Peur de 1789/ The Great Fear, 1789, 1932)।

लगभग इसी समय अर्थात 1933 एक अन्य कृति ने सबका ध्यानाकर्षण किया और वह थी, 'स्केच ऑफ़ द मूवमेंट्स ऑफ़ प्राइसेस एंड रेवेन्यूज़ इन फ्रान्स' (Esquisse des mouvements des prix et des revenus en France au XVIII siecle/Sketch of the Movements of Prices and Revenues in France in the Eighteenth Century, 1933) इसके लेखक का नाम था सी. अर्नेस्ट लेब्रौस (C. Ernest Labrousse,1895-1986) इसी के पश्चात 1944 में 'फ्रान्स में आन्सिया रेजीम के अन्त और क्रान्ति के प्रारम्भ के सन्धि-काल में आर्थिक संकट' पर कृति प्रकाशित हुई (La crise de l'economie francaise a la fin de l'Ancien Regime et au debut de la Revolution/ The Crisis of the French Economy at the End of the Ancien Regime and the Beginning of the Revolution)।

इसके पश्चात हमें अनेक उप-इतिहास की कृतियाँ दिखने लगती हैं। उदाहरण के रूप में बौद्धिक इतिहास, आर्थिक इतिहास, राजनीतिक इतिहास, संवैधानिक इतिहास, कूटनीतिक इतिहास, नगरीय इतिहास, श्रमिक इतिहास, जनसंख्या आधारित इतिहास, स्त्री-विमर्श, सामाजिक इतिहास, सांस्कृतिक इतिहास, विज्ञान का इतिहास, साम्राज्यवादी एवं औपनिवेशिक इतिहास। बौद्धिक इतिहास के क्षेत्र में फ्रेडरिक मीनेक (Friedrich Meinecke, 1862-1954) का योगदान महत्त्वपूर्ण है। उसकी प्रथम कृति जनरल हरमन वों बोयेन की जीवनी थी (1895 & 1899); तत्पश्चात उसने प्रशिया के उदारवाद पर कलम चलाई (1906 & 1908); किन्तु सर्वाधिक महत्त्वपूर्ण तथा प्रभावी कृति 1924 में प्रकाशित हुई, (The Doctrine of Raison d'Etat and its Place in Modern History, 1924)

थी। मीनेक ने 1946 में 'जर्मन कैटेस्ट्रोफी' 'German Catastrophe' लिखकर राजनीतिक इतिहास के स्थान पर सांस्कृतिक इतिहास पर जोर देने की वकालत की और जर्मनी के वर्तमान संकट के लिए राज्य के गरिमामयी चित्रण पर ही प्रश्न चिह्न अंकित कर दिया! इतिहास-लेखन के क्षेत्र में यह अपने आप में एक अद्‌भुत पहल थी! इसी प्रकार इटली में फासीवाद के दौर में ही क्रोचे (Benedetto Croche, 1866-1952) तथा फेडेरिको छाबोद (Frederico Chabod, 1902-1960) इसी प्रकार का इतिहास-लेखन कर रहे थे।[120]

ब्रिटेन में भी आर्थिक इतिहास ने बुद्धिजीवियों और खासतौर से इतिहासकारों को आकर्षित किया तथा वे श्रमिक आन्दोलनों एवं समाजवादी आन्दोलन के विश्लेषण के कार्य में शिद्‌दत से लग भी गए और यह क्रम द्वितीय विश्व युद्ध के पश्चात और भी गतिशील एवं घनीभूत हुआ! आर्नल्ड टॉयनबी ने औद्योगिक क्रान्ति की अवधारणा को लोकप्रियता प्रदान करने में बहुमूल्य योगदान दिया। इसी प्रकार की दिलचस्पी, जे.एल तथा बारबरा हेमंड की कृति 'द विलेज लेबरर' (The Village Labourer, 1911), 'द टाउन लेबरर' (The Town Labourer, 1917) एवं 'द स्किल्ड लेबरर' (The Skilled Labourer, 1919) में दृष्टिगोचर होती है। प्रकारान्तर से सिडनी वेब Sidney Webb (1859-1947) तथा बेट्रिस वेब Beatrice Webb (1858- 1943) ने 'फेबियन सोसाइटी' 'Fabian Society' के गठन के द्वारा समाजवादी आन्दोलन के प्रत्येक पक्ष को अध्ययन केन्द्र बनाने में अपनी भूमिका अदा की थी। इसी क्रम में उनके अपने अध्ययन भी प्रकाशित हुए थे, यथा, 'हिस्ट्री ऑफ़ ट्रेड यूनियनिज़्म' (History of Trade Unionism, 1894) तथा नौ खंडों में प्रकाशित 'इंग्लिश लोकल गवर्नमेंट' (English Local Government 9 volumes, 1906-1929)

इसी क्रम में आर.एच. टावनी (R.H. Tawney,1880-1962) ने 'द एग्रेरियन प्रॉब्लम इन द सिक्सटीन्थ सेंचुरी' (The Agrarian Problem in the Sixteenth Century, 1912) की रचना की तथा समाजशास्त्री मैक्स वेबर से प्रभावित होकर 'रिलिजन एंड द राइज़ ऑफ़ कैपिटलिज़्म' (Religion and the Rise of Capitalism, 1926) की रचना की थी। इस

किस्म के इतिहास-लेखन में सबसे सशक्त हस्ताक्षर है, जे.एच. क्लैपहम (J.H. Clapham, 1873-1946) का। वह एल्फ्रेड मार्शल के सम्पर्क में आते ही उसके प्रभाव में भी आ गया था। उसकी कृति 'द वुलेन एंड वर्स्टेड इंडस्ट्रीज़' (The Woollen and Worsted Industries, 1907) 1907 में प्रकाशित हुई; फिर 1921 में आई 'द इकनोमिक डेवलपमेंट ऑफ़ फ्रान्स एंड जर्मनी, 1815-1914' (The Economic Development of France and Germany 1815-1914, 1921); और, 1926 से 1938 के बीच तीन खंडों में प्रकाशित हुई, 'ऐन इकनोमिक हिस्ट्री ऑफ़ मॉडर्न ब्रिटेन' (An Economic History of Modern Britain, 3 volumes between 1926 and 1938)

इतिहास-लेखन के क्षेत्र में आर्थिक इतिहास में इतना कुछ प्रकाशित होने के बावजूद यूरोप तथा अमरीका में इतिहास-लेखन के क्षेत्र में अभी भी ज्यादा जोर राजनीतिक इतिहास एवं संवैधानिक इतिहास-लेखन में ही रहा। इस क्षेत्र में कुछ प्रसिद्ध नाम हैं, सी.एच. मेकिल्वएन (C.H. McIlwain), नेमियर (Namier) तथा एल्टन (Elton)। सी.एच. मेकिल्वएन ने ऐतिहासिक तथ्यों को भी उनके समकालीन परिवेश में ही विश्लेषित करने की वकालत की क्योंकि उसकी दृष्टि में एलिज़ाबेथकालीन विद्वान यथा लम्बार्दे अथवा फिट्ज़हर्बर्ट जब संसद (पार्लियामेंट) की बात करते थे तब उनका अभिप्राय वह निश्चित नहीं था जो मेकिल्वएन के काल में था। उसके मतानुसार इसी प्रकार 'ऐतिहासिक तथ्य' और 'कल्पित तथ्य' घुलमिल जाते हैं जिसके कारण उन्हें पृथक करना ज़रूरी हो जाता है।[121]

जहाँ तक लेविस नेमियर (Lewis Namier, 1888-1960) का प्रश्न है, उसकी कृति, 'द स्ट्रक्चर ऑफ़ पॉलिटिक्स एट द एक्सेसन ऑफ़ जॉर्ज थर्ड' (The Structure of Politics at the Accession of George III, 2 Volumes, 1929) को ए.जे.पी. टेलर जैसे इतिहासकार ने डार्विन की कृति, 'द ओरिजिन ऑफ़ द स्पीशीज़' के बराबर महत्त्व की कृति घोषित की थी! उसने अनेक खंडों में 'इंग्लैंड इन द एज ऑफ़ द अमेरिकन रेवोल्यूशन' (England in the Age of the American Revolution, 1930) की योजना

बनाई थी जिसका पहला खंड 1930 में प्रकाशित हुआ था। उसने 'द्वितीय विश्वयुद्ध के कूटनयिक कारणों' के तथा '1848 की क्रान्तियों' पर भी आधिकारिक रूप से कलम चलाई थी। इतिहास-लेखन के प्रति उसके दृष्टिकोण और दर्शन की अभिव्यक्ति 'हिस्ट्री ऑफ़ पार्लियामेंट' में होती है जो उसके साथ अन्य सहयोगियों ने मिलकर लिखी थी। इसी प्रकार, उसकी चार्ल्स टाउनसेंड (Charles Townsend) पर आधारित एक अन्य महत्त्वपूर्ण कृति 1964 में प्रकाशित हुई थी।[122]

जहाँ तक एल्टन (G.R. Elton, 1921-1994) का प्रश्न है, वह यूरोप तथा ब्रिटेन के इतिहास पर अपना ध्यान केन्द्रित किए रहा। उसकी कृति 'द ट्यूडर रेवोल्यूशन इन गवर्नमेंट' (The Tudor Revolution in Government) 1953 में प्रकाशित हुई थी। इसमें सातत्य एवं परिवर्तन के प्रवाहक्रम को आधार बनाकर विश्लेषण किया गया है। उसके मतानुसार भले ही राजतन्त्र की परम्परा पुरानी ही रही हो परन्तु 1530 के दशक से ही क्रन्तिकारी परिवर्तन हुआ जिसके फलस्वरूप एक 'आधुनिक राष्ट्रवादी अफसरशाही' विकसित हुई जिसने शासकों के व्यक्तित्वों एवं उनकी कमजोरियों को नज़रन्दाज़ करते हुए राजनीतिक स्थायित्व को सुनिश्चित किया! 1955 में उसकी कृति 'इंग्लैंड अंडर द ट्यूडर्स' (England under the Tudors) प्रकाशित हुई जिसने दो बातें स्पष्ट कर दीं। प्रथम कि वह रांके का ही अनुयायी था और द्वितीय कि वह सामाजिक-आर्थिक इतिहास के स्थान पर बीसवीं शताब्दी के उत्तरार्ध में भी राजनीतिक इतिहास के महत्त्व को अनुरेखित कर रहा था![123]

प्रथम विश्वयुद्ध एवं उसके पश्चात द्वितीय युद्ध के काल के मध्य एवं पश्चात कूटनयिक इतिहास पर इतिहासकारों का ध्यानाकर्षण स्वाभाविक ही था। इस प्रकार के इतिहास-लेखन में युद्ध से पूर्व बर्नाडोट इश्मिट (Bernadotte Schmitt) का नामोल्लेख जरूरी है जिसने 1870 के पश्चात फ्रान्स-जर्मन कूटनयिक सम्बन्धों पर ऑक्सफ़ोर्ड में कार्य किया था। इसी क्रम में जी.पी. गूच (G.P. Gooch, 1873-1968) एवं एस.बी. फे (S.B. Fay, 1876-1967) का नाम आता है जिन्होंने वर्साय की सन्धि द्वारा जर्मनी को अपराध प्रावधान से लगभग मुक्त करने का प्रयास किया था। हालाँकि, फ्रान्सिसी पियरी रेनोविन

(Pierre Renouvin, 1893-1974) तथा इटलीवासी लुइगी अल्बेर्टिनी (Luigi Albertini, 1871-1941) ने उसे अपराधी प्रमाणित किया!

इसी काल के इतिहास का विश्लेषण अपने ही अन्दाज़ में ए.जे.पी. टेलर (A.J.P. Taylor, 1906-1988) ने किया है। उसकी कृति, द इटालियन प्रॉब्लम इन यूरोपियन डिप्लोमेसी' (The Italian Problem in European Diplomacy, 1934); फिर आई, 'जर्मनीस फर्स्ट बिड फॉर कोलोनीस' (Germany's First Bid for Colonies, 1884-1885, 1938); 'स्ट्रगल फॉर मास्टरी इन यूरोप' (Struggle for Mastery in Europe' 1848-1918, 1954); 'इंग्लिश हिस्ट्री' (English History, 1914-1945, 1965); 'ओरिजिन्स ऑफ़ द सेकंड वर्ल्ड वॉर' (Origins of the Second World War, 1961);[124] तथा, 'यूरोप : ग्रेंज्यर एंड डिक्लाइन' (Europe : Grandeur and Decline, Pelican, 1950/1967) यह आखिरी पुस्तक बहुत महत्त्वपूर्ण है क्योंकि इसमें 1943 के लिखे भी ऐतिहासिक लेख सम्मिलित हैं। इसमें उसने नेपोलियन के पतन के पश्चात यूरोपीय इतिहास की महत्त्वपूर्ण प्रवृत्तियों की विवेचना की है जिसमे सोवियत संघ के सत्तोत्कर्ष तक की व्याख्या है। साथ ही, मेटेरनिख, बिस्मार्क, लुई नेपोलियन, ट्रॉट्स्की, हिटलर, स्टेलिन आदि के महत्त्वपूर्ण रेखा-चित्र हैं, इसके कुछ लेख बहुत विचारोत्तेजक हैं खासतौर से जब वह हिटलर को दोष-मुक्त सा प्रमाणित करता है![125]

VIII

वस्तुत: मार्क्सवादी इतिहास-लेखन बाद के कालों में अधिक वैज्ञानिक हो गया जब उसने मात्र सिद्धान्तों के आधार पर आँख बन्द करके विश्लेषण न करते हुए नवीन सिरे से उसी पद्धति से अध्ययन किया। इसकी शुरुआत 1923 में उस समय हुई जब फ्रैंकफ़र्ट में 'इन्स्टीट्यूट ऑफ़ सोशल थ्योरी' की स्थापना हुई। इसमें मुख्य इतिहासकार थे मैक्स होर्खहायिमेर (Max Horkheimer, 1895-1973), थियोडोर डब्लू. एडोर्नो (Theodor W. Adorno, 1903-1969), हर्बर्ट मार्क्यूस (Herbert Marcuse, 1898-1979)

आदि। इनका प्रमुख योगदान सिर्फ़ आर्थिक नियतिवाद के स्थान पर विधि, विचारों तथा उनके सांस्कृतिक अभिव्यक्ति को भी सम्मिलित करके एक समावेशी अध्ययन करने का था। इन विद्वानों ने फ्रॉयड के मनोवैज्ञानिक कारक का उपयोग ऐतिहासिक अनुशीलन में किया और 'आधिपत्य के उपकरणों' के रूप में पारिवारिक जीवन तथा बुर्जुवा यौनिक क्रियाओं/प्रथाओं आदि के आधार पर नई अवधारणाएँ विकसित कीं। यह प्रवृत्ति 1950 तथा 1960 के दशकों में प्रभावी रही थीं।[126]

आर्थर मार्विक के विश्लेषण के अनुसार मार्क्सवाद में मार्क्स के पश्चात तीन विभिन्न चरण में उसका विकासक्रम अनुरेखित किया जा सकता है। प्रथम विश्वयुद्ध के पश्चात जब 1923 में फ्रैंकफ़र्ट में 'इन्स्टीट्यूट ऑफ़ सोशल थ्योरी' की स्थापना हुई तब हम पहले चरण से रू-ब-रू होते हैं। इसमें जिन कुछ विचारकों का प्रमुख योगदान रहा था, वे थे मैक्स होर्खहायिमेर (Max Horkheimer, 1895-1973), थियोडोर डब्ल्यू. एडोर्नो (Theodor W. Adorno, 1903-1969) तथा हर्बर्ट मार्क्यूस (Herbert Marcuse, 1898-1979)। फ्रैंकफ़र्ट में विकसित इस विचारधारा ने कट्टर आर्थिक नियतिवाद के सिद्धान्त का परित्याग करते हुए उसे लचीला बनाने का प्रयास किया। इस विचारधारा के अनुसार सिर्फ़ आर्थिक आधार ही अधिरचना या समस्त सामाजिक ताने-बाने की निर्मिति नहीं करती है अपितु वे विधि, विचारों तथा सांस्कृतिक अभिव्यक्तियों को अधिक स्वायत्तता प्रदान करते हैं! इसी प्रकार, मार्क्सवाद के आर्थिक नियतिवाद के विरुद्ध प्रतिक्रिया, इटलीवासी, अंटोनियो ग्राम्शी (Antonio Gramsci, 1891-1937) तथा हंगरीवासी, जॉर्ज लुकाक्स (Georg Lukacs, 1885-1971) में भी दृष्टिगोचर होती है, जिन्होंने उसी मार्क्सवादी पृष्ठभूमि पर विश्लेषणात्मक अध्ययन द्वारा नई अवधारणाओं को जन्म दिया! ग्राम्शी ने 'सांस्कृतिक आधिपत्य' के विचार का प्रतिपादन किया। इसके अनुसार प्रभुत्व वर्ग अपना 'सांस्कृतिक आधिपत्य' स्थापित करता है जिसे श्रमिक वर्ग अनिच्छापूर्वक स्वीकृति प्रदान किए रहता है।[127]

वैसे हमें इन परिवर्तनों को दोनों विश्वयुद्धों के मध्यावधि में ही देखना परखना चाहिए, भले ही इसके पूर्व लक्षण हमें यूरोप तथा अमरीका में

औद्योगिक क्रान्ति के प्रसार से दिखने लगे हों। हमारा इशारा ज़ाहिर ही, श्रमिकों की मौलिक समस्याओं की तरफ राज्य का ध्यानाकर्षण और उनके समाधान के प्रयासों के फलस्वरूप, सामाजिक सुरक्षा के उपायों की ओर है। वस्तुतः इनके माध्यम से श्रमिक संगठनों द्वारा औद्योगिक प्रगति में अवरोधों को समाप्तप्राय करने के प्रयास ही दिखते हैं। श्रमिकों की स्थिति और कार्यस्थलों पर उनके स्वास्थ्य-सुरक्षा तथा उन्हें अन्य सुविधाएँ प्रदान करने के माध्यम से साम्यवादी आन्दोलन के प्रसार को रोकना भी इनका उद्देश्य था। मुद्रास्फीति से पार पाने के लिए औद्योगिक विकास को और अधिक गतिशील बनाना चूँकि उनका लक्ष्य था अतः वे इसमें हड़तालों तथा श्रमिक-संगठनों के हस्तक्षेप को कम करने के आग्रही थे! दूसरी ओर, जैसे ही जर्मनी में हिटलर का उदय हुआ और उसने अपने ऊपर लगाए प्रतिबन्धोंवाली सन्धियों को नकारना शुरू किया तब वे फ़ासीवाद के अन्त की आशा करने लगे थे। इस ऊहापोह ने एक ऐसी तटस्था की नीति को जन्म दिया जब ब्रिटेन-फ्रान्स आदि पाश्चात्य यूरोपीय देश साम्यवाद और फासीवाद की शत्रुता को किसी श्रोता की भाँति दूर से देखने के लिए बाध्य थे। वे यह मानते थे कि यह दोनों पारस्परिक द्वन्द्व में शक्तिहीन एवं क्षीण होंगे जिसका लाभ अन्ततः पाश्चात्य यूरोपीय देशों को मिलना तय है! अतः वे सीमित ध्येय के चलते विश्व को द्वितीय महायुद्ध के कगार पर पहुँचाने में परोक्ष रूप से उद्यत हुए और जब पानी सर के ऊपर से निकलने लगा तब उनका भी युद्ध में सम्मिलित होना अपरिहार्य हो गया था? अतः हमें मार्क्सवाद के इन परिवर्तनों को इस पृष्ठभूमि में ही समझना चाहिए।

ग्राम्शी ने 'सांस्कृतिक आधिपत्य' की अवधारणा विकसित की। इसके अनुसार प्रभुत्व वर्ग अपनी संस्कृति स्थापित करता है और श्रमिक वर्ग या सर्वहारा इस बुर्ज़ुवा संस्कृति को सहज स्वीकार भी कर लेता है। इसी फ्रैन्कफर्ट स्कूल ने द्वितीय चरण के मार्क्सवाद को भी जन्म दिया था जब 'फ्रयूडियन मनोविज्ञान' के विचारों को भी विश्लेषण में महत्त्वपूर्ण स्थान प्रदान किया गया। इस विश्लेषणात्मक प्रविधि के प्रमुख प्रवर्तक मार्क्यूस थे। यह चरण 1960 के दशक में अत्यधिक प्रभावशाली हो गया! इसके प्रभाव के परिणामस्वरूप पारिवारिक इतिहास-लेखन के साथ ही 'आधिपत्य के

उपकरण' के रूप में बुर्ज़ुवा-वर्गीय यौनिक क्रियाओं के विश्लेषण भी चर्चा के केन्द्र में आए।[128] सर्वहारा को पराधीन बनाए रखने और अपने प्रभुत्व को बनाए रखने के लिए यौनिक व्यवहार भी मानसिक दासत्व का भाव उत्पन्न करके सांस्कृतिक आधिपत्य स्थापित करने का ही एक उपकरण था!

मार्क्सवाद के इस मिश्रित विकासक्रम का तृतीय चरण 1950, 1960 तथा 1970 के दशकों में दृष्टिगोचर होता है। यह काल वस्तुतः संरचनावाद तथा उत्तर-संरचनावाद के साथ ही, मार्क्सवाद और उत्तर-आधुनिकता के मिश्रण का काल था। यह भी सच है कि फ्रान्सीसी संरचनावादी तथा उत्तर-संरचनावादी ही नहीं, अपितु समस्त फ्रान्सीसी बौद्धिक वर्ग ही मार्क्सवाद से प्रभावित था! सम्भवतः यह फासीवादी शक्तियों के आधिपत्य के काल और उन शक्तियों के पराजय के पश्चात की प्रतिक्रिया ही रही होगी! मार्विक के मतानुसार उत्तराधुनिक विमर्श मार्क्सवाद के अन्दर ही सम्पन्न हो रहा था यह गैर-मार्क्सवादियों की गतिविधियों एवं आस्थाओं का प्रतिफल नहीं था।[129] प्रायः फ्रान्सीसी मार्क्सवादी बुद्धिजीवियों ने सोवियत संघ के प्रभाव में कार्य करनेवाली फ्रान्सीसी कम्युनिस्ट दल की इस आधार पर निन्दा की थी कि वह मूल मार्क्सवादी सिद्धान्तों से विचलित हो गया है। इस दौर के फ्रान्स में जीन पौल सार्त्र (Jean-Paul Sartre, 1905-1980) ने अपने अस्तित्ववाद के सिद्धान्त को मार्क्सवाद के साथ मिश्रित करने का प्रयास किया। इसीलिए उसकी आलोचना मार्क्सवादियों के साथ ही संरचनावादियों ने भी की। उसके अस्तित्वाद का आधार व्यक्ति के अपने विचारों से निर्देशित कार्यों पर टिका था जबकि मार्क्सवाद सामूहिक क्रिया को अनुरेखित करता था। अतः सार्त्र ने एक मानववादी राजनीतिक दृष्टिकोण विकसित किया जिसके अनुसार सद्भाव से कार्य करते हुए व्यक्ति-समूह किसी भी व्यवस्था में मौलिक परिवर्तन ला सकते हैं।

सार्त्र के दार्शनिक दृष्टिकोण का सर्वाधिक प्रखर आलोचक, नृतत्त्वशास्त्री, क्लाउड लेवी-स्ट्रॉस (Claude Levi-Strauss, 1908-2009) था। क्लाउड जैसे विचारक (संरचनावादी एवं उत्तरसंरचनावादी सभी) सभी की मान्यता थी कि भाषा सहित समस्त मानव सामाजिक गतिविधियाँ

वस्तुतः सामाजिक संरचनाओं से प्रभावित होती हैं और यह बुर्ज़ुवा आधिपत्य की भावना की सांकेतिक अभिव्यक्ति ही होती हैं! इन संकेतों, कूटों का अधिक महत्त्व होता है और इतिहासकारों को किसी भी घटना के लिए प्रभावी या उत्तरदायी कारकों (जिसमें मानव तत्त्व भी सम्मिलित थे) के स्थान पर इन कूटों/संकेतों के विश्लेषण पर जोर देना चाहिए क्योंकि यह 'सामाजिक कूट' ही हम मानवों की गतिविधियों को संचालित एवं/अथवा नियन्त्रित करते हैं।[130]

जब विश्वयुद्धों के पश्चात फ्रान्सीसी बुद्धिजीवियों ने अपने देश की साम्यवादी राजनीतिक दल के विरुद्ध सोवियत संघ के प्रभाव में कार्य करने के आरोप लगाए तब वहाँ की साम्यवादी दल के लुई एल्थ्युज़र (Louis Althusser, 1918-1986) ने मार्क्सवादी साहित्य का नया पाठालोचन करते हुए मानव गतिविधियों के महत्त्व को नकार ही दिया। उसके मतानुसार भाषा सम्बन्धी उत्तर-संरचनावादी सिद्धान्त ऐतिहासिक अध्ययन/विश्लेषण के लिए अनुपयोगी ही नहीं अपितु उलटे आक्रामक थे।[131] उनकी मान्यता के अनुसार तो भाषा के स्वरूप और शैली सदा ही बुर्ज़ुवा विचारधारा की पोषक होगी, अतः इसमें परिवर्तन की सम्भावना को ही नकारने की प्रवृत्ति हावी थी।[132] इतिहासकारों की आवश्यकतानुसार अवधारणाएँ विकसित करने का दायित्व माइकल फूको (Michael Focault, 1926-1984) ने निभाया। भले ही फूको इतिहासकार न भी रहा हो किन्तु उसने इतिहास के दिलचस्प प्रकरणों को विश्लेषित करके इतिहासकारों को विवश कर दिया कि वे उसके अध्ययन पर ध्यान केन्द्रित करें। उसने तमाम घटनाओं को नए प्रकाश में देखने और विश्लेषित करने का आग्रह किया है। उसकी मान्यतानुसार, किसी भी युग की गतिविधियाँ, लोगों का पारस्परिक व्यवहार एवं संस्थाएँ उस समय के प्रवाहित विचारों की पृष्ठभूमि में ही देखी, समझी जा सकती हैं। हमें उन्हें न तो आज के सन्दर्भ में और न ही किन्हीं शाश्वत मूल्यों के आधार पर मूल्यांकित करना चाहिए? अपितु उन घटनाओं, व्यवहारों तथा संस्थाओं का मूल्यांकन तत्कालीन विचारों के परिप्रेक्ष्य में ही करना चाहिए।

वह अपने सिद्धान्तों की प्रखरता से स्वतः ही परिचित था और तथ्यों के स्थान पर उन्हें ही रेखांकित करता था। उसके मतानुसार फ्रान्सीसी

क्रान्ति के साथ एक युग का समापन हो गया था और बुर्ज़ुवा तथा आधुनिक काल की शुरुआत हुई। उसने मुद्रित साक्ष्यों के प्रभाववादी उपयोग को ही अपने सिद्धान्त का आधार बनाया। उसने सामाजिक विचलन के आयामों के अध्ययन पर जोर दिया यथा, अपराध, अनुशासन एवं दंड के साथ ही मानसिक विक्षिप्तता, ओषधि तथा यौनिक व्यवहार के विषय में खूब लिखा। उसके मतानुसार यह समस्त विचलन की अवस्था समकालीन सत्ता की संरचना द्वारा निर्धारित होती है। अतः पागलखाने हों, या अस्पताल या बन्दीगृह सब सत्ता की यथावत स्थिति या सातत्य को बनाए रखने के लिए ही निर्मित होते हैं! अतः उसने सामाजिक विचलन को सत्ता की संरचना से सम्बद्ध करके समझने-समझाने का प्रयास किया था।[133] आगे बढ़ने से पूर्व हमें एक नज़र फूको की कृतियों पर डाल लेना बेहतर होगा। उसका पहला महत्त्वपूर्ण कार्य था, 'मैडनेस एंड सिविलाइज़ेशन' (1961); 'द बर्थ ऑफ़ द क्लिनिक' (1963); 'द आर्डर ऑफ़ थिंग्स' (1966); 'द आर्केयोलोजी ऑफ़ नॉलेज' (1969); 'डिसिप्लिन एंड पनिश' (1975); 'द विल टू नॉलेज'(1976); तथा, 'द हिस्ट्री ऑफ़ सेक्सुएलिटी' (1976)। उसने अपनी कृतियों के माध्यम से वर्तमान को समझने के लिए अतीत के अध्ययन पर जोर दिया था। अर्थात उसकी मान्यता थी कि बिना अतीत की समावेशी समझ के हम वर्तमान को समझ ही नहीं सकते।[134]

एक बात जो आगे बढ़ने से पूर्व मार्क्सवाद के सन्दर्भ में समझ लेनी चाहिए वह है द्वितीय विश्वयुद्ध के पश्चात उसके विकासक्रम को समझना। औद्योगिक क्रान्ति और फ्रान्सीसी क्रान्ति से शुरू हुए मार्क्सवाद के विचार इस द्वितीय महायुद्ध तक तो गतिशील रहे किन्तु इसके बाद इनमें निश्चित ही एक अधिक खुलापन प्रवेश कर गया। इस खुलेपन के लिए जितना उत्तरदायित्व स्टेलिनवाद से उपजी निराशा का था, उतना ही चेकोस्लोवाकिया में रूसी दमन और अन्त में सोवियत संघ का विघटन (1989) का भी योगदान था। वैसे इस नवीनता की शुरुआत 1920 एवं 1930 के दशकों में जोर्ज्स लेफेब्व्रे ने लचीले मार्क्सवाद के सिद्धान्तों के साथ की थी। उसने फ्रान्सीसी राज्य क्रान्ति को बुर्ज़ुवा के उत्थान एवं सुदृढ़ीकरण के परिणाम के रूप में विश्लेषित किया जबकि अन्य सभी

इतिहासकार इसे नवीन राजनीतिक विचारधारा के रूप में व्याख्यायित कर रहे थे।[135]

एल्फ्रेड कोबन 1955 ने अपने व्याख्यान में तथा 1964 में अपनी पुस्तक (The Social Interpretation of the French Revolution) में नए सामाजिक वर्ग द्वारा पुराने वर्ग को उखाड़ फेंकने के मार्क्सवादी वैचारिक स्थिति को सिरे से नकार दिया। इसी प्रकार, एनाल्स इतिहासकारों के नए वर्ग ने भी मार्क्सवाद के विरुद्ध एक मोर्चा सा ही खोल दिया। फ्रंकोइस फ्युरेट ने 1955-1956 में डेनिस रिचे के साथ फ्रान्सीसी क्रान्ति पर एक पुस्तक (La Revolution) की रचना की थी, जिसमें इन दोनों ने मूल्यों तथा व्यवहारों में आए परिवर्तनों को क्रान्ति के लिए उत्तरदायी माना।[136]

वस्तुत: फ्रान्सीसी बुद्धिजीवियों ने (मई, 1968) के आन्दोलन के बाद जिस तरह का लेखन किया उसमें पाश्चात्य सभ्यता के संकट से उबरने की चिन्ता अभिव्यक्त होती रही। और, इसी लेखन से उत्तर-संरचनावाद एवं उत्तर-आधुनिकतावाद सिद्धान्त का उद्‌भव हुआ। इन दोनों में जो अन्तर है, उसे बेन अग्गर ने रेखांकित किया। उसके मतानुसार उत्तर-संरचनावाद ज्ञान का सिद्धान्त था जबकि, दूसरी ओर, उत्तर-आधुनिकतावाद को समाज, संस्कृति एवं इतिहास का सिद्धान्त था। भले ही इतिहास पर इन सिद्धान्तों का प्रभाव हो अथवा इनकी कार्य-विधि दोनों में बहुत अधिक समानता है। अत: इनको प्राय: एक साथ ही वर्गीकृत किया जाता है।[137]

बीसवीं शताब्दी के तीन प्रमुख आँग्ल मार्क्सवादी इतिहासकारों की भी चर्चा समीचीन होगी ताकि हम बात को पूर्णता में समापन की ओर ले चलें। पहला प्रसिद्ध नाम है, क्रिस्टोफर हिल (1912-2003)। इनका रचना संसार बहुत विस्तृत तथा समृद्ध है। कुछ प्रसिद्ध कृतियों का उल्लेख ही करना श्रेयस्कर होगा यथा, 'लेनिन एंड द रशियन रेवोल्यूशन' (1947); 'प्यूरिटेनिज़्म एंड रेवोल्यूशन' (1958); 'रिफोर्मेशन टू इंडस्ट्रियल रेवोल्यूशन' (1967); 'द वर्ड टर्न्ड अपसाइड डाउन' (1972); 'मिल्टन एंड द इंग्लिश रेवोल्यूशन' (1977); 'द एक्सपीरियन्स ऑफ़ डिफीट' (1984) आदि। इन कृतियों के अध्ययन से स्पष्ट है कि हिल साधारण मनुष्य के प्रति आकर्षित था वह उनका विवरण देता था न कि केवल, उनके सामूहिक, राजनीतिक संगठनों

तक ही सीमित रहता था कि क्रान्तियों में उनके योगदान का मूल्यांकन तक खुद को सीमित करे। 'द वर्ड टर्न्ड अपसाइड डाउन' (1972) में वह सत्रहवीं शताब्दी के असफल प्रयोगों तथा आन्दोलनों का अध्ययन करके इतिहास में एक नई दिशा निर्धारित करने में सफल होता है।[138]

दूसरा प्रमुख नाम है ई.पी. थॉमसन का जिनको वैश्विक पहचान और प्रशंसा अपनी कृति, 'द मेकिंग ऑफ़ द इंग्लिश वर्किंग क्लास' (1963) से मिली थी। इस कृति में वह उन्नीसवीं शताब्दी में 'श्रमिक वर्ग की जागृति या चेतना' के उद्‌भव और विकास पर अपना अध्ययन केन्द्रित करता है। वह उन्नीसवीं सदी से पूर्व इस चेतना के बीज नहीं चिह्नित करता है। उसके अनुसार अट्‌ठारहवीं शताब्दी में वर्गविहीन समाज में भी वर्ग-संघर्ष की सम्भावना दिखाई देती है? जबकि इस कथन के उत्तर में विद्वान डेविड कैनाडाईंन इसके विपरीत इसे वर्ग संघर्षरहित वर्गों की उपस्थिति मानता है।[139] ब्रिटेन के वारविक विश्वविद्यालय में 'सेंटर फॉर द स्टडी ऑफ़ सोशल हिस्ट्री' की स्थापना के साथ ही थॉमसन ने प्रारम्भिक ब्रिटिश समाज की अप्रत्यक्ष जटिलताओं के अध्ययन पर जोर देते हुए 'हाशिये के समाज' के अध्ययन को ही रेखांकित और प्रोत्साहित किया था। अपनी कृति, 'व्हिग्स एंड हंटर्स: द ओरिजिन ऑफ़ द ब्लैक एक्ट' (1975) में वह सफलतापूर्वक दिखाता है कि कैसे राज्य द्वारा किसी घटना को 'अपराध' घोषित करके राज्य उसके नियन्त्रण हेतु विधि के क्रियान्वयन की प्रक्रिया का उपयोग करता है।[140]

थॉमसन के सिद्धान्त के अनुसार 'वर्ग' न तो 'संरचना' है और न ही कोई निश्चित 'कोटि' या 'श्रेणी' अपितु मानव सम्बन्धों के फलस्वरूप निर्मित यह एक ऐतिहासिक प्रक्रिया है। उसने कृषक तथा औद्योगिक पूँजीवाद के विकास का गरीब-जन पर होनेवाले सामाजिक, सांस्कृतिक एवं नैतिक परिवर्तनों के विश्लेषण का भी अध्ययन किया।[141] इस प्रकार समाज के समावेशी अध्ययन की प्रक्रिया को ही उसने सशक्त किया ताकि कोई भी आयाम इतिहासकार से न छूटे और वह एक वैज्ञानिक, वस्तुनिष्ठ लेखन में प्रवृत्त रहे। यह विचार उनकी कृति, 'द पावर्टी ऑफ़ थ्योरी एंड अदर एसेज' (1978) में भी उभरकर आते हैं।

'प्रिमिटिव रिबेल्स' (1959); 'द ऐज ऑफ़ रेवोल्यूशन, 1789-1848' (1962); 'बैंडिट्स'(1969); 'द ऐज ऑफ़ कैपिटल, 1848-1875' (1975); 'द ऐज ऑफ़ एम्पायर, 1875-1914' (1987); तथा, 'द ऐज ऑफ़ एक्स्ट्रीम्स, 1914-1991' (1994) जैसी प्रमुख कृतियों और ऐसी ही अन्य तमाम पुस्तकों के लेखक एरिक हौब्स्बौम (1917-2012) के उल्लेख के अभाव में ब्रिटिश मार्क्सवादी इतिहासकारों का अध्ययन अपूर्ण ही रहता है। कैम्ब्रिज के छात्र रहे हौब्स्बौम ने 1952 में ऑक्सफ़ोर्ड के प्रसिद्ध जर्नल, 'पास्ट एंड प्रेजेंट' की शुरुआत में मुख्य भूमिका निभाई थी और इसे 'वैज्ञानिक (मार्क्सवादी) अर्थोंवाला जर्नल' घोषित किया था। 1960 के दशक में इसे 'साइंटिफ़िक हिस्ट्री' के जर्नल के स्थान पर 'ए जर्नल ऑफ़ हिस्टोरिकल स्टडीज़' घोषित किया गया। उसकी कृतियों एवं लेखों की प्रमुख विशेषता थी कि वह साक्ष्यों तक ही अपने लेखन-विश्लेषण को सीमित रखता था। इसके साथ ही, वह शुद्ध मार्क्सवादी विद्वान् की अपनी प्रतिष्ठा सुरक्षित बनाए रखने में सफल रहा था और उत्तर-आधुनिकता से दूर ही रहने में सफल रहा था।[142]

इसी प्रकार, दोनों महायुद्धों के मध्य तथा द्वितीय विश्वयुद्ध के पश्चात की परिस्थितियों ने अन्ततः संयुक्त राज्य अमरीका में भी मार्क्सवादी इतिहास-लेखन के लिए पर्याप्त अवसर प्रदान किए। हम कुछ नामोल्लेख के साथ उनके योगदानों की थोड़ी सी चर्चा करके अपने अध्ययन को आगे बढ़ाते हैं। इयूजीन जेनोवीस (1930- 2012) ने साठ के दशक में अपनी कृतियों के माध्यम से मार्क्सवादी इतिहास-लेखन को पूरी शुद्धता के साथ निभाते हुए एक तरह की धूम ही मचा दी थी। उनमें से कुछ प्रमुख कृतियाँ हैं, 'द पोलिटिकल इकॉनमी ऑफ़ स्लेवरी' (The Political Economy of Slavery, 1965); ' द स्लेव इकोनोमीस' (The Slave Economies, 1973); 'रोल जॉर्डन रोल : द वर्ल्ड द स्लेव्स मेड' (Roll Jordan Roll: The World the Slaves Made, 1974); 'फ्रॉम रिबेलियन टू रेवोल्यूशन' (From Rebellion to Revolution, 1979); 'द वर्ल्ड द स्लेवेहोल्डर्स मेड' (The World the Slaveholders Made, 1994); द माइंड ऑफ़ द मास्टर क्लास' (The Mind of the Master Class, 2005) आदि अदि।[143]

इयूजीन जेनोवीस का एक समकालीन इतिहासकार हर्बर्ट गट्मैन (Herbert Gutmann, 1928-1985) था, जिसने वर्गों के अन्तर्सम्बन्धों के परीक्षण के साथ ही, उनमें होनेवाले परिवर्तनों के विश्लेषण से अपने अध्ययन को महत्त्वपूर्ण बना दिया। उसके अध्ययन से सत्ता के संस्थागत स्वरूप ग्रहण करने की प्रक्रिया को सजहता से समझा जा सकता है कि कैसे अधीनस्थ एवं उत्पीड़क वर्ग किसी सामाजिक व्यवस्था में एकीकृत हो सकता है या कैसे जनप्रिय प्रतिरोधी आन्दोलन चलते हैं। 'द ब्लैक फैमिली इन स्लेवरी एंड फ्रीडम' (The Black Family in Slavery and Freedom", New York, 1976) उसकी लोकप्रिय कृति थी। उसने इयूजीन जेनोवीस के साथ मिलकर 'अश्वेत इतिहास' को ऐतिहासिक अध्ययनों की मुख्य धारा में सम्मिलित ही नहीं किया अपितु उसके महत्त्व को रेखांकित भी किया। अश्वेत इतिहास के लेखन के सम्बन्ध में डेनियल पी. मोय्निहान की कृति 'द नीग्रो फेमिली इन अमरीका' (Daniel P. Moynihan's, 'The Negro Family in America', 1965) भी एक महत्त्वपूर्ण हस्तक्षेप है।

जिस प्रकार से ई.पी. थॉमसन ने ब्रिटिश श्रमिक वर्ग को उसकी पूरी सक्रियता और गतिशीलता के साथ चित्रित किया था ठीक वैसे ही जेनोवीस ने इस कृति के साथ ही अन्य कृतियों में किया है। उसके मतानुसार यह वर्ग कोई निष्क्रिय समूह नहीं था अपितु यह भी अमेरिकी अनुभव था। भले ही वे एक अश्वेत संस्कृति को समृद्ध कर रहे थे किन्तु उस प्रक्रिया में उन्होंने अन्ततः अमेरिकी मिश्रित संस्कृति को ही समृद्ध किया और श्वेत-अश्वेत सांस्कृतिक समन्वय को सशक्त ही किया![144]

गैब्रियल कोल्को (Gabriel Kolko, 1932-2014) एक विभिन्न प्रकार का मार्क्सवादी इतिहासकार था जैसा कि उसकी कृति, 'द ट्रायम्फ ऑफ़ कंजर्वेटिज़्म : ए री-इंटरप्रेटेशन ऑफ़ अमेरिकन हिस्ट्री, 1900-1916, 1963 (The Triumph of Conservatism: A Re-interpretation of American History, 1900-1916, 1963) से स्पष्ट है। कोल्को ने अपने विश्लेषणात्मक अध्ययन से स्थापित किया कि अमरीका में निश्चित ही वर्गों का अस्तित्व है तथा इसमें शासक वर्ग कैसे महत्त्वपूर्ण भूमिका अदा करने में सक्षम होता है। इसी प्रकार का शोधपूर्ण अध्ययन हमें डब्लू.

विलियम डॉम्होफ्फ़ (W. William Domhoff) के कार्यों में भी दृष्टिगोचर होता है।[145]

मार्क्सोत्तर काल में मार्क्सवादी मॉडल अपनाते हुए इतिहास-लेखन का कार्य जर्मन इतिहासकार जुरगेन कोका (Jurgen Kocka, B. April 19, 1941) ने भी किया। उसने जर्मनी तथा अमरीका के बड़े व्यवसाय में कर्मचारियों की स्थिति पर अध्ययन के साथ ही यूरोपीय बुर्जुवा के इतिहास पर भी कलम चलाई। उसकी प्रमुख कृतियाँ, 'वाइट कॉलर वर्कर्स इन अमरीका, 1890-1940' (White Collar Workers in America 1890-1940, 1980); 'कैपिटलिज़्म : ए शोर्ट हिस्ट्री' (Capitalism : A Short History, Princeton, 2016) आदि हैं। जर्मन भाषा में रची कृति का अंग्रेज़ी अनुवाद 'फेसिंग टोटल वॉर' (Facing Total War', Gottingen, 1973; English Translation, 1984) में वह एक तरह से प्रमाणित करता है कि युद्धोत्तर जर्मनी के सामाजिक अध्ययन हेतु मार्क्सवादी मॉडल सर्वथा उपयुक्त है।[146]

जैसे मार्क्सवादी इतिहास-लेखन में परिवर्तन दृष्टिगोचर होता है वैसे ही हमें अन्य विधाओं में भी परिवर्तन दिखते हैं। प्राय: यह पुरानी विशेषताओं तथा तत्त्वों को समाहित करते हुए एक नई सोच के साथ विकसित होने लगते हैं। इस नए परिवर्तन का मुख्य कारण युद्धोत्तर काल के शीत युद्ध से लेकर उसके समापन और सूचना क्रान्ति, भूमंडलीकरण, उदारीकरण, वैश्विक ग्राम की सैद्धान्तिक निर्मिति, पेरेस्त्ररोयका, ग्लासनोस्ट और अन्तत: सोवियत संघ के विघटन तक के परिवर्तनों को माना जा सकता है। हम संरचनावाद तथा उत्तर-संरचनावाद तथा उसके उपरान्त आधुनिकता एवं उत्तर-आधुनिकता पर एक नज़र डालते हुए इतिहास-लेखन की इन नए प्रवाहक्रमों को सहज ही समझ सकते हैं।

IX

जैसे यूरोपीय पुनर्जागरण के पश्चात 1789 की फ्रान्सीसी क्रान्ति ने नवीन विचारों को जन्म दिया था उसी तरह एक बार फिर युद्धोत्तर काल में

खासतौर से 1950 तथा 1960 के दशकों में संरचनावाद ने नवैचारिक जगत और इतिहास-लेखन को प्रभावित किया वहीं 1960 के दशक के अन्त होते-होते उत्तर-संरचनावाद ने पूर्ववर्ती प्रवाहक्रम को आत्मसात सा कर लिया। प्रारम्भिक काल में जहाँ क्लाउड लेवी स्ट्रॉस, जैक्स लकान, लुई अल्थ्युसर तथा रोलैंड बार्थ्स ने वैचारिक विश्व को सर्वाधिक प्रभावित किया वहीं बाद के उत्तर-संरचनावाद ने ज्यादा व्यापक क्षेत्र एवं अधिक गहराई से वैचारिक स्तर पर प्रभाव डाला! वस्तुतः इसके अनेक तत्त्व अथवा विशेषताएँ उत्तर-आधुनिकता से साम्य रखती थीं। इस प्रकार, उत्तर-संरचनावाद आधुनिकता की साहित्यिक एवं भाषा-वैज्ञानिक आलोचना से जन्मा था। हालाँकि उत्तर-संरचनावाद तथा उत्तर-आधुनिकता पृथक-पृथक विचारधाराएँ हैं। उत्तर-आधुनिकता के अन्तर्गत उत्तराधुनिक काल के सामाजिक-सांस्कृतिक तथा आर्थिक संरचनाओं को समझने का सैद्धान्तिक आधार प्रस्तुत किया जाता है।[147]

वैसे तो संरचनावाद को सरल भाषा में यूँ समझा जा सकता है कि कोई भी विश्लेषण यदि संरचना और उसके सम्बन्धों को महत्त्व देता है तो वह संरचनावाद के अन्तर्गत वर्गीकृत किया जा सकता है। युद्धोत्तर काल में समाज और संस्कृति के विषय में सैद्धान्तिक आधार पर और शुद्ध वैज्ञानिक दृष्टि से ज्ञानार्जन की एक विधा के रूप में यह विकसित हुई विधा थी। स्विट्ज़रलैंड निवासी फर्डीनेंड दि सौस्सुरे (Ferdinand de Saussure, 1857-1913) के भाषा-वैज्ञानिक अध्ययन – 'कोर्स इन जनरल लिंग्विस्टिक्स' (Course in General Linguistics', 1916)[148] से इस विधा का बीजारोपण हुआ था। स्पष्ट ही है यह कृति उसके मरणोपरान्त प्रकाशित हुई थी। 'स्ट्रक्चरलिज़्म' शब्द की व्यत्पत्ति का श्रेय सौस्सुरे के रूसी शिष्य रोमन जैकब्सन (Roman Jakobson, 1896-1982) को जाता है। भाषाविज्ञान का यह सिद्धान्त यूरोपीय पुनर्जागरण काल की विशेषता प्रत्यक्षवाद तथा मानववाद के धुर विरोधी प्रवाहक्रम के रूप में विकसित हुआ। भाषाविज्ञान में सर्वप्रथम प्रयुक्त होकर इसे फिर फ्रान्सीसी मानवशास्त्री, क्लाउड लेवी स्ट्रॉस (Claude Levi-Strauss, 1908-2009) से मनोवैज्ञानिक विश्लेषक जैक्स लाकान (Jacques Lacan, 1901-1981) ने संवर्धित किया।[149]

फर्डीनेंड दि सौस्सुरे की मान्यता थी कि भाषा विचार की पूर्वगामी थी क्योंकि कोई भी विचार भाषा के अभाव में अभिव्यक्त नहीं हो सकता है। उसके मतानुसार किसी भी शब्द का अर्थ उसके उपयोग से ही सम्प्रेषित होता है अन्यथा उसमें स्पष्टता नहीं आ सकती है। उसके अनुसार भाषा अपने आप में स्वायत्तशाषी, आत्म-निर्भर किन्तु गैर-प्रतिनिधित्व वाले प्रतीकों/संकेतों/कूटों से पारस्परिकता के सम्बन्ध में बँधी होती है, जो अन्ततः उस अदृश्य भाषा-व्यवस्था के निश्चित नियमों पर निर्भर रहती है; शाब्दिक अर्थ तथा सुनिश्चित पहचान में ही शाब्दिक अन्तर ज्ञात हो सकता है; मानव-ज्ञान का मूल्यांकन भाषाविज्ञान के आधार पर ही सम्भव है; एवं, परिवर्तन की तुलना में संरचना अधिक महत्त्वपूर्ण तथा श्रेष्ठ है! इतिहास में इसके उपयोग द्वारा घटनाओं के बनिस्बत समाज के अदृश्य भाषा-व्यवस्था के माध्यम से अतीत और वर्तमान की बेहतर समझ विकसित हो सकती है। अतः इतिहासकार को सम्बन्धित वृत्तान्त की भाषा-वैज्ञानिक समीक्षा पर अधिक ध्यान केन्द्रित करना चाहिए।[150]

सौस्सुरे के सिद्धान्त की अन्तर्दृष्टि को क्लाउड लेवी स्ट्रॉस (Claude Levi-Strauss, 1908-2009) ने सामाजिक विज्ञान में स्थापित किया। उसने प्राचीन समाजों का अध्ययन उनके सांस्कृतिक एवं सामाजिक विश्वासों; उनके व्यवहार क्रम; पहनावे, भोजन, चित्रण आदि के आधार पर किया। उसकी प्रसिद्ध कृतियाँ हैं, 'द एलीमेंट्री स्ट्रक्चर्स ऑफ़ किन्शिप' (The Elementary Sructure of Kinship, 1949), 'स्ट्रक्चरल एन्थ्रोपोलोजी' (Structural Anthropology, 1958), 'द सैवेज माइंड' (The Savage Mind, 1962), 'माईथोलोजिक्स' (Mythologiques, 4 Volumes, 1964-1972)। उसने अपनी कृति 'द रॉ एंड द कुक्ड' (The Raw and the Coocked, 1964) में दो सौ (200) विभिन्न मिथकों को विश्लेषित करने के उपरान्त उनकी विभिन्नताओं के बावजूद उनकी उत्पत्ति के लिए एक ही आधारभूत संरचना का सिद्धान्त प्रस्तुत किया। और उसके मतानुसार यह आधारभूत एकता मानव-मस्तिष्क की गहराइयों में उपस्थित रहती है। अतः उसके अनुसार विश्व के विषय में समस्त ज्ञान मानव के अवचेतन

में प्रतीकों में रहता है और वह इतिहासातीत है क्योंकि वे स्थाई ही नहीं पूर्वनिर्धारित होते हैं, उसके इस सिद्धान्त के ही चलते, उसके दृष्टिकोण को गैर ऐतिहासिक माना जाता है। किन्तु उसकी एक अवधारणा तो तार्किक ही प्रतीत होती है, जब वह यह कहता है कि 'सम्पूर्ण इतिहास' (जैसा लार्ड ऐक्टन कैम्ब्रिज इतिहास श्रृंखला में चाहते थे) सम्भव नहीं है क्योंकि आँकड़ों के साथ ही इतनी आधार सामग्री एकत्रित हो जाएगी कि उनके अव्यवस्थित स्वरूप के चलते उसे तार्किक, सुनिश्चित और न्यायोचित ढंग से प्रस्तुत करना असम्भव होगा। अतः सुव्यवस्थित एवं अर्थपूर्ण इतिहास के स्थान पर एक अराजक विवरण ही हम प्रस्तुत कर पाएँगे! इसी आधार पर उसने कालक्रम निर्धारण के आधार पर भी इतिहास को ही मिथक साबित कर दिया था![151]

1967 में जब जैक्स देरिदा (Jaques Derrida, 1930-2004) की कृतियाँ, 'स्पीच एंड फिनोमेना' (Speech and Phenomena, 1967), 'ऑफ़ ग्रेमाटोलॉजी' (Of Grammatology', 1967) तथा 'राइटिंग एंड डिफरेंस' (Writing and Difference, 1967) प्रकाशित हुईं, तब उसके सिद्धान्त स्पष्ट हुए जो निश्चित ही संरचनावाद की आलोचना से भरपूर थे, उसने जो सिद्धान्त स्थापित किया उसके अनुसार उसने संरचनाओं को सिरे से नकारने के साथ ज्ञान के अन्तिम स्वरूप के विचार को भी दृढ़ता से नकार दिया। उसके अन्य समकालीन फ्रान्सीसी विचारकों तथा विद्वानों ने भी प्रबोधन-काल की अवधारणाओं पर प्रश्नचिह्न अंकित करके उत्तर-संरचनावाद को जन्म देकर उसे संवर्धित किया। वैसे तो उत्तरसंरचनावाद ने प्रायः अपने पूर्ववर्ती संरचनावाद की विशेषताओं को अपनाया किन्तु उसके वैज्ञानिक होने के दावों पर ही प्रश्नचिह्न अंकित करके इसे एक पृथक सैद्धान्तिक आधार प्रदान किया। वे किसी सुनिश्चित संरचना के स्थान पर किसी विवरण में भी स्थाई केन्द्र तथा स्थाई परिधि की अवधारणा को ही सिरे से नकारते थे। इसके लिए देरिदा ने 'डीकंस्ट्रक्शन' (Derrida's Deconstruction) शब्द प्रयुक्त किया; फूको ने 'आर्क्यलोजी एंड जिनियोलॉजी' (Focault's 'Archaeology and Genealogy) सम्बोधन को उचित माना; जबकि डेल्यूज़ ने उसे 'पारलौकिक अनुभववाद'

(Deleuze's 'Transcendental Empiricism) की संज्ञा से नवाज़ा; तथा लियोटार्ड के लिए इसे कामेच्छा अर्थव्यवस्था (Lyotard's 'Libidinal Economy) से समझना अधिक उपयुक्त प्रतीत हुआ था। भले ही इसके बीज हमें नीत्शे (Nietzsche) के दर्शन में मिलते हों किन्तु, अन्ततः इसके दर्शन का चरमोत्कर्ष मार्टिन हेय्डेगर (Martin Heidegger) के सिद्धान्त में मिलता है।

इस उत्तर-संरचनावाद में देरिदा ने अपना ध्यान 'टेक्स्टुअलिज़्म' (Textualism) पर केन्द्रित किया था। इसके मतानुसार विज्ञान सहित समस्त ज्ञान तथा संस्कृति मात्र साहित्यिक रचनाएँ/ निर्मितियाँ (Literary constructs) ही हैं। उत्तर-संरचनावादी मानते थे कि सत्य का कोई शाश्वत स्वरूप नहीं हो सकता—यह मात्र आपके दृष्टिकोण अथवा किसी भी चीज़ को देखने के परिप्रेक्ष्य पर निर्भर करेगा। वे अतीत, वर्तमान तथा भविष्य के मध्य के किसी भी पारस्परिक सम्बन्ध को नकारते थे। इसी प्रकार लेखक भी उनके लिए महत्त्वहीन था क्योंकि, शब्दों का विधान जो अवचेतन में निहित है वह उसके चेतना में की गई अभिव्यक्ति को निर्धारित करता है। वे 'मानव' को केन्द्र में रखने के आग्रही भी नहीं थे अतः पुनर्जागरण तथा प्रबोधन-काल के दर्शन और सिद्धान्तों को वे शिद्दत से नकारते थे।[152]

उत्तर-संरचनावाद के दर्शन को समझने के लिए बेहतर होगा कि हम इसके प्रमुख सिद्धान्तकारों की संक्षिप्त चर्चा कर लें। पहला नामोल्लेख रोलैंड बार्थ्स (Roland Barthes, 1915-1980) का किया जा सकता है जिसने सांस्कृतिक समीक्षा तथा साहित्यिक सिद्धान्त के क्षेत्र में अनेक महत्त्वपूर्ण कार्यों द्वारा अपना मौलिक योगदान दिया था। अपनी प्रसिद्ध रचना 'डिस्कोर्स ऑफ़ हिस्ट्री' (Discourse of History, 1967) में इतिहास की आलोचना प्रस्तुत करते हुए उसके सत्य होने के दावे को असत्य साबित कर दिया। उसके मतानुसार इतिहासकार पर्याप्त प्रयास के बावजूद भी तटस्थ या पूर्वाग्रहरहित इतिहास लिख ही नहीं सकता क्योंकि 'शब्द और बाह्य जगत' (Word and the World) को पृथक किया ही नहीं जा सकता। इतिहास-लेखन के दौरान इतिहासकार दस्तावेज़ों को आधार

बनाने के लिए बाध्य होता है, जिससे वह अपने लेखन की सामग्री प्राप्त करता है; फिर वह उसे व्यवस्थित ढंग से प्रस्तुत करने की कोशिश करता है और यहीं उसकी समस्या जटिल होती है। उसे अतीत और वर्तमान समय के अन्तर्विरोध की समस्या से जूझना पड़ता है। और यही उसके 'डिस्कोर्स' को प्रभावित करता है! प्राचीन काल के विवरण में तो एक साथ एक अथवा कई शताब्दियों का उल्लेख किया जाता है किन्तु निकट अतीत की घटनाओं के लिए तो वर्ष, माह एवं तिथि तक प्रयुक्त होती हैं, अत: अनेक 'कालों' के कारण उसके लेखन पर प्रश्नचिह्न लगना स्वाभाविक है?

उसके अनुसार भले ही कोलिंगवुड तथा क्रोचे की मान्यता थी कि इतिहासकार किसी घटना को अपनी व्याख्या से अर्थ प्रदान करता है किन्तु यह सच नहीं है क्योंकि, पाठ का अर्थ तो पाठक अपनी अन्तर्दृष्टि से ही निकालता/समझता है। इसलिए उसकी रचना 'द डेथ ऑफ़ द ऑथर' (The Death of the Author, 1968) महत्त्वपूर्ण और प्रसिद्ध हुई थी। भाषा विज्ञान के माध्यम से लेखक विखंडित होता है अत: पाठक अपने दृष्टिकोण से अर्थ निकालते हुए एक ही पाठ के अनेक अर्थ स्पष्टत: स्थापित करता है। किन्तु बार्थ्स के अनुसार लेखक की मृत्यु के साथ ही समीक्षक का भी अन्त सुनिश्चित हो जाता है। अत: पाठ के मकड़जाल को समझने के लिए उसके विखंडन की प्रक्रिया अपरिहार्य हो जाती है। अत: पाठ में न कोई अर्थ निहित होता है न ही उसमे कोई केन्द्र-बिन्दु होता है। अत: पाठक का केन्द्र में आना अपरिहार्य होता है और इसी में लेखक या इतिहासकार गौण और महत्त्वहीन हो जाता है।

इसी क्रम में हम अब माइकल फूको (Michael Foucault, 1926-1984) की चर्चा करेंगे क्योंकि वह उत्तर-संरचनावाद के सन्दर्भ में इतिहास-केन्द्रित व्याख्या प्रस्तुत करता है। उसके मतानुसार पुराने इतिहास-लेखन में नैरन्तर्य पर अधिक जोर होने के कारण कई महत्त्वपूर्ण 'अवकाश' या असातत्य उत्पन्न करनेवाले प्रसंग इतिहासकार द्वारा छोड़ दिय जाते हैं अथवा अनजाने में ही छूट जाते हैं? किन्तु उसके विचारानुसार नए किस्म के इतिहास में इसी असातत्य पर ध्यान केन्द्रित करते हुए उसे ही ऐतिहासिक विश्लेषण की एक प्रमुख विशेषता माना जाता है! उसके

मतानुसार अब इतिहासकारों के केन्द्र-बिन्दु में दस्तावेज़ों (Documents) का स्थान स्मारकों (Monuments) ने ले लिया है। जहाँ दस्तावेज़ स्थाई संरचना हैं वहीं स्मारक अतीत के अवशेषों का योग है और इसी के चलते पुरातत्त्व इतिहास के केन्द्र में आ जाता है! यूरोपीय पुनर्जागरण के पश्चात जिस प्रकार से मानव को केन्द्र मानते हुए सम्पूर्ण ज्ञान अर्जित करनेवाले के रूप में उसका चित्रण हुआ है वह न तो तार्किक है न न्यायोचित! वह ऐतिहासिक अध्ययन को पुरातत्त्व (Archaeology) तथा वंशावली (Genealogy) के माध्यम से विश्लेषित करने का पक्षधर है। यहाँ पुरातत्त्व हमारे विचारों तथा लेखन के सिद्धान्तों को निर्देशित करता है; वहीं वंशावली सत्ता के समीकरणों को समझने में कारक या उपयोगी होती हैं। अत: इस दृष्टिकोण से प्रत्येक युग का विचार संसार उक्त युग की विशेषता होती है![153]

फूको के अनुसार ज्ञान तो विमर्श से ही अर्जित होता है; और ज्ञान ही सत्ता का उपकरण है। अपनी जटिल प्रक्रिया के चलते सत्ता प्रतिक्रिया या प्रतिरोध की निर्मिति भी करती है अत: सत्य की खोज सत्ता के समीकरणों में प्रतिबिम्बित परिवर्तन की खोज या विश्लेषण तक ही सीमित रह जाती है। फूको के दर्शन में सत्ता सिर्फ़ राज्य तक सीमित न होकर विभिन्न स्तरों पर सक्रिय रहती है। अत: उसकी व्याख्या के अनुसार बन्दीगृह भी एक अनुशासनात्मक संस्था ही है जैसे कि सेना, फैक्ट्री अथवा स्कूल आदि। वह इस सत्ता को परिक्षिप्त, उत्पादक तथा सकारात्मक दृष्टि से देखता है। अत: उसके अनुसार सब कुछ एक विमर्श ही है और सत्ता सर्वव्यापी है। अपनी प्रारम्भिक कृतियों, यथा, 'मैडनेस एंड सिविलाइज़ेशन' (Madness and Civilization, 1961), 'द बर्थ ऑफ़ द क्लिनिक' (The Birth of the Clinic, 1963) तथा 'द ऑर्डर ऑफ़ थिंग्स' (The Order of Things, 1966) में वह आधुनिक अध्ययन क्षेत्र जैसे मनश्चिकित्सा (Psychiatry), औषधि (Medicine) तथा मानव विज्ञान (Human Sciences) के विमर्श के विश्लेषणात्मक अध्ययन तक सीमित रहा। 'द आर्केयोलॉजी ऑफ़ नॉलेज' (The Archaeology of Knowledge, 1969) 'डिसिप्लिन एंड पनिश' (Discipline and Punish, 1975) तथा 'हिस्ट्री ऑफ़ सेक्सुएलिटी' (History of Sexuality, 1976-1984) में वह विमर्श तथा सत्ता

के पारस्परिक सम्बन्धों की व्याख्या करता है। लगभग जीवन के अन्त में वह सर्वव्यापी सत्ता के स्थान पर ग्राम्शी के वर्चस्ववाद की अवधारणा के अधिक निकट हो जाता है![154]

जैसे कि पहले ही लिखा है सौस्सुरे के भाषा सम्बन्धी सिद्धान्त के समानान्तर नई व्याख्या प्रस्तुत करते हुए जैक्स देरिदा ने उत्तर-संरचनावाद का श्रीगणेश किया था अतः आइए अब हम देरिदा (Jacques Derrida, 1930-2004) के विचारों पर भी नए सिरे से पुनः प्रकाश डाल लें। जैसा की पहले भी कहा गया है, देरिदा के प्रभाव की शुरुआत 1967 में प्रकाशित तीन कृतियों यथा, 'ऑफ़ ग्रामेटोलॉजी' (Of Grammatology), 'स्पीच एंड फिनोमेना' (Speech and Phenomena) तथा 'राइटिंग एंड डिफरेन्स' (Writing and Difference)। उसने उत्तर-संरचनावाद तथा उत्तराधुनिकतावाद की शब्दावली को नवीन शब्द प्रदान करने के साथ उसको एक नई शैली विकसित करने में मदद की। वह भाषा को अस्थाई एवं अनिर्धारित मानता है; यानी एक ही शब्द में अनेक अर्थ हो सकते हैं; क्योंकि प्रत्येक शब्द और उसके अर्थ भी तो विकासशील हैं। अतः समय के साथ ही वे भी गतिमान हैं; इसीलिए लिखे जाने के पूर्व किसी भी शब्द का कोई पूर्व निर्धारित अर्थ हो ही नहीं सकता; अतः एक ही 'टेक्स्ट' के कई अर्थ हो सकते हैं। उसके मतानुसार इसीलिए कोई भी ज्ञान की शाखा, चाहें दर्शन, इतिहास अथवा विज्ञान ही क्यों न हो, सत्य के अन्वेषण का दावा नहीं कर सकती क्योंकि वह तो भाषा के आलंकारिक अथवा शब्दाडम्बरपूर्ण अर्थ में ही निहित है!

सबसे महत्त्वपूर्ण एवं दिलचस्प बात यह है कि देरिदा ने ज्ञान की पाश्चात्य परम्परा पर बिलकुल प्राम्भ से यथा, यूनानी काल से ही प्रश्नचिह्न अंकित कर दिए। इस कार्य हेतु उसने विखंडवाद का सहारा लिया जिसके माध्यम से उसने वाक्यों और लेखों के विरोधाभासी अर्थों को उजागर किया! साथ ही इस विधि से लेखक और उसके 'टेक्स्ट' या पाठ के मध्य के अन्तर्विरोध; लेखक की मनशा और पाठ के विभिन्न अर्थों के अन्तर; तथा अवचेतन के प्रभाव से रूपकों एवं द्विअर्थी शब्दों को भी रेखांकित करते हुए देरिदा ने अपने निष्कर्ष तार्किक ढंग से स्थापित किए। वह अपने युग के एक परम विद्वान के रूप में जगह बनाने में सफल रहा! उसकी

मान्यता थी चूँकि लेखक और पाठक भी अस्थाई ही होते हैं अत: पाठ का अर्थ निश्चित पाठ के इतर ही होता है। प्रत्येक पाठ के अनेक अर्थ होते हैं और यह क्रम अन्तहीन सा है अत: कोई एक सत्य कहाँ सम्भव हो सकता है? प्रत्येक शब्द ही अपने आप में पृथक अर्थ ही नहीं अपितु अर्थ को स्थगित करता सा प्रतीत होता है; या प्रवाह-क्रम के चलते अर्थ में परिवर्तन का चक्र अवश्यसम्भावी होता है।

हेडेन वाइट (Hayden White, 1928—2018) ने अपनी महत्त्वपूर्ण कृति, 'मेटाहिस्ट्री' (Metahistory, 1973) के माध्यम से संरचनावाद एवं उत्तर संरचनावाद के सन्धि-काल और स्थान में स्थित करके इतिहास के अध्ययन में उत्तर-आधुनिकता का बीजारोपण किया। अत: उसके हस्तक्षेप को समझना आवश्यक है क्योंकि यह इतिहास-दर्शन के क्षेत्र में एक महत्त्वपूर्ण पड़ाव या मोड़ है! उसके मतानुसार तो समस्त ऐतिहासिक कृतियाँ मात्र 'कथ्य' या 'आख्यान' ही होती हैं क्योंकि वे अपने समय की साहित्यिक परम्पराओं के अनुरूप रची जाती हैं। इसीलिए समस्त ऐतिहासिक वर्णन पूर्वनिर्धारित साहित्यिक संरचना पर लिखे जा सकते हैं। वह इतिहास-लेखन के सन्दर्भ में तीन बातें करता है। प्रथम तो कुछ आँकड़े उपलब्ध होते हैं जिनका इतिहासकार उपयोग करता है; फिर वह इनको अर्थ प्रदान करने की नियत से कुछ सैद्धान्तिक अवधारणाओं का प्रयोग करता है; तथा इनकी प्रस्तुति हेतु कथ्य की किसी शैली को प्रयुक्त करता है। चूँकि, यह साहित्यिकशैली-संरचना पहले से ही उपलब्ध है अत: यह 'हिस्ट्री' के स्थान पर 'मेटा-हिस्ट्री' ही होती है। कैसे यह इतिहासकार प्रत्येक कथ्य में प्रारम्भ, मध्य और अन्त का सृजन करते हैं और, फिर उनकी व्याख्या औपचारिक ढंग से; या नियोजन से; या वैचारिक या विचारधारा के आधार पर करते हैं।[155]

वह अपने दर्शन को समझाने हेतु इतिहास के दर्शन से सम्बन्धित चार विद्वानों यथा, हीगेल, मार्क्स, नीत्शे तथा क्रोचे; और सिर्फ़ इतिहास के विवरण तक सीमित चार इतिहासकारों यथा मिशेलेट, रांके, तोक्युविले तथा बर्कहार्ट को अपने अध्ययन के केन्द्र में रखता है। यह सभी उन्नीसवीं सदी में अपना लेखन कर रहे थे। और, इन विश्लेषणात्मक

अध्ययनों से इस निष्कर्ष पर पहुँचता है कि (1) ऐसा कोई तथ्यात्मक इतिहास नहीं होता जिसमें इतिहास-दर्शन समाहित न हो; (2) इतिहास वृत्तान्त तथा इतिहास-दर्शन दोनों ही साहित्यिक विधा के पूर्व प्रचलित संरचना पर ही निर्मित किए जा सकते हैं; (3) कोई भी ऐतिहासिक कृति अधिक तथ्यपरक और वस्तुनिष्ठ होने का दावा नहीं कर सकती; (4) जब इतिहासकार अपने 'तथ्यों' की अभिव्यक्ति की विधि निर्धारित करता है वैसे ही उस अतीत के तथ्यों के अर्थ परिवर्तित हो जाते हैं! इस अध्ययन के माध्यम से वह इस निष्कर्ष पर पहुँचता है कि इतिहास, उसके दर्शन तथा काल्पनिकता का अन्तर मिट सा जाता है। अतीत का अभिप्राय इतिहासकार द्वारा प्रयुक्त प्रविधि पर ही निर्भर होता है।

वाइट न तो अतीत की सत्यता; न ही प्रलेखों की आधिकारिकता; और, न ही अभिलेखीय शोध की गुणवत्ता को नकारता है वह तो बस इतना कहता है कि अतीत कोई वास्तविक अतीत न होकर सिर्फ़ इतिहासकार द्वारा अपने अध्ययन को एक सुनिश्चित संरचनात्मक ढंग से प्रस्तुत करने की पद्धति द्वारा एक निर्धारित या काल्पनिक या व्यक्तिनिष्ठ सत्य मात्र है! अपनी एक अन्य कृति, 'द पॉलिटिक्स ऑफ़ हिस्टोरिकल इंटरप्रटेशन' (The Politics of Historical Interpretation, 1982) में हेडेन वाइट शुद्ध अभिप्राय एवं निष्पक्ष अनुसन्धान को ही नकारता है। उसके अनुसार विवरण का हर अभिप्राय किसी-न-किसी राजनीतिक प्रतिबद्धता के माध्यम से वैधता ग्रहण करने के लिए ही आवश्यक ही नहीं अपरिहार्य है। उसके विचारानुसार अगर प्रत्यक्षवादी तथा मार्क्सवादी इतिहासकार अपने राजनीतिक अवलम्ब के साथ दृष्टिगोचर होते हैं तो तथ्यात्मक इतिहासकार भी राजनीति से अछूते नहीं रह पाते थे। हेडेन वाइट की एक बात सर्वाधिक महत्त्वपूर्ण दिखती है जब वह स्पष्ट करता है कि वह अभिप्राय असत्य है जो अतीत की वास्तविकता से मुँह मोड़ ले; और, यदि कोई इतिहासकार घटनाओं या तथ्यों से जान-बूझकर गलत अभिप्राय निकाले तब वह असत्य के रूप में ही वर्गीकृत होना चाहिए। इस प्रकार वह ऐतिहासिक प्रमाण की प्रामाणिकता स्वीकार करता है वहीं उस अतीत की वस्तुपरक प्रस्तुति को नकारता भी है।[156]

फूको के प्रभाव के फलस्वरूप डेलूज़ (Gilles Deleuze, 1925-1995) तथा गुअत्तरी (Felix Guattari, 1930-1992) मानववादी अवधारणा के विरोधी थे। उनके लेखन में प्रतिरोध के स्वर या आक्रमण पूँजीवाद के विरोध में थे न कि आधुनिकता के विरुद्ध। वे प्रत्यक्षतः सत्ता (पॉवर) के स्थान पर इच्छा या लालसा (डिज़ायर) को सर्वाधिक महत्त्व देते हुए लेखन के केन्द्र में रखते हुए रचते हैं। वे इतिहास को न तो सांख्यिकीय आधारित बनाने के पक्ष में थे और न ही उसे मात्र शृंखलाबद्ध घटनाओं के रूप में प्रस्तुत करने के पक्षधर थे। वे शृंखलाबद्ध इतिहास के साथ ही सह-अस्तित्व अथवा व्युत्पन्न इतिहास को एक ही आधार में रखने के पक्षधर थे। डेल्यूज़ के अनुसार पाठ के समस्त अर्थ को सही ढंग से सिर्फ़ पारस्परिकता और निरन्तरता में ही समझा जा सकता है। वह काल को स्थाई मानने के पक्ष में भी नहीं था। इनकी अवधारणा के अनुसार 'शुद्ध अतीत' हमारी स्मृति में रहता है; वही काल अपने आंगिक या जैविक उत्तराधिकार के क्रम में वर्तमान में उपस्थित रहता है; और, भविष्य में वह अनन्त वापसी सा करता है। अतः वर्तमान के माध्यम से अतीत भविष्य में समाहित हो जाता है।[157]

उत्तर-संरचनावाद का अध्ययन बिना जूलिया क्रिस्तेवा (Julia Kristeva, 1941) के उल्लेख के अधूरा ही रह जाएगा। उसे स्त्री-विमर्श के पथप्रदर्शक सिद्धान्त प्रदान करनेवाली विदुषी के रूप में ही देखा जाता है। उसने स्त्री देह से सम्बद्ध समस्याओं यथा मातृत्व के आधार पर भी मानवीय मनोविज्ञान के अध्ययन के क्षेत्र में महत्त्वपूर्ण योगदान दिया है। अपनी कृति 'वर्ड, डायलॉग एंड नॉवेल' में वह स्थापित करती है कि अर्थ को 'इंटर टेक्स्टूलिटी' से समझा जा सकता है। अर्थात कोई भी पाठ उद्धरणों का एक मोज़ैक है अतः कोई भी पाठ दूसरे का अवशोषण और परिवर्तन मात्र है और उसे इसी तरह समझा जा सकता है। वह अपनी कृति, 'पावर्स ऑफ़ हॉररः ऍन ऐसे ऑन अब्जेक्शन' (Powers of Horror : An Essay on Abjection, 1980) में इसकी विधिवत व्याख्या करती है। उसके मतानुसार संस्कृति तथा भाषा ही व्यक्तित्व के निर्मिति में महत्त्वपूर्ण भूमिका निभाते हैं। इस प्रकार वह विवरणों में व्यक्तिनिष्ठता का एक

नवीन सिद्धान्त प्रस्तुत करती है। अपने विचारों तथा उनके विकासक्रम में वह फ्रॉयड, हीगेल एवं मार्क्स के दर्शन के विशेष अंशों से प्रभावित दिखती है। वह भाषा के पुरुषवादी स्वरूप को रेखांकित करते हुए, भाषागत अनुशासन तथा व्याकरण की शुद्धता को उत्पीड़क मानती है। उसके अनुसार यही भाषा की संरचना सत्ता समीकरण को दर्शाती है। उसके विचारानुसार स्त्री को भी किसी एकीकृत रूप में नहीं दर्शाया जाना चाहिए—न तो 'वैश्विक पुरुष' और न ही 'वैश्विक स्त्री' की अवधारणा सही है। अपितु उनकी अनेकरूपता ही इतिहास की रेखीय तथा वैश्विक प्रगति का सफलतापूर्वक खंडन या विखंडन करके इसके अध्ययन को सही दिशा में मोड़ने में सहायक होगी।[158]

यूरोप में आधुनिकता की शुरुआत आधुनिक काल के प्रादुर्भाव से ही मानी जाती है अतः यूरोपीय पुनर्जागरण से वहाँ आधुनिक युग प्रारम्भ हुआ। पुनर्जागरण तथा प्रबोधन-काल में वैज्ञानिक प्रगति के साथ ज्ञान और दर्शन के पुराने स्वरूप का स्थान आधुनिक दृष्टिकोण ने ले लिया। अन्धविश्वास और धार्मिक जड़ता ने तार्किकता, वैज्ञानिक दृष्टिकोण, मानववाद, वैश्विकता, व्यक्तिवाद, प्रगतिवाद को जन्म दिया। इसी के फलस्वरूप ज्ञान तथा भौगोलिक विस्तार असीम होने लगा। वैज्ञानिकता से उपजे तकनीकी एवं प्रौद्योगिकी विकास ने कृषक विकास; फिर व्यावसायिक क्रान्ति; और, अन्ततः औद्योगिक क्रान्ति को जन्म दिया जिसने उपनिवेशवाद के माध्यम से इस नवीन ज्ञान-विज्ञान के वैश्विक प्रसार को बल प्रदान किया और अमरीका, एशिया और अफ्रीका, यूरोप के उपनिवेश ही नहीं हुए अपितु यूरो-केन्द्रित ज्ञान से प्रभावित भी! राजनीतिक और समाजार्थिक प्रभुत्व स्थापित करने के साथ यूरोप ने उपनिवेशों पर बौद्धिक प्रभुत्व भी स्थापित किया था। अतः आधुनिकता को इसी पृष्ठभूमि में देखने समझने की आवश्यकता है। जैसे-जैसे द्वितीय विश्वयुद्ध के उपरान्त इस औपनिवेशिकता की जंजीरें टूटीं वैसे-वैसे आधुनिकता से विमुख होते हुए विद्वानों, रचनाकारों और दार्शनिकों ने उत्तर-आधुनिकता को जन्म दिया।

इस आधुनिकता ने एक आशा का संचार किया जिसके फलस्वरूप यह मान्यता दृढ हुई कि आर्थिक विकास के चलते मानव दुःख और

गरीबी समाप्तप्राय होगी; तकनीकी और प्रौद्योगिकी के कारण समृद्धि आएगी; पुरातन और परम्परागत कृषि चक्र के अन्त से सम्पन्नता का दौर प्रारम्भ होगा; अतः इस आशा के साथ, प्रकृति के स्वामी के रूप में मानव का उद्घोष हुआ! मार्शल बर्मेन (Marshall Berman) तथा हेबर्मेस (Habermas) ने इसे 'नवीन युग' कहा जिसमें परिवर्तन ही नया नैरन्तर्य होगा! जहाँ बर्मेन ने इसे सिर्फ़ नवीन काल ही कहा, हेबर्मेस ने तो भविष्य के प्रारम्भ की घोषणा ही कर दी। अतः उसके मतानुसार आधुनिक काल की 'सेक्युलर' अवधारणा ही 'आधुनिकता' का परिचायक है! मैक्स वेबर भी आधुनिकता को संस्कृति के धर्म से सम्बन्ध-विच्छेद; चिन्तन की तार्किकता; तथा, सांगठनिक अफसरशाहीकरण के साम्मिलित रूप के परिणामस्वरूप ही चिह्नित करता है। उपर्युक्त उल्लिखित तीनों विद्वान तर्क को ही आधुनिकता के केन्द्र में रखते हैं। और इसका दृष्टान्त हमें उन्नीसवीं शताब्दी के प्रारम्भ में कांट, शेलिंग, हीगेल आदि उनके समकालीन विद्वानों के दर्शन में स्पष्टतः दृष्टिगोचर होता है। इस दौर में धर्मच्युत तार्किकता के आधार पर इतिहास या मानव विकासक्रम के अध्ययन पर जोर दिया जाने लगा। वे वैज्ञानिकता, तार्किकता और तकनीकी के द्वारा इतिहास को वस्तुनिष्ठ स्वरूप प्रदान करने के इच्छुक थे।[159]

उत्तर-आधुनिकता अथवा उत्तर-आधुनिकवाद जैसा सम्बोधन वस्तुतः 1870 में चैपमैन (John Watkins Chapman) द्वारा पहली बार प्रयुक्त हुआ था। 1934 में फ्रेडरिको दी ओनिस (Frederico de Onis) ने बीसवीं सदी के दौर में कला के क्षेत्र में आधुनिकता के प्रवाह की प्रतिक्रिया को परिभाषित करने के लिए इस शब्द उत्तर-आधुनिकता का प्रयोग किया था। आर्नल्ड टॉयनबी (Arnold Toynbee) ने इस शब्द का उपयोग 1939 तथा 1954 में क्रमशः 1914 तथा 1875 के पश्चात के काल के लिए किया था। इसके माध्यम से वह उन्नीसवीं एवं बीसवीं शताब्दियों में समाजार्थिक विकास को अनुरेखित करता है। साहित्यालोचना के क्षेत्र में तो यह शब्द 1950 से निरन्तर प्रचलन में दिखाई देता है। 1960 के दशक में इसके प्रयोग हेतु लियोनार्ड मेयर (Leonard Meyer), इहाब हसन (Ihab Hassan), सुसान सोंटेग (Susan Sontag) का उल्लेख किया जा सकता है।

जैसे ही इसका प्रचलन बढ़ा था कि इसकी समीक्षा के क्रम में रोबर्ट वेंच्यूरी (Robert Venturi) और उसके सहकर्मियों ने आधुनिकता की संरचना पर उसी प्रकार से प्रहार किया जैसा कि उत्तर-संरचनावादियों ने संरचनावाद पर किया था। 'लर्निंग फ्रॉम ला वेगास' (Learnimg from Las Vegas, 1972) इस बात का प्रमाण है। इसीलिए हमें इन दोनों—उत्तर-संरचनावाद तथा उत्तर-आधुनिकता में काफी साम्य सा प्रतीत होता है। इस क्रम को बढ़ाते हुए चार्ल्स जेंक्स (Charles Jencks) ने 'द लैंगुएज ऑफ़ पोस्ट-मॉडर्न आर्किटेक्चर' (The Language of Post-Modern Architecture, 1977) के माध्यम से एक सुपरिभाषित स्वरूप प्रदान किया। शनैः-शनैः उत्तर-संरचनावाद से भी अपनी विशेषताएँ ग्रहण करते हुए यह चिन्तन के अत्याधुनिक स्वरूप के एक समृद्ध प्रवाह क्रम के रूप में प्रतिष्ठित हुआ। भले ही इसे कुछ समीक्षक यूरोप तथा अमरीका के उदाहरण के उल्लेख के साथ 'उपभोक्तावादी संस्कृति' तथा अर्थ जगत के तृतीय क्षेत्र यथा, सेवा-क्षेत्र के आर्थिक पृष्ठभूमि में समझने का आग्रह करते हैं किन्तु फ्रेडरिक जेम्सन (Fredric Jameson) तथा डेविड हार्वे (David Harvey) जैसे आलोचक इसे 'विलम्बित पूँजीवाद' (Late Capitalism) का ही प्रभाव मानते हैं। वे मानते हैं कि जिस प्रकार से बहुराष्ट्रीय पूँजीवाद ने समस्त विश्व को प्रभावित किया है, उसी के परिणामस्वरूप उत्तर-आधुनिकता का उदय सम्भव हुआ है। डेविड हार्वे तो इस परिवर्तन या प्रवाह-क्रम को ही सतही मानता है। उसके मतानुसार न तो यह उत्तर-पूँजीवाद और न ही उत्तर-औद्योगिक समाज का परिचायक है।[160]

इहाब हसन तो इसके अन्तर्निहित अन्तर्विरोध को अनुरेखित करते हुए इसे विरोधाभासों के चिन्तन के रूप में ही देखने का आग्रह करता है। वस्तुतः उत्तर-आधुनिकता इतिहास के किसी एक सुनिश्चित प्रारूप को ही नकारता है; वह प्रयोजनवादी या सोद्देश्य रचना को भी नहीं स्वीकारता; मानव या यूरो-केन्द्रित इतिहास-लेखन के भी पक्ष में नहीं है; अतीत उनके अनुसार इतिहासकार द्वारा रचा गया सत्य ही है; अतः समस्त ऐतिहासिक रचनाएँ मात्र साहित्यिक विवरण मात्र हैं; यह सूक्ष्म-इतिहासों का पक्षधर है। सम्भवतः 'नैनो-प्रौद्योगिकी' के फलस्वरूप उत्तर-आधुनिकता का यह

विचार सशक्त हुआ होगा? तब जाकर जीन फ्रंकोयिस ल्योतार्द (Jean Francis-Lyotard, 1924-1998) ने अपनी कृति 'द पोस्टमॉडर्न कंडीशन : ए रिपोर्ट ऑन नॉलेज' (The Postmodern Condition : A Report on Knowledge, 1979) में विज्ञान, साहित्य और कलाओं में हुए मौलिक तथा क्रान्तिकारी परिवर्तनों को उत्तर-आधुनिकता के लिए कारक माना है। उसके मतानुसार 'यह मेटा-वृत्तान्त' वस्तुतः पाश्चात्य सभ्यता की वैधता के लिए अपनाए गए थे अतः अब इनकी आवश्यकता समाप्तप्राय है। अतः ल्योतार्द इतिहास के समस्त विश्लेषणों को नकारते हुए, किसी भी एक अभिप्राय को स्वीकार नहीं करता; भाषागत अन्तरों के सन्दर्भ में वह स्पष्ट करता है कि अतीत का कोई एक अर्थ अन्तिम हो ही नहीं सकता; वह तो प्रत्येक इतिहासकार के मस्तिष्क; उसकी तत्कालीन मानसिक स्थिति; वैचारिक दृष्टिकोण एवं उसके द्वारा प्रयुक्त प्रविधि पर निर्भर करता है! अन्ततः वह किसी के सत्य की स्थिति को नकारता ही है।[161]

जीन बौद्रिलार्ड (Jean Baudrillard, 1929-2007) उत्तर-आधुनिकता का एक महत्त्वपूर्ण स्तम्भ था। उसने 'द सिस्टम ऑफ़ ऑब्जेक्ट्स' (The System of Objects, 1968) तथा 'द कंज़्यूमर सोसाइटी' (The Consumer Society, 1970) में उपभोक्तावादी समाज की भर्त्सना करते हुए तार्किक ढंग से स्थापित किया है कि उपभोग ही सामाजिक वर्गीकरण का आधार बन गया है! इस पूरी प्रक्रिया में हम पाते हैं कि उत्पाद अपने प्रतीक मूल्य पर ही क्रय हो रहे हैं न कि अपने वास्तविक मूल्य पर। जो समृद्ध हैं वे भी अपने प्रिय उत्पादों से घिरे हैं न कि मित्रों और कृपा-पात्रों से! और, यही उसके सामाजिक स्तर का द्योतक भी हो गया है! उत्तर-आधुनिकता के काल में विज्ञापन हमारी वास्तविक आवश्यकताओं की पूर्ति न करके मात्र हमारी मनोवैज्ञानिक आवश्यकताओं की ही पूर्ति करते हैं![162]

1972 में प्रकाशित अपनी कृति 'फॉर ए क्रिटीक ऑफ़ द पोलिटिकल इकॉनमी ऑफ़ द साइन' (For A Critique of the Ploitical Economy of the Sign) में वह मार्क्स द्वारा अनुरेखित 'मूल्य' एवं 'विनमय मूल्य' के अन्तर अथवा भेद को नकारता है। उसके अनुसार अब सिर्फ़ प्रतीक या संकेत मूल्य का ही महत्त्व रह गया है। अतः अब अर्थतन्त्र तथा संस्कृति

का भेद भी मिट गया है। इस जटिलता में 'मूल्य', 'विनमय मूल्य' तथा 'संकेत मूल्य' तीनों एक ही स्तर या बिन्दु पर खड़े हुए हैं! इसी आधार पर उसने अपनी कृति, 'द मिरर ऑफ़ प्रोडक्शन' (The Mirror of Production, 1973) में मार्क्सवादी 'राजनीतिक अर्थव्यवस्था' या 'सम्पत्तिशास्त्र' की एक समावेशी समालोचना प्रस्तुत की। उसके मतानुसार टेलिविज़न जैसे जन-संचार के संसाधन ही इस उत्तर-आधुनिक संस्कृति की निर्मिति में महत्त्वपूर्ण योगदान देते हैं। इसीलिए वास्तविक छवि की क्षति और आभासी छवि की स्थापना होती है। अत: सूचना से अर्थ के सम्प्रेषण के स्थान पर अनर्थ ही सम्प्रेषित हो रहा है। जो कुछ भी दिखाया जा रहा है वह वास्तविक न होकर 'अतिवास्तविक' (Hyperreal) है।

बौद्रिलार्द ने बहुत स्पष्ट व्याख्या प्रस्तुत करते हुए बताया था कि 'पुनर्जागरण काल से औद्योगिक क्रान्ति के प्रारम्भ तक वस्तुओं के 'प्राकृतिक मूल्य' का ही महत्त्व था; औद्योगिक क्रान्ति से उत्पन्न समाज में यह मूल्य 'व्यावसायिक' था; वर्तमान युग में 'संकेत के विभेदक मूल्य' ही प्रभावशाली हैं। अगर इसे इतिहास अध्ययन या लेखन के सन्दर्भ में देखें तो यह प्रारम्भिक काल में दस्तावेज़ों पर निर्भर थे; तत्पश्चात अगले चरण में यह अवधारणाओं, तर्कों तथा व्याख्या पर निर्भर रहा; और अब यह चित्रण से पृथक विशुद्ध छवि प्रस्तुत करने के आग्रह से प्रभावित है। इस क्रम में वह इतिहास के प्रतिनिधित्व स्वरूप को खारिज करता है। यह अवधारणा उसकी कृति, 'इल्यूसन ऑफ़ द एंड' (Illusion of the End, 1994) में स्पष्ट होती है। उसके मतानुसार, इतिहास में अतीत को समझने की प्रविधि में अब 'तर्क' तथा 'वास्तविकता' के मध्य के बढ़ते हुए अन्तर के कारण हमारे ऐतिहासिक अन्तर्दृष्टि और बोध प्रतिकूल रूप से प्रभावित होते हैं। इस क्रम के परिणामस्वरूप 'ऐतिहासिक कारण' (historical reason) क्षीण होकर समाप्तप्राय है। इस नज़रिये से वह इतिहास के वास्तविक अन्त को परिभाषित करता है।[163]

एलिज़ाबेथ डीड्स एर्मार्थ (Elizabeth Deeds Ermarth, b.1939) ने जहाँ 'रियलिज़्म एंड कन्सेन्सस' (Realism and Consensus, 1983)[164] में आधुनिकता से हमें रू-ब-रू करवाया; वहीं 'सीक्वल टू हिस्ट्री' (Sequel to History, 1991) में हमें उत्तर-आधुनिकता से अवगत करवाया। इन दोनों कृतियों के अध्ययन से यह स्पष्ट होता है कि वे आधुनिकता तथा उत्तर-आधुनिकता को एक प्रंवाह-क्रम की भाँति विश्लेषित नहीं करती हैं अपितु इन दोनों की विशेषताओं को दो पृथक सांस्कृतिक मूल्यों के रूप में भी व्याख्यायित करते हुए इन्हें दो सांस्कृतिक आदर्शों के रूप में स्थापित करती हैं। इसी सन्दर्भ में वे समय को ऐतिहासिक काल मानते हुए वर्तमान की स्थिति से उसे सबद्ध करते हुए उसके तुलनात्मक स्वरूप को अनुरेखित करती हैं। और यही द्वन्द्ववाद को नकारकर समय की लयबद्ध वृद्धि या उसके लयबद्ध प्रवाह की स्थापना ही अन्ततः समय की उत्तर-आधुनिक अवधारणा है।

इसी प्रकार अपनी कृति, 'हिस्ट्री इन द डिस्कर्सिव कंडीशन: रीकंसिडरिंग द टूल्स ऑफ़ थॉट' (History in the Discursive Condition: Reconsidering the Tools of Thought, 2011) तथा अन्य लेखों में स्पष्ट करती हैं कि उत्तर-आधुनिक काल का मानव ऐतिहासिक चरितनायक के स्थान पर एक सांस्कृतिक या व्याख्यात्मक रूपवाली निर्मिति हो जाता है। अतः मानव और भाषा का सम्बन्ध भी परिवर्तित हो जाता है। वह भाषा के निर्माण का कारक न होकर उसका उत्पाद अथवा उसकी परिणति हो जाता है। इसी मानव के बदले हुएं स्वरूप अथवा भूमिका के चलते उसक़ा प्रतिनिधित्व स्वरूप के साथ ही वस्तुपरकता, वैश्विकता, अनन्त काल की अवधारणा तथा तटस्थता सब व्याख्याओं पर निर्भर हो जाती हैं अतः इतिहास कोई ठोस स्थाई तथ्य न होकर एक व्याख्या ही रह जाता है एकमात्र व्याख्या नहीं![165]

'द ग्लासवर्केर्स ऑफ़ कार्मौक्स (The Glassworkers of Carmaux, 1974); 'विमन, वर्क एंड फैमिली' (Women, Work and Family, 1978); 'जेंडर एंड द पॉलिटिक्स ऑफ़ हिस्ट्री' (Gender and the Politics of History, 1988); 'द पॉलिटिक्स ऑफ़ द व्येल' (The Politics of the Veil, 2010); 'सेक्स एंड सेक्युलरिज़्म' (Sex and Secularism, 2017) जैसी कृतियों की रचनाकार ने महिला अध्ययन को उत्तर-आधुनिकता का एक प्रमुख विमर्श बना दिया। इन कृतियों के माध्यम

से जोआन वालेश स्कॉट (Joan Wallach Scott, born 1941) ने लैंगिकता को ऐतिहासिक एवं सांस्कृतिक विश्लेषण हेतु एक अवधारणात्मक उपकरण के रूप में उपयोग किया। इसी प्रकार, 'द फेंटेसी ऑफ़ द फेमिनिस्ट' (The Fantasy of the Feminist, 2011) में आगे बढ़कर लैंगिक अध्ययन हेतु 'फन्तासी' जैसी मनोवैज्ञानिक अवधारणा पर बल देना प्रारम्भ कर दिया।

वस्तुत: इन अध्ययनों के माध्यम से न केवल इतिहास में महिलाओं के योगदान की चर्चा शुरू हुई अपितु, इनके अध्ययन के चलते इतिहास-लेखन के स्वरूप में भी परिवर्तन अपरिहार्य हो गया! इन अध्ययनों ने 1980 तथा 1990 के दशकों में न केवल लैंगिक अन्तर को अनुरेखित किया अपितु इन विश्लेषणों ने उन अन्तरों को एक प्रकार से उत्पन्न भी किया। स्कॉट ने स्पष्ट किया कि भाषा तथा विमर्श से ही विषय के केन्द्र यथा व्यक्ति की निर्मिति होती है। अत: अनुभव और भाषा ही विषयगत निर्मिति करते हैं। इतिहास-लेखन में भाषा ही लैंगिक प्रभुत्व और शक्ति की स्थापना करती है। इतिहास की भाषा इस प्रकार तत्कालीन राजनीति की भाषा भी मानी जा सकती है जो बाह्यान्तर के भेद को जन्म देती है। कौन सत्ता की परिधि के अन्दर और कौन बाहर है, यह इतिहास-लेखन की भाषा निर्धारित करती है और यही राजनीतिक प्रभुत्व को स्थापित करती हुई स्त्रियों को वंचित करती रही है?

इसके बाद स्कॉट स्त्री अध्ययन के क्षेत्र में 'उसकी कहानी' (Her Story) तथा सामाजिक इतिहास (Social History) के अन्तर की आलोचना करते हुए अपनी बात को आगे बढ़ाती हैं। पितृसत्तात्मक लेखन के समानान्तर जब स्त्री-विमर्श महिला को एक इकाई मानकर इतिहास-लेखन का आग्रह करती है तब वह स्त्रियों में वर्ग, नस्ल, जातीयता, धर्म के भेदों के साथ ही समाजार्थिक स्तर तथा राजनीतिक अन्तरों को नज़रन्दाज़ करती है तब भी सही परिणाम नहीं प्राप्त हो सकते। सामाजिक इतिहास के अध्ययन भी स्त्रियों को एक वर्ग में सम्मिलित करके स्त्री अध्ययन को सरलीकृत कर देती है जो उसकी जटिलताओं को समझने में अवरोध उत्पन्न करती है। स्कॉट की मान्यता है कि लैंगिक असमानताएँ इतिहास-

लेखन, बौद्धिक विमर्श तथा राजनीतिक व्यवहार के कारण प्रचलन में आई हैं। वह इतिहास-लेखन को लैंगिक अध्ययन के दृष्टिकोण से समझने को बल देती है ताकि सामाजिक एवं राजनीतिक स्तरों पर सत्ता और प्रभुत्व के व्यवहार का सही और पूर्ण विश्लेषण सम्भव हो सके।

कीथ जेन्किन्स (Keith Jenkins, born 1943) वास्तविक उत्तर-आधुनिकता का प्रतिनिधि प्रतीत होता है क्योंकि वह इतिहास की अवधारणा में ही मौलिक परिवर्तन की बात करते-करते उसे नकारने तक चला जाता है। प्रारम्भ में तो वह इतिहास-लेखन के परम्परागत एवं प्रचलित ढंग का आलोचक था; उसकी मान्यता थी कि इतिहास भाषा और साहित्यिक अभिव्यक्ति के माध्यम से प्रस्तुत एक विवरण मात्र ही है। वह मानता है कि अतीत की वास्तविकता है किन्तु उसका प्रतिनिधित्व भाषा तथा विचारधारा से सम्बद्ध है। चूँकि, सत्य की उपस्थिति मानव मस्तिष्क में होती है और वह भाषा के माध्यम से अभिव्यक्त होती है। अतः इस बोध के बाह्यान्तर में भेद होता ही है। किन्तु आगे चलकर वह इतिहास की अवधारणा अथवा विचार को ही नकारता प्रतीत होता है। वह इतिहास को ज्ञान के रूप में मान्यता देने को तत्पर नहीं दिखता है क्योंकि उसके मतानुसार इतिहास वर्तमान से विमुख होकर नैतिक कार्य-व्यवहार को प्रेरित नहीं करता है। उसके अनुसार बेहतर हो यदि मनुष्य इतिहास से राजनीति की ओर घूमे तथा नीतिगत आचार से नैतिकता की ओर।

अपनी कृतियों 'रिथिंकिंग हिस्ट्री' (Rethinking History, 1991), 'ऑन व्हाट इज़ हिस्ट्री' (On What is History, 1995) तथा 'इंट्रोडक्शन टू द पोस्टमॉडर्न हिस्ट्री रीडर' (Introduction to The Postmodern History Reader, 1997) में वह इस बात को अनुरेखित करता है कि हमारे लिए उत्तराधुनिकता कोई विचारधारा न होकर एक अपरिहार्य स्थिति है और हमें इसी में रहना है। वह इतिहास को यूरो-अमेरिकी दृष्टि से व्याख्यायित अतीत ही मानता है। उसके मतानुसार अतीत एवं इतिहास दोनों पृथक हैं और इतिहासकार इस अतीत में अभिप्राय या अर्थ सम्बद्ध करता है। जब इतिहासकार उसमें अर्थ संलग्न करता है तब इतिहास भी एक अराजक अतीत के स्वरूप में उभरता है। इतिहासकार द्वारा लिखित

यह इतिहास तटस्थ न होकर सत्ता समीकरण द्वारा प्रभावित या निर्धारित हो जाता है क्योंकि इतिहासकार की अपनी विचारधारा या वैचारिक प्रतिबद्धता तो होती ही है। इतिहासकार अपने दृष्टिकोण से तथ्यों को अर्थ देता है जबकि उन तथ्यों के अन्य अर्थ भी हो सकते हैं! अपनी बाद की कृतियों यथा, 'व्हाई हिस्ट्री' (Why History? 1999) तथा 'रिफिगरिंग हिस्ट्री' (Refiguring History, 2003) में तो वह इतिहास के अध्ययन की अनावश्यकता पर ही जोर देता नज़र आता है और 'इतिहास के अन्त' या एक स्वतन्त्र विषय के रूप में उसके देहावसान का उद्घोष ही करता प्रतीत होता है?[166]

फ्रेंक अंकेर्स्मिट (Frank Ankersmit, born 1945) को इतिहास के उत्तर-आधुनिक लेखन के पथप्रदर्शक के रूप में मान्यता प्राप्त है, जिसने अन्ततः उत्तर-आधुनिकता से नाता ही तोड़ लिया था। उसकी मान्यता के अनुसार जबकि प्रारम्भिक इतिहास वैज्ञानिकता से प्रभावित माना जाता था वहीं इसके दूसरे ध्रुव पर इतिहास-लेखन को साहित्यिक अभिव्यक्ति के रूप में नहीं देखना चाहिए। वह इतिहास की व्यर्थता को स्वीकार न करते हुए उसे एक पृथक नज़रिये से देखता था। उसके इस कथन से बात स्वतः स्पष्ट हो जाएगी: 'द्वितीय विश्व युद्ध के पश्चात यूरोपीय शक्तियों के पतनशील होते ही पाश्चात्य इतिहास-लेखन का शरद काल प्रारम्भ हो गया है। यूरोप का इतिहास अब विश्व इतिहास नहीं रह गया है।' इतिहासकार को अब अतीत की प्रस्तुति या पुनर्निर्मिति से अधिक उसके अभिप्राय पर बल देना चाहिए।[167]

उसके अनुसार उत्तर-आधुनिकता विज्ञान तथा आधुनिकता के नीचे की कालीन हटाने को उद्यत प्रतीत होती है। उसे देखना चाहिए कि क्या नहीं लिखा गया और क्यों? कहाँ जुबान फिसल गई या शब्दों के बीच के अर्थ को समझना चाहिए। इसीलिए वह उत्तर-आधुनिकता की शुरुआत को मेंटालाईट्स वाले विश्लेषण यथा गिंज़बर्ग, ज़ेमन डेविस, ले रॉय लादूरी तथा ड्यूबाई के अध्ययनों से मानता है। उसके विचारानुसार इतिहास के दो स्तर होते हैं। प्रथम, जब अतीत को प्रलेखों के माध्यम से प्रस्तुत किया जाता है एक तथ्यात्मक वक्तव्य के रूप में; तथा द्वितीय स्तर पर

इतिहासकार उक्त घटना/घटनाओं को एक वृत्तान्त की संरचना में बुनता है। जैसे ही वह अभिव्यक्ति को भाषा के माध्यम से एक निश्चित रूप देता है, इतिहासकार एक उच्च दार्शनिक स्तर पर चला जाता है। तथ्यों की तो पुष्टि सम्भव है किन्तु अभिव्यक्त मत की पुष्टि असम्भव है! अत: वह रांके की तकनीक को उचित और श्रेष्ठ मानता है जैसा उसकी कृति 'हिस्ट्री एंड ट्रोपोलोजी: द राइज एंड फॉल ऑफ़ मेटाफ़र' (History and Tropology: The Rise and Fall of Metaphor, 1994) से स्पष्ट हो जाता है।[168]

उसके मतानुसार अतीत का विषाद और उसकी स्मृति ही हमें अतीत के प्रामाणिक अनुभव से अवगत कराती है। इसीलिए वह 'सबलाइम हिस्टोरिकल एक्सपीरियन्स'[169] (Sublime Historical Experience, 2005) में अतीत और वर्तमान की चर्चा में वह वर्तमान और अतीत के पृथकीकरण को अतीत की उत्पत्ति बिन्दु मानता है। उसके अनुसार जिस विधि से इतिहासकार इस अन्तर को पार करते हुए इतिहास-लेखन करता है वही 'सबलाइम एक्सपीरियन्स' है! यह अनुभव ऐतिहासिक ज्ञान से पूर्व होता है तभी इतिहासकार लेखन की ओर प्रवृत्त होता है। उसके अनुसार अनुभव और भाषा दोनों विरोधाभाषी हैं। अत: वह इतिहासकारों का आह्वान करता है कि वे भाषा की जटिलता से ऊपर उठकर अपने अनुभव को लेखन का आधार बनाएँ क्योंकि भाषा में संरचनाएँ और उनके स्वरूप पूर्व-निर्धारित होते हैं। अनुभव मात्र भौतिक और एन्द्रिय न होकर मानसिक तथा बौद्धिक भी होता है अत: इतिहास या अतीत की समझ के लिए यह अन्य कारकों से अधिक महत्त्वपूर्ण हो जाता है।[170]

उपसंहार

इतिहास-लेखन एवं अध्ययन के हमने अनेक संक्रमण-काल देखे। सन्त ऑगस्टीन के 'सिटी ऑफ़ गॉड' से लेकर पुनर्जागरण तथा प्रबोधन-काल; फ्रान्सीसी क्रान्ति और राष्ट्रवाद का काल; और फिर 19वीं सदी का काल। उन्नीसवीं शताब्दी में औद्योगिक क्रान्ति के परिणामस्वरूप आर्थिक समृद्धि में अभूतपूर्व अभिवृद्धि हई। इसी के फलस्वरूप इस कालखंड में 'उदारवाद' (Liberalism) का दौर था। इस प्रकार विकास की नैरन्तर्य चलनेवाली प्रक्रिया के चलते सातत्य की अवधारणा ने ही 'उदार अर्थव्यवस्था' (Liberal Economy) के नाम पर 'पूँजीवाद' (Capitalism) को स्थापित किया – जिसमें उनके मतानुसार अविरल विकास सम्भव था। इसी का परिणाम था कि मार्क्सवादी समाजवाद (Marxist Socialism) की विचारधारा में भी यही 'अनन्त विकास' (Endless Evolution) की अवधारणा आधारभूत थी। इस विचार ने मानव-विकास के अध्ययन या 'इतिहास के उद्देश्य को जीवन-स्तर' (Purpose of history got correlated to the standard of living) से सम्बद्ध कर दिया। विज्ञान और तकनीकी सुधारों के फलस्वरूप इसके सकारात्मक प्रभावस्वरूप समकालीन में समाज अब विकास के मूल्यांकन की इकाई मानव के नैतिक एवं सामाजिक उत्थान; उसकी समाजार्थिक स्थिति में सुधार हो गई थी।

इस विकासक्रम और उसके अध्ययन की संरचनात्मक जटिलता ने अन्ततः उसी सदी के अन्त आते-आते तक उस पर भी प्रश्न चिह्न अंकित करना शुरू कर दिया। उसी के बाद जो घटनाचक्र चला जिसमें विश्व-युद्ध; नात्सीवाद-फासीवाद का उदय; स्टेलिन काल का परिशोधन; उपनिवेशों की स्वतन्त्रता; सैन्य-तकनीकी से उपजा आणविक शक्ति का

घातक संकट; आदि-आदि ने अन्ततः मानव के सन्देहों और प्रश्न-चिह्नों को गहरा ही किया। और बीसवीं सदी आते-आते 'ऐतिहासिकवाद' भी नई अवधारणा की ओर झुका। क्योंकि तकनीकी विकास और ज्ञान के विस्तार ने इतनी अधिक सूचनाएँ एकत्रित कर ली थीं कि मानव-मस्तिष्क को नए-नए विषयों और इन विषयों की भी अनेक शाखाओं के अध्ययन पर जाने की ज़रूरत हुई। ऐसे बदलते परिवेश में प्रत्यक्षवादी विचार जो सामान्यीकरण और सिद्धान्तों के अकाट्य स्वरूप के आधार पर विकसित हुआ था वही सन्देह के घेरे में आ गया था?

ज्ञानक्षेत्र की सबसे बड़ी समस्या 'वस्तुपरकता' की शुद्धता को बनाए रखना की थी। ऐसा प्रतीत होने लगा कि 'ऐतिहासिक चेतना' का विकास ही अवरुद्ध हो जाएगा? हीगेल ने अपनी कृति, 'फिलोसोफ़ी ऑफ़ हिस्ट्री' में 'इंट्रोडक्शन' में लिखा भी है, "इतिहास-दर्शन, इतिहास के विवेकपूर्ण अध्ययन के अतिरिक्त कुछ नहीं है।" (Philosophy of History means nothing but the thoughtful consideration of it)[171] ऐसी अवधारणा में स्पष्टतः 'विवेकपूर्ण अध्ययन' समावेशी अध्ययन को अपरिहार्य मानता था और इतने स्रोतों से एकत्रित सूचनाओं और अध्ययन-प्रविधियों में दक्षता असम्भव थी अतः इसने इतिहासकारों के समक्ष संकट की स्थिति उत्पन्न की, जिसके परिणामस्वरूप 'एंड ऑफ़ हिस्ट्री' जैसे विचार पनपने लगे। ऐसे माहौल में टॉयनबी, स्पेंग्लेर तथा सोरोकिन जैसे विद्वानों का उद्भव सम्भव हुआ जो विज्ञान के सिद्धान्तों और समाज की वास्तविकताओं के समन्वय से नई अध्ययन-विधियों को परिभाषित करने लगे।

जिस तरह से राष्ट्रवाद, फ़ासीवाद, नस्लवाद, उपनिवेशवाद आदि विचारधाराओं ने उन्नीसवीं सदी में जड़ें जमाई थीं, उनको देखने से ऐसा ही प्रतीत होने लगा कि कोई 'वाद' ही इतिहास-दर्शन और इतिहास-लेखन को नई दिशा प्रदान करेगा। विश्व-युद्धोत्तर-काल में पूँजीवाद बनाम समाजवाद; उपनिवेशवाद बनाम राष्ट्रवाद के बाद जब सोवियत संघ का विखंडन हुआ और चीन में साम्यवाद ने 'राष्ट्रीय पूँजीवाद' का स्वरूप धारण कर लिया तब शीतयुद्धोत्तर काल में एक वैचारिक संकट की उत्पत्ति हुई। इस नए ऐतिहासिक संक्रमण-काल ने उत्तर-संरचनावाद,

उत्तर-आधुनिकवाद आदि को जन्म दिया! अतः इतिहास की परिभाषा हर मोड़ पर परिवर्तित होती रही और इसी कारण से उसके स्वरूप, लेखन और दर्शन में भी तदनुरूप परिवर्तन होते रहे। वस्तुतः यही 'सतत परिवर्तन' मानव-सभ्यता के विकास के साथ ही गतिशील विश्व में उसे स्थित करते हुए विश्लेषित करने की प्रक्रिया इतिहास को जटिलता प्रदान करती ही रहती है। अतः किसी भी चरण में मानव-सभ्यता के विकास के साथ परिवर्तित होते पाश्चात्य इतिहास-दर्शन और लेखन की समस्या अपनी जगह है ही।

अतः विश्व-युद्धों के पश्चात और उससे भी अधिक सूचना-क्रान्ति के पश्चात के विश्व में 'विज्ञानवाद' पर भी विद्वानों ने प्रश्न चिह्न अंकित किए? वे जो स्पेंग्लेर, टॉयनबी, सोरोकिन आदि की भाँति मानव-प्रक्रियाओं एवं/अथवा सामाजिक जीवन में उसी प्रकार के सिद्धान्तों की खोज कर रहे थे जो विज्ञान के क्षेत्र में तार्किक एवं सत्य थे। कुछ विद्वान इस विज्ञानवाद को ही इतिहास के विरोधाभासी मान रहे थे? जैसा कि सत्य ही है, मानवीय संवेदनाओं, सामाजिक प्रक्रियाओं या मानव के साथ मानव के सम्बन्धों को पूरी तरह से न तो समझा जा सकता है न ही उसके वैज्ञानिक सिद्धान्तों जैसे पूर्व-निर्धारित सिद्धान्त बन सकते हैं? कोई दो लोग एक से सम्बन्धों के बावजूद, एक सी स्थिति में अलग-अलग समय में अलग किस्म का व्यवहार करते पाए जाते हैं अतः सामाजिक-विनियम के क्षेत्र में वैज्ञानिकता या तार्किकता का अभाव तो निश्चित ही होता है भले वह सीमित क्यों न हो?

वैसे पाश्चात्य इतिहास-दर्शन और इतिहास-लेखन के सन्दर्भ और पृष्ठभूमि के अध्ययन-विश्लेषण को सरलीकृत करने की कोशिश ही मात्र वर्तमान लेखक कर रहा है क्योंकि दर्शन के दुरूहता और गूढ़ता को कितना भी सरल शब्दों में अभिव्यक्त करें कुछ न कुछ जटिलता शेष रह ही जाती है आइए अब उसके उपसंहार की ओर चलते हुए कुछ और बातें और बदलते परिवेश में इतिहास और उसके दर्शन के बदलते मानदंडों को समझने का प्रयास करते चलें। जहाँ यूनानी इतिहासकार एवं दार्शनिकों के लिए विश्व परिवर्तनशील और संक्रमणशील था वहीं अलौकिक जगत

में दिव्यता के चलते एक निश्चिन्तता और स्थायित्व था। और, लौकिक-अलौकिक जगत की अन्तर्क्रिया से वे इस निष्कर्ष पर जा पहुंचे कि यही दैवीय स्थायित्व लौकिक जगत को परिवर्तनशील बनाए रखता है। अतः निरन्तरता या सातत्य से ही परिवर्तन सम्भव होता है और इसका अध्ययन सम्भव होता है। अतः वे इतिहास-क्रम को चक्रीय अवधारणा के आधार पर समझने के महत्त्व को अनुरेखित करते थे। अतः घटनाओं की पुनरावृत्ति के सिद्धान्त के भी वे समर्थक थे।

यहीं से अन्ततः पोलिबिअस जैसे इतिहासकारों को एक दिशा मिलती है यूनान के पतन और रोम के उत्कर्ष के मोड़ पर। वह इतिहास के अपने विश्लेषण से रोम के उत्कर्ष को समझाने के लिए स्थापित करता है कि कैसे साम्राज्य की स्थापना में स्थानीय तत्त्वों का योगदान होता है और इस माध्यम से वह व्यापकता में समाहित विभिन्न छोटी इकाइयों की भूमिका को मान्यता प्रदान करता है। यहीं से ऐतिहासिक चेतना के अध्ययन की पृष्ठभूमि निर्मित होने लगती है। यहूदियों के इतिहास-लेखन के बाद यह स्थापित हो गया कि मानव की विशेषता और विशिष्टता ही ऐतिहासिक चेतना को जन्म देती है, और यही ऐतिहासिक चेतना मानव-विकास की द्योतक होकर उसे संचालित और अनुप्रेरित करती है। इसीलिए इतिहास को मानव-विकास के क्रम के विश्लेषण के रूप में स्वीकार किया जाता है। लेकिन यहूदियों के दर्शन में जो पूरब के धर्म-चेतना का प्रभाव था उसने पॉल जैसे धर्म-दर्शन के विद्वान को एक मौका दिया कि वह ईशू को ही ईश्वर के पुत्र के रूप में स्थापित कर सके। इतना ही नहीं, ईशू के दैवीय स्वरूप को ईसाई जगत में मान्यता मिलते ही वे प्रभु ईशू के रूप में प्रतिष्ठित हो गए।

विचारों के इस विकास ने एक नए विकासक्रम को जन्म दिया और इस नए परिवर्तित ईसाई मत ने पश्चिमी और केन्द्रीय यूरोप के जनजातियों और जर्मन लोगों के ऊपर भी रोमन आधिपत्य स्थापित कर दिया। किन्तु, धर्मयुद्धों और व्यापार ने पूरब के वैचारिक प्रभावों के आगमन के द्वार को बहुत चौड़ा कर दिया और हिन्दू, इस्लामी तथा यहूदी ज्ञान-विज्ञान पाश्चात्य विचारों के साथ अन्तर्क्रिया के माध्यम से विचारों की दुनिया

में एक नयापन लाने के लिए उत्तरदायी सिद्ध हुए! और इसी से विचारों की दुनिया में क्रान्ति का सूत्रपात हुआ। इसके फलस्वरूप तर्कवाद और ज्ञानेन्द्रियों से प्राप्त अनुभववाद अथवा प्रत्यक्षवाद ने तर्क और कारण को अनुरेखित करना शुरू किया, जिससे इतिहास में कारण-कारक तत्त्वों को महत्त्व दिया जाने लगा और इतिहास-लेखन और अध्ययन एक वैज्ञानिक रूप लेने लगा था। इतिहास के इस वैज्ञानिक स्वरूप को जितना देकार्ते के अनुयायी के प्रभाव में चले काटिज़ियन आन्दोलन ने योगदान दिया था उतना ही योगदान कॉपरनिकस, केप्लर, गैलिलियो जैसे अनुभववादियों ने भी दिया जिसने अन्ततः यूरोपीय पुनर्जागरण के साथ ही धर्म-सुधार आन्दोलनों को जन्म दिया था!

इसी प्रकार, इन नए विचारों के फलस्वरूप जब वैज्ञानिक प्रगति ने रफ़्तार पकड़ी तब तकनीकी के विकास को भी गति मिली और प्रौद्योगिकी प्रगति तथा उसके प्रभाव समाज पर दिखने लगे थे। इन परिवर्तनों तथा उनके सम्मिलित प्रभावों ने एक गैर-धार्मिक दृष्टिकोण और धर्म-निरपेक्षता की अवधारणा को गति प्रदान की। इसी ने आगे बढ़कर यूरोप के बौद्धिक आन्दोलन को जन्म दिया और लॉक, न्यूटन, रूसो, मोंटेस्क्यू, वॉल्तेयर के साथ ही 'फ़िज़ियोक्रेट्स' एवं 'इनसाइक्लोपीडिस्ट्स' आदि ने उन क्रान्तिकारी परिस्थितियों को जन्म दिया जिसके फलस्वरूप फ्रान्स में 1789 में क्रान्ति सम्भव हुई। इसी फ्रान्सीसी क्रान्ति ने घटनाओं के समाजीकरण के साथ ही उनके प्रक्रियाओं में परिवर्तित होने को भी निश्चित दशा और दिशा मिली। इसी के परिणामस्वरूप दर्शन ने विचारधारा को भी जन्म दिया तथा मानव-जीवन के समूहीकरण की प्रक्रिया को भी सरलीकृत किया!

अन्ततः व्यावसायिक क्रान्ति और वैज्ञानिक प्रगति ने औद्योगिक क्रान्ति और इसने अन्ततः तकनीकी क्रान्ति को जन्म दिया! औद्योगिक क्रान्ति के ही फलस्वरूप समकालीन विश्व की दो प्रमुख विचारधाराओं की उत्पत्ति हुई। जहाँ आँग्ल उद्योग के विकास, व्हिग राजनीति तथा क्लासिक आर्थिक सिद्धान्त के साथ ही 'सामाजिक डार्विनवाद' ने 'पूँजीवाद' को जन्म दिया वहीं श्रमिकों की दुर्दशा, फैक्ट्री-व्यवस्था और शोषणमूलक परिस्थितियों ने रिकार्डो से लेकर हीगेल के विचारों को जन्म दिया और

इसी से अन्ततः मार्क्सवाद और साम्यवाद/समाजवाद की भी उतपत्ति हुई! इन्हीं दो विचारधाराओं के प्रतिद्वन्द्वी स्वरूपों ने विश्वयुद्धों के बाद के शीत युद्ध से लेकर आज तक (2022-23) के रूस-यूक्रेन (रूस-नाटो) तनावों को जन्म दिया है। इसी के साथ हम भौगोलिक, भू-राजनीतिक, भू-गर्भ और जीव-विज्ञान के सिद्धान्तों के प्रभाव को भी समझ सकते हैं जिन्होंने 'इतिहासवाद' (हिस्टोरिज़्म) को जन्म दिया। विज्ञान की भाँति इतिहास में भी कारणों या उत्पत्ति की पड़ताल पर जोर दिया जाने लगा था। इसी बीच भौतिकी (ख़ासतौर से 'क्वांटम फिज़िक्स), खगोल और अन्य भौतिक विषयों की प्रगति ने प्रकृति के प्रवाहमान स्वरूप को रेखांकित किया जिसके परिणामस्वरूप सामूहिक मानव चेतना के अध्ययन हेतु घटनाओं के समूहीकरण को वैज्ञानिक तरीके से विश्लेषण किया जाने लगा। यानी अब इन अध्ययनों के चलते मानव प्रक्रियाओं के भी वैज्ञानिक विश्लेषण पर जोर डाला जाने लगा। इसके कारण इतिहास में 'भविष्यवाणी' का तत्त्व प्रविष्ट कर गया—यदि ऐसी परिस्थितियाँ होंगी तब एक निश्चित प्रकार का घटनाक्रम सम्भव है!

उपर्युक्त विश्लेषण के आधार पर हम इस निष्कर्ष पर पहुँच सकते हैं कि इतिहास मात्र ऐतिहासिक चेतना का विकास नहीं है न ही मात्र घटनाओं का विवरण मात्र। वस्तुतः यह दोनों की अन्तर्क्रिया से समझा जा सकता है। इसी समझ के माध्यम से पाश्चात्य इतिहास-दर्शन और इतिहास-लेखन को सरलता से समझा जा सकता है। इसी प्रकार एक दूसरा प्रश्न भी कौंधता है कि क्या इतिहास विज्ञान है? सर्वप्रथम जर्मन दार्शनिक, हेनरिक रिकर्ट ने इस मत को अनुरेखित किया था और तर्क दिया था कि जहाँ विज्ञान सामान्य से सम्बन्धित है वहीं इतिहास का सम्बन्ध व्यक्ति या विशिष्ट से होता है।[172] उसके मतानुसार इतिहास में व्यक्ति एवं विशिष्ट महत्त्वपूर्ण भूमिका में नज़र आते हैं। इसमें हमें पृथक-पृथक लोगों, व्यक्तित्वों, अलग-अलग मानव-समूहों, समुदायों या समाजों के साथ घटनाओं तथा परिस्थितियों के अध्ययन पर जोर देना पड़ता है। और इनमें वैज्ञानिक पद्धति कारगर नहीं होती है। इसी से आगे बढ़ते हुए, कार्ल पॉपर ने अपनी कृति में इस प्रकरण को समझाया है। उसके मतानुसार न तो हम

किसी घटना की जस की तस पुनरावृत्ति कर सकते हैं और न ही उसका हम प्रमाणन या प्रमाणीकरण कर सकते हैं; इन घटनाओं में सतत नवीनता और जटिलता होती है अतः गतिशील विश्व की अनिर्णायक घटनाओं और इतिहासकार द्वारा इन घटनाओं में से अपनी पसन्द की घटना के चयन से भी वैज्ञानिकता के सामान्य नियम निरर्थक हो जाते हैं। इन घटनाओं के कारक-कारण सम्बन्धों की विवेचना में भी इतिहासकार अपनी धारणा या वैचारिक प्रतिबद्धता के अनुसार ही करने को बाध्य होता है अतः उसके विवरण और व्याख्या एक सीमा तक व्यक्तिपरक हो ही जाते हैं![173]

इसी प्रकार जयोफ्री बैरेक्लो ने भी परिवर्तनशील विश्व में इतिहास-लेखन की समस्या को केन्द्र में रखते हुए मानव-समाज की व्यक्तिवादी विशेषताओं, विशिष्ट परिस्थितियों, तथ्यों की बहुलता, तथा परिवर्तन के नैरन्तर्य को रेखांकित किया है। ऐसा करते हुए वह इतिहास को मानव-भावना, उसके सतत सक्रिय सृजनशीलता तथा विभिन्नताओं का विवरण ही मानता है।[174] इसीलिए पॉपर लिखते हैं 'तथ्यों की दुनिया अपार है अतः इतिहासकार उसमें से कुछ का ही चयन करते हुए, उसको सीमित ही करता है... कुछ (इतिहासकारों) को कला, किसी को भाषा, किसी को सैन्य तो किसी को सामाजिक अथवा समाजार्थिक अथवा अपने मन का कोई भी विषय जैसे हाशिये के लोगों से लेकर आभिजात्य और वंशीय इतिहास जैसे किसी भी विषय विशेष में रूचि हो सकती है अतः उसके तथ्यों का चयन अपने-आप ही उसको सीमित करता है फिर, वह अपने अध्ययन के कालखंड का चयन करता है और इस तरह से मानव-सभ्यता के विकासक्रम में से एक अंश को चुनता है। इतना ही नहीं, जैसे ही वह क्षेत्र-विशेष का चयन करता है और क्षेत्र, राज्य, साम्राज्य, महाद्वीप के इतिहास की व्याख्या प्रस्तुत करता है तब भी वह मानव-सभ्यता को सीमित ही करता है!'[175]

वस्तुतः समावेशी मानव इतिहास के अन्तर्गत मानव आशाएँ, अपेक्षाएँ, उसके संघर्ष, कष्टों, नैराश्य सबका योग होना चाहिए अतः वैश्विक इतिहास की परिकल्पना व्यावहारिकता के परे हो जाती है। अतः इतिहासकार को अपने विषय से सम्बन्धित विशेष तथ्यों का चयन करने

और अनेक को इसी क्रम में नकारने के दौर से गुज़ारना ही पड़ता है। अतः इतिहास के किसी एक स्वरूप की सम्भावना क्षीण होती जाती है। इसीलिए मानव इतिहास में कुछ घटनाएँ, कुछ कालखंड, कुछ व्यक्तित्व, अन्य से अधिक प्रभावी होते ही हैं अतः यहाँ भी कुछ का चयन और कुछ को नज़रन्दाज़ करना ही पड़ता है। इसी कारण से जहाँ इतिहास के अनेकानेक आयाम होते हैं वहीं दर्शन में भिन्नता और शैली में अनेकता दिखती है—इसके कारण भी सामान्यीकरण सम्भव नहीं होता अतः कोई निश्चित सिद्धान्त न तो मान्य होते हैं और न ही तार्किक प्रतीत होता है।

इसी बात को फिर कार्ल पॉपर ने अपनी कृति में विस्तार देते हुए स्पष्ट किया था कि इतिहास के अध्ययन में प्रयोग तथा उसे परिमाण या संख्या में परिवर्तन की सम्भावना का अभाव; अतीत को उसी तरह से समझने में भी नवीनता का अभाव;[176] इतिहास की जटिलता; घटनाओं का पूर्वाभास न होना। इसी के साथ वे इस बात पर भी जोर देते हैं कि तथ्यों के चयन में इतिहासकार की वस्तुनिष्ठता प्रतिकूल रूप से प्रभावित होती है अतः ऐतिहासिक विवरण व्यक्तिनिष्ठ हो जाता है।

यूरोपीय पुनर्जागरण और प्रबोधन के चलते, जिस प्रकार यह माना जाने लगा था कि प्राकृतिक विज्ञान के सिद्धान्त भी मानवीय या सामाजिक सम्बन्धों को उसी प्रकार से ही संचालित और प्रभावित करता है। इसीलिए विज्ञान के तर्ज़ पर ही सामाजिक विज्ञान का भी विकास हुआ। विज्ञान आज भी पुरानी मान्यता पर आधारित है कि 'प्राकृतिक नियम' इसीलिए प्रभावी होते हैं क्योंकि प्रकृति में स्थायित्व, अपरिवर्तनशीलता और निश्चितता होती है। वस्तुतः यह भी सत्य है कि उक्त मान्यता मानव की सीमित दृष्टि और बोध पर ही आधारित होती जबकि अनेक परिवर्तन व्यापक स्तर से लेकर बिलकुल संकीर्ण काल खंड के स्तर पर होते ही रहते हैं बस मानव की दृष्टि से ओझल होने के कारण वे उसकी समझ और पकड़ के बाहर होने के चलते उसके लिए प्रासंगिक हो जाते हैं। अतः प्राकृतिक नियमों का तो सामान्यीकरण सम्भव होता है किन्तु इतिहास के साथ ऐसा उसके विषय की विशेषता और साथ ही पाश्चात्य इतिहास-दर्शन और लेखन से प्रभावित विवरणों में सम्भव नहीं होता है।

वैसे एक बात तो है चूँकि, मानव होने के नाते हम अपने मानव जगत को गैर-मानव जगत से बेहतर जानते-समझते हैं अत: प्राकृतिक जगत इन्हीं नियमों सिद्धान्तों से समझने की एक विवशता भी है। जहाँ तक मानव जगत का प्रश्न है तो जयोफ्री बैरेक्लो का कथन सही प्रतीत होता है, जब वह कहता है, 'प्रत्येक व्यक्ति की अपनी विशिष्टताएँ, उनके बिलकुल पृथक अन्दाज़ और इन विभिन्नताओं के प्रति सहज समझदारी, तथा उनके चलते उभरते अनेकों तथ्य और इनकी पारस्परिक अन्तर्क्रियाओं या परिवर्तित समीकरणों का अध्ययन... इस प्रकार, हम मानव चेतना की सृजनात्मक शक्ति, उनकी महत्त्वपूर्ण विभिन्नताओं से परिचित होते हैं...'[177] बैरेक्लो के मतानुसार यही इतिहास के अध्ययन की विशेषता है और यही उसे विज्ञान से पृथक करता है। कार्ल पॉपर भी सम्भवत: इसी को इतिहास के अन्तर्गत अध्ययन के विषय मानता है अन्यथा वो तो अनेक इतिहासों की बात करता है। उसके मतानुसार अनेक प्रकार के इतिहास में जिसे प्राय: इतिहास माना जाता है वह, मात्र राजनीतिक इतिहास है और राजनीतिक इतिहास के विषय में उसकी धारणा घृणास्पद सी है। वह राजनीतिक इतिहास को 'शक्ति की राजनीति' घोषित करते हुए, उसे 'अन्तरराष्ट्रीय अपराध और जनसंहार का इतिहास' कहता है![178]

एक प्रश्न और है जो लॉर्ड एक्टन ने 'कैम्ब्रिज हिस्ट्री' के सम्पादन के दौरान उठाया था और वह है वैश्विक इतिहास का प्रश्न। पॉपर की अपनी मान्यता है कि समस्त मानव जाति का कोई वैश्विक इतिहास हो ही नहीं सकता? क्योंकि उसके लिए प्रत्येक व्यक्ति की आवश्यकताओं, आशाओं, संघर्षों, पीड़ा और नैराश्य सबका हिसाब रखना या देना होगा? क्योंकि कोई भी मनुष्य या व्यक्ति किसी दूसरे से कमतर नहीं है? अत: ऐसा इतिहास लिखा जाना सम्भव ही नहीं है? शायद तभी एक्टन ने खुद उस इतिहास में सम्पादकीय के अतिरिक्त कोई योगदान नहीं दिया? चूँकि, ऐसा वैश्विक इतिहास लिखा जाना असम्भव है अत: एक इतिहासकार को अपने लिए स्थान/क्षेत्र, कालखंड और उक्त मानव-समूह जिसका वह अध्ययन करने जा रहा है उसके किसी एक आयाम का भी चयन करना

पड़ता है! इस कारण से पॉपर की मान्यता है कि हमें कुछ तथ्यों को नकारकर कुछ को स्वीकारना पड़ता है? और, इस प्रकार, अनेक प्रकार के इतिहास लिखने की सम्भावना भी बनती है। और उसके विचारानुसार इतिहास का कोई एक निश्चित अर्थ और सीमित अभिप्राय भी सम्भव नहीं है।[179]

वस्तुतः मानव को परिभाषित करने पर यही स्पष्ट होता है कि सभी मनुष्यों के योग से मानव कहीं अधिक है! अतः मनुष्यों के योग से उसका आँकलन सम्भव भी नहीं है? यह ठीक उसी प्रकार से समझा जा सकता है कि कोई भी राष्ट्र अपने निवासियों से भी कुछ अलग और उच्च इकाई है? यह अपने निवासियों के सामान्य जीवन, सामान्य अनुभवों, आशाओं, परम्पराओं, अनुभूतियों, संस्थाओं, उपलब्धियों एवं संरचनाओं के योग से भी अधिक की अवधारणा है! इसको हम 'सभ्यता' के पर्याय के रूप में मान सकते हैं। चूँकि प्रत्येक व्यक्ति का अपना स्वाभिमान और प्रतिष्ठा होती है अतः मानवाधिकार के साथ उसको जोड़कर देखना ही चाहिए। यह एक ऐतिहासिक तथ्य है कि इतिहास और समाज में कुछ विशेष और विशिष्ट व्यक्तित्व होते ही हैं, जैसे न्यूटन एवं आइन्स्टीन बिलकुल ही अलग प्रकार के व्यक्तित्व थे भले ही दुनिया में तब से अब तक असंख्य भौतिक शास्त्री हुए हों।

वैसे देखा जाए तो व्यक्तियों के पृथक व्यक्तित्व एवं स्वभाव के चलते अनेक प्रकार की क्रियाओं के चलते नित्य नूतन घटनाओं, अन्वेषणों, आविष्कारों का उद्भव होता है अतः इतिहास के फलक पर तथ्यों और प्रक्रियाओं की जटिलता तो निश्चित ही दृष्टिगोचर होती ही है। इन सबका अध्ययन स्वतः ही जटिलता से परिपूर्ण है? क्योंकि, सब अपनी पृथक विशेषताओं वाली होती हैं? आइए इसे सरल शब्दों में समझने की कोशिश करें, इसकी कुछ परतों को खोलते हुए। मनुष्य एक ही समय में एक साथ कई स्तरों पर रहता है। सबसे पहले तो उसकी एक भौतिक स्तर पर मौजूदगी होती है। किन्तु वह समाज से, कार्यालय से, समुदाय से सम्बद्ध होने के कारण अलग-अलग भूमिका का निर्वहन करता है और हर भूमिका में अपनी वैयक्तिकता के बावजूद अलग सा नज़र आता है। परिवार,

समुदाय, राज्य या राष्ट्र में अलग स्तर पर उसकी चेतना कार्य करती है और यह उसके मानस की निर्मिति करती है जिसके फलस्वरूप वही एक मनुष्य अलग सा दिखता है?

समाज और सभ्यता के विकास चरणों में स्थापित विभिन्न संस्थाओं, संगठनों में मानव अलग-अलग भूमिकाओं का निर्वहन करता है अत: मानव और उसके विकासक्रम को उसकी प्रगति के अभाव में नहीं समझा जा सकता है। कैसे वह जनजातीय या यायावरी से परिवार और कृषिकरण के दौर से गुज़रते हुए, सामन्तवादी चरण और इसी के बाद कृषक अतिरेक के चलते नगरीकरण के चरण में प्रविष्ट हुआ था। फिर नगर से नगर-राज्य से राष्ट्र-राज्य, साम्राज्य और तकनीकी तथा प्रौद्योगिकी के बाद का वैश्विक गुटबन्दी से लेकर पूँजीवादी सफ़र और वैचारिक गुटबन्दी से लेकर वैश्विक ग्राम तक की मानव-यात्रा में भी मनुष्य के विभिन्न भूमिकाओं और इन भूमिकाओं की रस्सा-कशी के बीच होनेवाले सातत्य और परिवर्तन के प्रवाहों के मध्य के संघर्ष का अध्ययन अपने आप में जटिलताओं से भरा पड़ा है अत: किसी एक ढंग या प्रविधि से सम्पूर्ण मानवीय इतिहास का अध्ययन न तो व्यावहारिक है और न ही सम्भव!

बस ऐसे परिदृश्य में इतिहासकार को सभ्यता के प्रत्येक चरण में एक ही प्रश्न के उत्तर की तलाश करनी चाहिए—कि जो हुआ वह कैसे सम्भव हुआ? जो घटा उसके कारण क्या थे? इनके उत्तर से ही हमें ऐतिहासिक तथ्यों की जानकारी हासिल होती है और एक तथ्य से दूसरे, तीसरे, चौथे को जोड़ते हुए हम उस पूरी ऐतिहासिक प्रक्रिया को सरलता से समझ लेते हैं और तब अपने-आप इतिहास-क्रम तैयार हो जाता है। कोई भी घटना कब घटी उसके साथ जैसे ही यह भी जोड़ दें कि वह क्यों घटी, तब हमें एक समावेशी उत्तर मिलता है और वह घटना की गुत्थी को समझा/सुलझा देता है। क्योकि, मानव अपनी परिस्थितियों, संस्थाओं, समय से भी बँधा है अत: उससे जुडी किसी भी घटना चक्र की पूरी प्रक्रिया समझी जा सकती है। ऐतिहासिक-प्रक्रियाओं के अध्ययन-विश्लेषण से ही इतिहास का अध्ययन और उस अध्ययन के पीछे का

दर्शन सरल और सुलभ हो जाता है। यह अध्ययन जटिल प्रक्रिया को समझने का सामर्थ्य देती है और तभी हम उसका अभिप्राय या अर्थ समझ सकने के काबिल होते हैं?

जैसे ही हम पुनर्जागरण के विषय में पढ़ते हैं वैसे ही मानव के बौद्धिक फलक के साथ उसके भौगोलिक विस्तार और इसी के चलते आविष्कारों, अन्वेषणों का दौर शुरू होता है; उसी के परिणामस्वरूप धर्म-सुधार तथा प्रति-धर्म सुधार आन्दोलनों का दौर और उसी से सम्बद्ध सामन्तवाद और राजतन्त्र का संघर्ष, निरंकुश्वाद-प्रबुद्ध निरंकुशवाद; व्यावसायिक क्रान्ति से लेकर तकनीकी विकास से उत्प्रेरित औद्योगिक क्रान्ति; इसके फलस्वरूप औपनिवेशीकरण, गुटबन्दी, शस्त्र-होड़, विश्वयुद्ध, मुद्रास्फीति, फासीवाद-नात्सीवाद, द्वितीय विश्वयुद्ध से लेकर शीतयुद्ध और उदारीकरण-भू-मंडलीकरण से लेकर विश्व-ग्राम तक की यात्रा और उससे उपजे मानव प्रश्न—अपने-आप एक शृंखला बनाते हैं। यही इतिहास या मानव की विकास-यात्रा का क्रम है। इसी तरह इतिहास को पढ़ा-समझा जा सकता है।

अराजक या अव्यवस्थित और असंख्य तथ्यों के मध्य एक क्रम स्थापित करके मानव के विकासक्रम को अनुरेखित करना ही इतिहास का विवरण प्रस्तुत करना होता है और यही इतिहास-दर्शन एवं उसके लेखन का अभिप्राय भी है। वैसे इस अर्थ को दोनों रूपों में देखा समझा जाता है—प्रथम तो संरचना के स्तर पर और दूसरे, उसके लेखन अथवा चित्रण के उद्देश्य के माध्यम से! अतः पाश्चात्य चिन्तनवाले इतिहास-लेखन में यह 'ईश्वर के साम्राज्य की स्थापना' से 'वैश्विक ग्राम' की स्थापना तक के उद्देश्य से प्रेरित प्रतीत होता है अतः उद्देश्य भी इस लेखन और उसके दर्शन को प्रभावित करता ही है! एक उदाहरण है मार्क्सवादी चिन्तन और उससे प्रभावित इतिहास-लेखन और उसके विश्लेषण की पद्धति—इसने भी इतिहास-लेखन को प्रभावित करते हुए एक निश्चित दिशा प्रदान की! एक बात तो निश्चित ही है कि अनेक विद्वान तथा इतिहासकार यह मानते हैं कि जहाँ तक उद्देश्य का प्रश्न है इसका इतिहास-लेखन में कोई विशेष अर्थ नहीं है। हालाँकि इतिहास-

लेखन की संरचना के स्तर पर इसका एक निश्चित अर्थ है, क्योंकि यह मानव-विकासक्रम को अनुरेखित करते हुए एक निश्चित कालखंड में उसका तथ्यात्मक चित्रण करता है। इस सन्दर्भ में इतिहास-लेखन का एक निश्चित उद्‌देश्य होता है और इसीलिए संरचना के स्तर पर यह पूर्णतया सुसंगठित एवं व्यवस्थित होता है।

चूँकि इतिहासकार मानव विकास-यात्रा का क्रमबद्ध अध्ययन करता है अतः अनेक सभ्यताओं का उत्थान, प्रगति और पतन देखता और उन्हें विश्लेषित करता है इसलिए सत्रहवीं शताब्दी में एक प्रगतिशील धर्माधिकारी, जॉर्ज हेक्विल ने इस उत्थान-पतन के क्रम को विश्लेषित करते हुए इतिहास के चक्रीय स्वरूप को ही अनुरेखित किया था। इसी प्रकार, उन्नीसवीं शताब्दी के अन्त में नीत्शे ने ऐतिहासिकता की अवधारणा पर ही प्रश्नचिह्न अंकित कर दिया था। उसकी मान्यता पुनरावृत्ति की अविरलता में थी। और यहाँ वह इस पुनरावृत्ति को पुरातन यूनानी दैवीय निरन्तरता के रूप में हरगिज़ नहीं देखता है। नीत्शे की अवधारणा में यह पुनरावृत्ति शून्य में ही होती है, इसका कोई दैवीय उद्‌देश्य नहीं होता है।

प्रसिद्ध इतिहासकार और दार्शनिक, जैकब बर्कहार्ट, जो नीत्शे का समकालीन था—ने जब विश्व इतिहास पर कलम चलाकर अपनी कृति की रचना की तो उसका अंग्रेजी तर्जुमा कुछ यूँ था, 'रिफ़्लेक्शन्स ऑन वर्ड हिस्ट्री' जिसके अध्ययन से स्पष्ट हो जाता है कि उसने तब तक प्रचलित इतिहास-दर्शन की सभी अवधारणाओं और परिभाषाओं को निरस्त कर दिया था। वह मानव के समावेशी इतिहास के स्थान पर इतिहास के सामान्य नियमों के विश्लेषण में जुट गया। इतिहास के परम्परागत मूल्यों-प्रतिमानों के चलते वह उसे पूरी वैज्ञानिक दृष्टिकोण से परखने का पक्षधर कतई नहीं था? इसी प्रकार जब वह 'पुनर्जागरण की संस्कृति' पर कार्य कर रहा था तब अथवा यूनानी संस्कृति पर जो उसके व्याख्यान हैं उनसे स्पष्टतः प्रमाणित होता है कि वह इतिहास के किसी भी कालखंड को एक निश्चित स्वरूपवाली इकाई के रूप में विश्लेषित करता था। और इसी से स्पष्ट होता है कि वह इतिहास के अध्ययन में उसके अभिप्राय

या अर्थ को उसकी संरचना से समझने के लिए आग्रही था! किन्तु उसके इन मौलिक अर्ध-वैज्ञानिक विचारों का बहुत प्रभाव तत्कालीन वैचारिक जगत पर नहीं पड़ा।

इसीलिए प्रथम विश्वयुद्ध के पश्चात जैसे ही स्पेंग्लेर ने 'डिक्लाइन ऑफ़ द वेस्ट' या पश्चिम विश्व के पतन का उद्घोष किया सब इन विचारों को ध्यान देने के लिए बाध्य से हो गए! उसके सिद्धान्त में तो जैसे नीत्शे से लेकर बर्कहार्ट तक के सिद्धान्तों का योग दृष्टिगोचर होता है। उसने इतिहास के सामान्य नियमों की अपनी खोज में सदैव या निरन्तर पुनरावृत्ति के विचार को केन्द्र में रखकर विश्लेषण किया। किन्तु, उसने एक बुद्धिमानी और बौद्धिक ईमानदारी का परिचय देते हुए उन सिद्धान्तों को भी समेटा जो अन्य क्षेत्रों में विकसित हुए थे और जो जैविक इकाइयों के अध्ययन पर जोर देते थे। उसने विज्ञान के उद्देश्यों एवं सिद्धान्तों के साथ दर्शन का सम्मिश्रण किया था। उसने जीव-विज्ञान, भौतिक विज्ञान तथा उभरते हुए नृतत्त्वशास्त्र जैसे नए विषयों के सिद्धान्तों एवं अध्ययनों को भी अपने दर्शन में सम्मिलित किया इसीलिए उसके दर्शन को हम निश्चित ही वास्तविक 'समावेशी' कह सकते हैं।

जिस तरह वैज्ञानिकों ने एक ओर जैविक इकाई के जटिल अन्तर्सम्बन्धों के साथ ही विभिन्न प्रजातियों को उनके विशिष्ट परिवेश में अवस्थित करने के जो अध्ययन किए थे, उसका पूरा लाभ स्पेंग्लेर ने अपने अध्ययन में उठाया और इन सभी ज्ञान-विज्ञान की शाखाओं से सीखने के पश्चात अपने सिद्धान्त को व्याख्यायित किया। इसीलिए उसके सिद्धान्त या दर्शन में हमें तब तक के ज्ञान-विज्ञान की समस्त शाखाओं तथा उनके सभी आयामों का निचोड़ दिखता है और यही सही अर्थों में 'समावेशी' परिदृश्य उपस्थित करता है। वह समस्त मानव-इतिहास या उसके विकासक्रम को विभिन्न असम्बद्ध अंशों/भागों में विभक्त करता है अत: मानव समूहों की विभिन्न संस्कृतियों का उत्थान और पतन किसी जैविक इकाई की ही तरह दिखाने में वह सफल भी हुआ! और इस पद्धति से वह यह स्थापित करने में भी सफल हुआ कि उत्थान और पतन के मध्य किन निश्चित चरणों से संस्कृतियों को गुज़रना पड़ता है और यह जो विभिन्न स्तर या चरण हैं, वे

सभी सांस्कृतिक इकाइयों के लिए समान होते हैं? इस दृष्टिकोण से इन चरणों के अध्ययन/विश्लेषण के माध्यम से हम इतिहास के अन्वेषण को सुगम बना सकते हैं और साथ ही, उसकी पूर्वगामी सूचना भी दे सकते हैं।

स्पेंग्लेर के साथ ही टॉयनबी का भी उल्लेख आवश्यक है, भले ही वह स्पेंग्लेर का शिष्य रहा हो। वह अधिक संख्या में संस्कृतियों के अध्ययन में सफलता प्राप्त करता है और वह वैश्विक संस्कृतियों और उनके धार्मिक प्राक्रियाओं को संयुक्त रूप से विश्लेषित करता है। और इस सन्दर्भ में वह एक बहुत महत्त्वपूर्ण विचार देता है – धर्म की प्रक्रिया का विकास रेखीय या 'लीनियर' किन्तु संस्कृति का विकासक्रम चक्रीय होता है और इसीलिए इसकी पुनरावृत्ति निश्चित होती है।

सांस्कृतिक इतिहास के बाद के क्रम में जिस प्रकार, उत्तर-संरचनावादी, उत्तर-अधुनिकवाद, उपाश्रयी, विभिन्न विमर्शों से लेकर उत्तर-सत्य (पोस्ट-ट्रुथ) का दौर चल रहा है उसमें भाषाई अर्थपूर्ण बाजीगरी (सिमेंटिक जग्लरी) ने एक अजब दुविधापूर्ण स्थिति उत्पन्न कर दी है। यह दो विरोधाभासी विशेषताओं से युक्त काल प्रतीत हो रहा है, जिसमें एक ओर, मानव विश्व एकीकृत लगता है किन्तु दूसरी तरफ़ एक निश्चित ही भीषण अराजकता का काल है![180] यदि एक तरफ ऐसा लग रहा है कि दुनिया के पुरातन रिवाजों को पाश्चात्य जगत समाप्तप्राय कर देगा वहीं दूसरी ओर, स्पेंग्लेर की 'पाश्चात्य के पतन' की भविष्यवाणी भी स्पष्टतः दृष्टिगोचर हो रही है! वस्तुतः तकनीकी परिवर्तनों के कारण, मानव की परिस्थितियाँ परिवर्तित होती हैं जिसके फलस्वरूप मानव-जीवन के मूलभूत मानकों और मूल्यों में परिवर्तन अपरिहार्य होता है—मानव-जीवन का आधार ही परिवर्तित होने लगता है। और सम्भवतः इसीलिए मानव व्यक्तिगत रूप से और स्थापित समूहों/समाजों के रूप में इन क्रान्तिकारी परिवर्तनों के साथ तारतम्य नहीं बैठा पाता है?

वस्तुतः यही विरोधाभास वर्तमान अभूतपूर्व अराजक परिस्थितियों का कारण बना है! अभूतपूर्व इसलिए भी कि एक ओर वह तकनीकी परिवर्तनों की स्वीकृति से जूझता है और दूसरी तरफ तकनीकी एकता से संगठित होने का लाभार्थी भी है! वैसे तो विश्व संक्रमणशील होने के नाते सदैव

ही अनिर्णायक एवं अराजक सा प्रतीत होता रहा है किन्तु पहली बार इस अराजकता को 'तकनीकी उत्प्रेरक' ने उसे एक निश्चित ही अलग दशा और दिशा प्रदान कर दी है! इसी अराजकता के कारण हम 'पोस्ट-ट्रुथ' तक पहुँच गए हैं! दूसरा विरोधाभास पाश्चात्य सभ्यता के स्वरूप में ही निहित है यह स्वतः ही अन्तर्निहित अन्तर्विरोध की भूमिका का निर्वहन करती है।

यूरोप या पाश्चात्य जगत सिर्फ़ अपनी श्रेष्ठता साबित करके औपनिवेशिक दुनिया में अपना आधिपत्य स्थापित करने के इच्छुक होने के नाते कत्तई अफ्रीका, एशिया और दक्षिण अमरीका के अन्य देशों की सभ्यताओं और संस्कृतियों को नकारती ही रहीं किन्तु टॉयनबी ने हम सब का ध्यानाकर्षण इन नज़रन्दाज़ की गई सभ्यताओं-संस्कृतियों की ओर किया। उसने ऐतिहासिक विकासक्रम की सही समझ के लिए पुरातत्त्व से लेकर नृजाति विज्ञान की प्रविधि तक को इतिहास के विश्लेषण में प्रयुक्त करने की वकालत की थी। अतः जो समाजशास्त्री तथा औपनिवेशिक विचारक इन तमाम उपनिवेशों की सभ्यताओं को अपरिवर्तनशील तथा अपरिवर्तनीय मान रहे थे वे भी अपनी मान्यताओं में परिवर्तन करने को बाध्य हुए और इन सभ्यताओं के विकास से को सम्मिलित करके ही मानव विकास के क्रम को समझने पर जोर देना शुरू किया!

जब भी पाश्चात्य की श्रेष्ठता की बात उठती है तब हम सदैव उसे तकनीकी के प्रयोग तथा औद्योगिक क्रान्ति से ही सम्बद्ध करके देखते हैं अन्यथा शेष सभ्यताओं में औद्यगिक व्यवस्था से पूर्व सांस्कृतिक परिस्थितियाँ न केवल भिन्न थीं अपितु कई मायने में वे पाश्चात्य संस्कृति से श्रेष्ठ भी कही जा सकती हैं? किन्तु इसी तकनीकी विस्तार ने उनकी व्यक्तिगत चेतना को निश्चित ही प्रतिकूल रूप से प्रभावित किया है। वे समूह, समुदाय की चेतना में कभी क्षेत्रीय तो कभी राष्ट्रीय चेतना से ही अभिभूत रहे—कम से कम अट्ठारहवीं शताब्दी से लेकर विश्व-युद्धों के दौर तक तो यही सच प्रतीत होता है? वे अपनी सामाजिक, राजनीतिक, आर्थिक, औद्योगिक इकाईयों की सामूहिक चेतना में अपनी नितान्त व्यक्तिगत चेतना को विस्मृत कर बैठे हैं और इस प्रकार, नित्य प्रति वे

थोड़ा-थोड़ा 'स्व' का क्षरण कर रहे हैं! और जब 'व्यक्तिगत चेतना' का ह्रास होता है तब बौद्धिक रूप से इन्सान ही समाप्तप्राय होने लगते हैं। इसके एक बड़े दुष्परिणाम की ओर कैह्लर ने बहुत पहले हमें सचेत कर दिया था। उसके विचारानुसार इस व्यक्तिगत चेतना के लोप से मनुष्य अपनी संस्थाओं के प्रति एक नितान्त उदासीन दृष्टिकोण अपना लेता है जिसके फलस्वरूप वह उन पर अनास्थापूर्ण या आलोचनात्मक दृष्टि न रखकर अन्ततः उन्हें अराजक होने का अवसर ही प्रदान करता है और इस प्रकार, सरकारें अनैतिक तथा असंवैधानिक शक्तियों के अधिकार में चली जाती हैं![181]

वैज्ञानिक दिमाग (और अब लिखे जाने तक 'कृत्रिम बुद्धिमता' या "आर्टिफीसियल इंटेलिजेंस) मानवीय दिमाग और शरीर के कार्यों को अपने हाथों में लेकर, उनके बेहतर निष्पादन से मानव दिमाग के उपयोग को कमतर ही करता जाएगा और अन्ततः मानव दिमाग, कार्य के अभाव में सिर्फ़ सिकुड़ ही पाएगा? अनेक कार्यों के सम्पादन से मुक्त दिमाग का अवचेतन भी अनेक प्रकार से प्रभावित होने लगता है और वह गलतियाँ ही नहीं करता अपितु अनेक प्रकार के अवमूल्यन को अपनाने को विवश होता है। तकनीकी का प्रवाह मानव विकास के प्रवाह और उसकी गति से बहुत कम होने के कारण मूल्यों-प्रतिमानों का ह्रास तो होता ही है किन्तु सूचना क्रान्ति के पश्चात तो ऐसा प्रतीत हो रहा है कि मानव इस क्षेत्र में एक बड़े 'शून्य' का सामना करने को बाध्य है? इसी क्रम को 'कृत्रिम बुद्धिमत्ता' और भी गति प्रदान करती है। कैह्लर तो इसे यूनानी और उसके बाद के रोमन साम्राज्य तथा संस्कृति के पतन के साथ तुलनात्मक रूप से जोड़ता है और उसे उन्हीं के पतनशील युग की याद आती है और वह आज की इन प्रवृत्तियों को उस काल की प्रवृत्तियों से तुलनात्मक रूप से अध्ययन करने पर एक समानता का अनुभव करता है और फिर जोर देकर उद्घोष सा करता है कि इस सीमा तक मानव मस्तिष्क के सिकुड़ने के फलस्वरूप पाश्चात्य का पतन अवश्यसम्भावी है![182]

अब अगर हम एक अन्य पक्ष पर नज़र दौड़ाएँ तब भी हमें शीत-युद्ध की समाप्ति के पश्चात भी संघर्षों और राष्ट्रीयता के बोध

से उत्पन्न पारिस्थितियों का सामना करना ही पड़ रहा है—भले ही हम 'वैश्विक ग्राम' की अवधारणा उच्चारित करते रहें। उत्तर और दक्षिण कोरिया हो या रूस-युक्रेन हो या कभी भी भारत-चीन या अफ़ग़ानिस्तान का तालिबान-हक्कानी संघर्ष या अरब-इज़राइल क्षेत्र—आणविक युद्ध की सम्भावना कम हो ही नहीं रही है और संयुक्त राष्ट्र की बढ़ती निष्क्रियता या नाटो जैसी संस्था पर छोटे देशों की निर्भरता यह सब हमको एक सत्य का एहसास कराती रहती हैं कि वैश्विक एकता और सिकुड़ते विश्व में अधिक घर्षण और संघर्ष उत्पन्न करने की ही क्षमताएँ एवं सम्भावनाएँ हैं। और यदि कुछ हिरोशिमा-नागासाकी जैसा हुआ तब उस विकसित क्षेत्र का क्या हाल होना है किसी से छुपा नहीं है? किस युद्ध में किसकी मिसाइल किसी 'न्यूक्लियर रिएक्टर' पर एहसानमन्द न हो तब क्या होगा?

इस पूरे परिदृश्य में विश्व कैसा होगा? कौन संयुक्त राष्ट्र के 'सस्टेनेबल गोल्स' के अभाव में भी अपना अस्तित्व बचाने में सफल होंगे? कैह्लर वहाँ तक जाता है और स्पष्ट चेतावनी देता है कि (यूरोप में) स्लेव्स तथा विशेष रूप से अफ्रीका तथा एशिया के अश्वेत लोग ही अस्तित्व बचाने में कामयाब होंगे, अपने मानव-संसाधनों की संख्या-बल के आधार पर नहीं, अपितु उस 'मानवीय पदार्थ' या 'इंसानियत' के नाते जो उनकी कम सिकुड़ी चेतना के चलते उनके मस्तिष्क के पूर्ण और अधिक उपयोग के लिए उत्तरदायी होगी! वे पाश्चात्य की वैज्ञानिकता और अपने मस्तिष्क के उपयोग से पतनशील पाश्चात्य जगत का स्थान ग्रहण करेंगे![183] कैह्लर अन्ततः यूरोपीय है अतः वह एक दूसरे विकल्प को भी अनुरेखित करता है कि शायद यह भी सम्भव हो कि विचारधाराओं का परित्याग करके 'वैश्विक ग्राम' की परिकल्पना को ही सार्थक करते हुए पाश्चात्य मनुष्य अन्य गैर-पाश्चात्य मानव समूहों के साथ सम्पृक्त रूप से एकीकृत हो जाए तब भी सम्भव है कि वह पुनः विकास का मार्ग पकड़ने में कामयाब हो जाए? तब निश्चित ही इतिहास के अन्त की भविष्यवाणी का भी अन्त होगा और इतिहास अपने उद्देश्य के साथ संरचना के अर्थ के अनुरूप सहज भाव से लिखा अथवा समझा जाता रहेगा! वह मानता

है कि मानव-सभ्यता का अनवरुद्ध या निरन्तर विकासक्रम ही मानव का इतिहास है! या मानव अन्य ग्रहों पर अपने उपनिवेश स्थापित कर ले और वहाँ नए क्रम से जीवन यात्रा को आगे बढ़ाए?[184]

इतिहास में यह निश्चित ही एक निर्णायक प्रस्थान-बिन्दु है क्योंकि इतिहास को हम मानव की विकास-यात्रा के क्रमिक अध्ययन के रूप में देखते, लिखते हैं। इस विकास-यात्रा के अध्ययन में हम अनेक ऐतिहासिक प्रक्रियाओं का विश्लेषण करते आगे बढ़ते हैं। अत: इतिहास-लेखन का उद्देश्य या अर्थ की समस्या मूलत: मानव की समस्या का अर्थ खोजना ही होता है! और मानव की समस्या उसकी चेतना और मस्तिष्क की ही समस्या है। शायद पाश्चात्य के पतन में ही मानवीय एकता के परिलक्षित हों?[185] अत: इस प्रश्न से आगे इतिहास-लेखन और दर्शन को दिशा-निर्देश के विषय में सोचने को बाध्य होना ही पड़ेगा। ऐसी ही समस्याओं से समाजशास्त्र, अर्थशास्त्र, नृतत्त्वशास्त्र और राजनीतिशास्त्र के विद्वान भी जूझ रहे हैं और इनके उत्तर में ही लेखन और दर्शन के उद्देश्य तथा सही संरचना के उद्भव की असीम सम्भावनाएँ दिख रही हैं।

उपर्युक्त अध्ययन के आलोक में एक उदाहरण से हम अपनी बात को ख़त्म करने का प्रयास करेंगे। डेविड रुंचिमैन ने अपनी कृति, 'हाउ डेमोक्रेसी एंड्स' में इस समस्या को विश्लेषित किया है। वह स्टीवन पिंकर के तर्कों को लगभग काटता है। पिंकर ने अपनी कृति, 'द बेटर एंजेल्स ऑफ़ आवर नेचर' (2011) में व्यवस्था के स्थायित्व के साथ उसके प्रगतिशील बनाए रखने पर जोर दिया था किन्तु रुंचिमैन अपने अध्ययन से स्थापित करता है कि परिस्थितियाँ और जटिल तथा संकटपूर्ण होती जा रही हैं![186] अत: इतिहासकारों-सामाजिक विज्ञान के अध्येताओं को इतिहास-लेखन और उसके दर्शन पर नए परिवर्तनों के आधार पर नए सिरे से चिन्तन की आवश्यकता है ही! और इसी से यह भी प्रमाणित होता है कि मानव विकासक्रम प्रगतिशील या परिवर्तनशील है न कि स्थाई, स्थिर, अपरिवर्तनशील और अपरिवर्तनीय। नित नई समस्याएँ सर उठाएँगी और उनसे रु-ब-रु होकर नए इतिहास-दर्शन और स्वरूप से हम भी रु-ब-रु होंगे!

सन्दर्भ

1. देखें, कोलिंगवुड, द आईडिया ऑफ़ हिस्ट्री, ऑक्सफ़ोर्ड, 1966 संस्करण; पृष्ठ 1.
2. देखें, हेडेन वाइट, मेटाहिस्ट्री : द हिस्टोरिकल इमेजिनेशन इन नाईनटीन्थ सेंचुरी यूरोप, जॉन होपकिंस यूनिवर्सिटी, 1973, xi-xii.
3. उद्धृत जी.जे. रेनियर, हिस्ट्री : इट्स पर्पस एंड मेथड, लन्दन, 1950; पृष्ठ 132.
4. वही, पृष्ठ 133-134.
5. वही, पृष्ठ 135-136.
6. वही, पृष्ठ 137-141; कांट के मत के लिए देखें पृष्ठ 141.
7. ई.एच. कार, व्हाट इस हिस्ट्री, पेंगुइन, 1961/1981; पृष्ठ 30.
8. आर.जी. कोलिंगवुड, द आईडिया ऑफ़ हिस्ट्री, ऑक्सफ़ोर्ड, 1966 संस्करण; पृष्ठ 9.
9. ई.एच. कार, पूर्वोक्त, पृष्ठ134.
10. बर्कहार्ट, रिफ्लेक्शंन्स ऑन हिस्ट्री, 1959; पृष्ठ 31.
11. बर्कहार्ट, उद्धृत कार, वही, पृष्ठ 25.
12. देखें, बर्कहार्ट, जजमेंट्स ऑन हिस्ट्री एंड ऑन हिस्टोरियस, 1959; पृष्ठ 158.
13. थियोडोर लेसिंग, हिस्ट्री सीन एस इम्पार्टिंग मीनिंग टू द मीनिंगलेस, मनचेंन, 1921.
14. कार्ल लोविथ, मीनिंग इन हिस्ट्री, शिकागो, 1949.
15. एरिक कैह्लर, द मीनिंग ऑफ़ हिस्ट्री, लन्दन, 1965; पृष्ठ 19-20, विशेषरूप से पाद-टिप्पणी सं. 3.
16. एरिक कैह्लर, वही, पृष्ठ 22.
17. एरिक कैह्लर, पूर्व, पृष्ठ 31-32.
18. विल ड्युरां, स्टोरी ऑफ़ सिविलाइज़ेशन, II, द लाइफ ऑफ़ ग्रीस, पृष्ठ 430.
19. एच. ई. बार्न्स, हिस्ट्री ऑफ़ हिस्टोरिकल राइटिंग, ओकलाहामा, 1937; पृष्ठ 29.
20. कोलिंगवुड, पूर्व, पृष्ठ 28.
21. देखें, विल ड्युरां, लाइफ़ ऑफ़ ग्रीस, पूर्व, पृष्ठ 434 आदि.
22. वही.
23. आर्थर मार्विक, द न्यू नेचर ऑफ़ हिस्ट्री, 2001, पृष्ठ 54.
24. आर.जी. कोलिंगवुड, पूर्व, पृष्ठ 28-29.
25. एरिक कैह्लर, पृष्ठ 36-40.
26. ई. श्रीधरन, इतिहास लेख, 500 ई.पू. से सन् 2000 तक, हैदराबाद, 2011/2016; पृष्ठ 16-17.

27. विल ड्युरां, लाइफ़ ऑफ़ ग्रीस, पृष्ठ 615; एवं जे.डब्लू.थोमसन & बर्नार्ड होम, ए हिस्ट्री ऑफ़ हिस्टोरिकल राइटिंग, न्यूयॉर्क, 1942, पृष्ठ 55-57.
28. कोलिंगवुड, पूर्व, पृष्ठ 34-35.
29. आर्थर मार्विक, वही, पृष्ठ 53.
30. एरिक कैह्लर, पूर्व, पृष्ठ 42-43.
31. एरिक कैह्लर, पूर्व, पृष्ठ 42-47.
32. वही, पृष्ठ 44.
33. एरिक कैह्लर, पृष्ठ 46-47.
34. एरिक कैह्लर, वही, पृष्ठ 182-183.
35. कैह्लर, पृष्ठ 48.
36. देखें, ईसूबियस, द हिस्ट्री ऑफ़ द चर्च, अनुवाद, जी.ए. विलियम्सन, लन्दन,1989.
37. वही, कैह्लर इसे बाइबिल के ओल्ड एवं न्यू टेस्टामेंट के अध्ययन से अनुरेखित करता है, देखें, पाद टिप्पणी 9, पृष्ठ 50.
38. वही, पाद टिप्पणी 9, पृष्ठ 50.
39. कार्ल रेनहार्ड्ट, पर्मेनाइडस अंड डाई गेसशिष्ट डर ग्रीसशिशेन फ़िलोसेफ़ी, बॉन, 1916; पृष्ठ 206 f.
40. एच. लुइस गिन्सबर्ग, स्टडीज़ इन डेनियल, टेक्स्ट्स एंड स्टडीज़ ऑफ़ द ज्यूइश थीओलोजिकल सेमिनरी इन अमरीका, वॉल्यूम XIV, न्यूयॉर्क, 1948. तथा, ऍफ़.सी. बर्किट, ज्यूइश एंड क्रिश्चियन एपोकलिप्सेस, लन्दन, 1914.
41. गिन्सबर्ग, पूर्वोक्त; एवं एरिक कैह्लर, पृष्ठ 55.
42. शेख अली, हिस्ट्री: इट्स थ्योरी एंड मेथड, दिल्ली, 1981; पृष्ठ 191-194.
43. एडवर्ड मेक्नल बर्न्स & फिलिप. ली.रैल्फ, वर्ड सिविलाइज़ेशन्स, वॉल्यूम प्रथम, न्यूयॉर्क, पंचम संस्करण,(1974) 1955, पृष्ठ 260: इसे 177? मानते हैं इस प्रश्न चिह्न के साथ.
44. शेख अली, वही, पृष्ठ 195-197.
45. ओक्टेविअस, उद्धृत कैह्लर, पृष्ठ 58, पाद टिप्पणी 5.
46. एडवर्ड मेक्नल बर्न्स & फिलिप. ली. रैल्फ, वर्ड सिविलाइज़ेशन्स, वॉल्यूम प्रथम, पृष्ठ 330-333.
47. कैह्लर, पृष्ठ 68; & पाद टिप्पणी 10 & 11, पृष्ठ 68.
48. थिओडोर ई. मोमसेन, सेंट ऑगस्टीन एंड द क्रिश्चियन आईडिया ऑफ़ प्रोग्रेस, द बैकग्राउंड ऑफ़ द सिटी ऑफ़ गॉड, 'जर्नल ऑफ़ द हिस्ट्री ऑफ़ आइडियाज़', वॉल्यूम XII, नम्बर 3, पृष्ठ 360-362.

49. एडवर्ड मेक्नल बर्न्स & फिलिप. ली.रैल्फ, पूर्वोक्त पृष्ठ 333.

50. वही, पृष्ठ 345.

51. वही.

52. आर्थर मार्विक, वही, पृष्ठ 55.

53. थिओडोर ई. मोमसेन, पूर्वोक्त, पृष्ठ 364-369.

54. चार्ल्स एच. हैस्किन्स, द रेनेसां ऑफ़ द ट्वेल्फ़्थ सेंचुरी, कैम्ब्रिज मास, न्यूयॉर्क , 1927; अध्याय IX.

55. हर्बर्ट बटरफील्ड, द ओरिजिन ऑफ़ मॉडर्न साइन्सेज, न्यूयॉर्क, 1952, पृष्ठ 3-6.

56. चार्ल्स एच. हैस्किन्स, पूर्वोक्त, अध्याय VII.

57. देखें, एच. रैस्डैल, द यूनिवर्सिटीज़ ऑफ़ यूरोप इन द मिडिल एजेज़, ऑक्सफ़ोर्ड, 1896.

58. एरिक कैह्लर, पूर्वोक्त, पृष्ठ 121-122.

59. आधुनिक इतिहासकारों की यह मान्यता है कि इस कथन की उत्पत्ति 'द लॉ ऑफ़ ले मोर्त सेसित ले विफ़' (the law of le mort saisit le vif) से हुआ है जिसका अभिप्राय कि पूर्व शासक की मृत्यूपरान्त राजत्व तुरन्त उत्तराधिकारी को स्थानान्तरित हो जाता है. (https://wwW.quora.com/What-does-the-phrase-the-king-is-dead-long-live-the-king)

60. डेविड टॉमसन, यूरोप सिन्स नेपोलियन, पेलिकन, 1957 (1975 संस्करण).

61. एरिक कैह्लर, द टॉवर एंड द एबिस, न्यूयॉर्क, 1957;अध्याय II & III.

62. वही.

63. एरिक कैह्लर, द मीनिंग ऑफ़ हिस्ट्री, पृष्ठ 142.

64. देखें, आर्थर मार्विक, वही, पृष्ठ 55.

65. मोंटेस्क्यू, ग्रेन्देयर एत दिकेदेन्स देस रोमेन्स (Grandeur et decadence des Romains), 1734, चेप्टर XVIII.

66. इमैनुएल कांट, प्रिन्सिपल्स ऑफ़ पॉलिटिक्स, सं एवं अनुवादित डब्लू. हैस्टी, एडिनबर्ग 1891; पृष्ठ 1-29; प्रेपोज़िशन 3 & 4.

67. वही, प्रेपोज़िशन 8.

68. हर्मन वेयल, फिलोसोफ़ी ऑफ़ मैथेमेटिक्स एंड नेचुरल साइन्सेज़, प्रिन्सटन, 19489; पृष्ठ 41.

69. जूलियन एच. फ्रेंकलिन, जीन बोदिन एंड सिक्स्तीन्थ सेंचुरी रेवोल्यूशन इन मेथोडोलॉजी ऑफ़ लॉ एंड हिस्ट्री, लन्दन, 1963.

70. आर्थर मार्विक, वही, पृष्ठ 56.

71. वही.
72. आर्थर मार्विक, पृष्ठ 56.
73. वही, पृष्ठ 57.
74. वही, पृष्ठ 57.
75. वही.
76. वही, पृष्ठ 57-58.
77. विल तथा एरियल द्यूराँ, द ऐज ऑफ़ वाल्तेयर, पृष्ठ 358.
78. कोलिंगवुड, आईडिया ऑफ़ हिस्ट्री, पृष्ठ 78-79.
79. विल तथा एरियल द्यूराँ, द ऐज ऑफ़ वाल्तेयर, पृष्ठ 358.
80. विल तथा एरियल द्यूराँ, द ऐज ऑफ़ वाल्तेयर, पृष्ठ 464.
81. विल तथा एरियल द्यूराँ, द ऐज ऑफ़ वाल्तेयर, पृष्ठ 483-484.
82. आर्थर मार्विक, वही, पृष्ठ 59.
83. विल तथा एरियल द्यूराँ, द स्टोरी ऑफ़ सिविलाइज़ेशन, खंड X, पृष्ठ 806.
84. डेविड ह्यूम, टू शॉर्ट एसेज़ ऑन द स्टडी ऑफ़ हिस्ट्री एंड ऑन जनरल रीडिंग, 1836, पृष्ठ 13-15 उद्धृत आर्थर मार्विक, वही, पृष्ठ 59.
85. आर्थर मार्विक, वही, पृष्ठ 59.
86. देखें, आर्थर मार्विक, वही, पृष्ठ 59-60; एवं ई. श्रीधरन, ए टेक्स्टबुक ऑफ़ हिस्टोरिओग्राफ़ी, 2004/2014; पृष्ठ 119-120.
87. आर्थर मार्विक, वही, पृष्ठ 60.
88. कोलिंगवुड, आईडिया ऑफ़ हिस्ट्री, पृष्ठ 86.
89. विल तथा एरियल द्यूराँ, द स्टोरी ऑफ़ सिविलाइज़ेशन, खंड X, पृष्ठ 889-899.
90. कैह्लर, पृष्ठ 163; पाद-टिप्पणी 1.
91. कैह्लर, पृष्ठ 162-164.
92. आर्थर मार्विक, वही, पृष्ठ 61.
93. आर्थर मार्विक, वही, पृष्ठ 61.
94. विल तथा एरियल द्यूराँ, द स्टोरी ऑफ़ सिविलाइज़ेशन, खंड X, पृष्ठ 578.
95. कॉलिंगवुड, आईडिया ऑफ़ हिस्ट्री, पृष्ठ 90.
96. देखें, जी.पी. गूच, हिस्ट्री एंड हिस्टोरियन्स इन द नाईनटीन्थ सेंचुरी, लन्दन, 1952 पृष्ठ 79.
97. देखें, जी.पी. गूच, पूर्वोक्त, लन्दन, 1952, पृष्ठ 15.

98. देखें, जी.पी. गूच, पूर्वोक्त, लन्दन, 1952, पृष्ठ 18.
99. देखें, जी.पी. गूच, पूर्वोक्त, लन्दन, 1952, पृष्ठ 79.
100. देखें, आर्थर मार्विक, पूर्वोक्त, पृष्ठ 63-66; खासतौर से पृष्ठ 66.
101. देखें, आर्थर मार्विक, पूर्वोक्त, पृष्ठ 63-66; खासतौर से पृष्ठ 65.
102. आर्थर मार्विक, पूर्वोक्त, पृष्ठ 67.
103. आर्थर मार्विक, पूर्वोक्त, पृष्ठ 67.
104. आर्थर मार्विक, वही, पृष्ठ 69-70.
105. कोलिंगवुड, आईडिया ऑफ़ हिस्ट्री, वही, पृष्ठ 126.
106. ई. श्रीधरन, अ टेक्स्टबुक ऑफ़ हिस्टोरिओग्राफ़ी, वही, पृष्ठ 190.
107. आर्थर मार्विक, वही, पृष्ठ 70.
108. आर्थर मार्विक, वही, पृष्ठ 70-71.
109. आर्थर मार्विक, वही, पृष्ठ 70-71.
110. आर्थर मार्विक, वही, पृष्ठ 72.
111. आर्थर मार्विक , वही, पृष्ठ 74-75.
112. आर्थर मार्विक, वही, पृष्ठ 74-76.
113. फ्रिट्ज स्टर्न, द वैराईटीज़ ऑफ़ हिस्ट्री: वॉल्तेयर टू द प्रेज़ेंट, न्यूयॉर्क, 1956/1972.
114. आर्थर मार्विक, वही, पृष्ठ 81-82.
115. आर्थर मार्विक, वही, पृष्ठ 83.
116. आर्थर मार्विक, पृष्ठ 90.
117. आर्थर मार्विक, पृष्ठ 89-90.
118. आर्थर मार्विक, वही, पृष्ठ 92-94.
119. आर्थर मार्विक, पृष्ठ 94.
120. आर्थर मार्विक, वही, पृष्ठ 97-98.
121. अमरीका हिस्ट्री एसोसिएशन के 1936 के वार्षिक अधिवेशन में दिए गए भाषण का सारांश.
122. आर्थर मार्विक, वही, पृष्ठ 101-103.
123. आर्थर मार्विक, वही, पृष्ठ 103-104.
124. आर्थर मार्विक, वही, पृष्ठ 105-106.
125. देखें, ए.जे.पी. टेलर, यूरोप: ग्रेंज्यर एंड डिक्लाइन, पेलिकन, 1981 संस्करण.
126. आर्थर मार्विक, वही, पृष्ठ 108-109.
127. आर्थर मार्विक, वही, पृष्ठ 108-109.

128. आर्थर मार्विक, द न्यू नेचर ऑफ़ हिस्ट्री, पृष्ठ 108-109.
129. आर्थर मार्विक, वही, पृष्ठ 109.
130. आर्थर मार्विक, वही, पृष्ठ 109.
131. वही.
132. आर्थर मार्विक, वही, पृष्ठ 109.
133. आर्थर मार्विक, वही, पृष्ठ 109-110.
134. ई. श्रीधरन, ए टेक्स्टबुक ऑफ़ हिस्टोरिओग्राफ़ी, पृष्ठ 287.
135. आर्थर मार्विक, वही, पृष्ठ 110-111.
136. वही, पृष्ठ 111-112.
137. ई. श्रीधरन, वही, पृष्ठ 282.
138. आर्थर मार्विक, वही, पृष्ठ 114.
139. डेविड कैनाडाईंन, क्लास इन ब्रिटेन, लन्दन, 1998; पृष्ठ 51-52.
140. आर्थर मार्विक, वही, पृष्ठ 115.
141. ई.श्रीधरन, वही, पृष्ठ 257-258.
142. आर्थर मार्विक, वही, पृष्ठ 115.
143. वही, पृष्ठ 116.
144. ई. जेनोवीस, रोल जॉर्डन रोल, न्यूयॉर्क, 1974, पृष्ठ XV.
145. आर्थर मार्विक, वही, पृष्ठ 117-118.
146. वही, पृष्ठ 118.
147. शशि भूषण उपाध्याय, हिस्टोरिओग्राफ़ी इन द मॉडर्न वर्ल्ड, पृष्ठ 623.
148. फर्डीनेंड दि सौस्सुरे, कोर्स इन जनरल लिंग्विस्टिक्स, अनुवाद वेड बैस्किन, न्यूयॉर्क, 1959; 1983 & 2011.
149. शशि भूषण उपाध्याय, पूर्वोक्त, पृष्ठ 624.
150. शशि भूषण उपाध्याय, पूर्वोक्त, पृष्ठ 625-627.
151. देखें, शशि भूषण उपाध्याय, पूर्वोक्त, पृष्ठ 627-629.
152. शशि भूषण उपाध्याय, पूर्वोक्त, पृष्ठ 629-630.
153. शशि भूषण उपाध्याय, पूर्वोक्त, पृष्ठ 634-635.
154. शशि भूषण उपाध्याय, पूर्वोक्त, पृष्ठ 638-639.
155. शशि भूषण उपाध्याय, पूर्वोक्त, पृष्ठ 642-643.
156. शशि भूषण उपाध्याय, पूर्वोक्त, पृष्ठ 646-647.
157. शशि भूषण उपाध्याय, पूर्वोक्त, पृष्ठ 648-649.

158. शशि भूषण उपाध्याय, पूर्वोक्त, पृष्ठ 649-650.

159. शशि भूषण उपाध्याय, पूर्वोक्त, पृष्ठ 654-657.

160. शशि भूषण उपाध्याय, पूर्वोक्त, पृष्ठ 661.

161. शशि भूषण उपाध्याय, पूर्वोक्त, पृष्ठ 665-666.

162. शशि भूषण उपाध्याय, पूर्वोक्त, पृष्ठ 667.

163. शशि भूषण उपाध्याय, पूर्वोक्त, पृष्ठ 667-668.

164. देखें, एलिज़ाबेथ डीड्स एर्मार्थ,रिअलिज़्म एंड कन्सेंसुस इन द इंग्लिश नॉवेल, एडिनबर्ग, 1983/88; तथा, सीक्वल टू हिस्ट्री: पोस्ट्मौडर्निज़्म एंड द क्राइसिस ऑफ़ रिप्रेजेंटेशनल टाइम, प्रिन्सटन यूनिवर्सिटी प्रेस, 1991/2020.

165. शशि भूषण उपाध्याय, पूर्वोक्त, पृष्ठ 668-669.

166. देखें, कीथ जेन्किन्स, व्हाई हिस्ट्री? एथिक्स एंड पोस्ट मॉडर्निटी, रूटलेज, लन्दन, न्यूयॉर्क, 1999; तथा, रिफिगरिंग हिस्ट्री, रूटलेज, लन्दन, न्यूयॉर्क, 2003.

167. फ्रैंक अन्केर्स्मिट, द रियलिटी इफ़ेक्ट इन द राइटिंग ऑफ़ हिस्ट्री: द डायनामिक्स ऑफ़ हिस्टोरियोग्रफिकल टोपोलॉजी, नीदरलैंड, 1989; पृष्ठ 149-152.

168. देखें फ्रैंक अन्केर्स्मिट, हिस्ट्री एंड ट्रोपोलोजी: द राइज एंड फल ऑफ़ मेटाफर, बर्कले, 1994.

169. देखें फ्रैंक अन्केर्स्मिट, स्टैनफोर्ड यूनिवर्सिटी प्रेस, 2005.

170. देखें फ्रैंक अन्केर्स्मिट, स्टैनफोर्ड यूनिवर्सिटी प्रेस, 2005.

171. हीगेल, द फिलोसोफ़ी ऑफ़ हिस्ट्री, अनुवाद, जे. सिब्री, तथा प्रोफ़ेसर सी. जे. फ्रेड्रिक की भूमिका; डोवर, न्यूयॉर्क, 1956, पृष्ठ 8.

172. देखें, एरिक कैह्लर, द मीनिंग ऑफ़ हिस्ट्री, वही, पृष्ठ 188.

173. देखें, कार्ल पॉपर, द पोवेर्टी ऑफ़ हिस्टोरिसिज़्म, लन्दन, 1957/1960.

174. जयोफ्री बैरेक्लो, हिस्ट्री इन द चेंजिंग वर्ल्ड, यूनिवर्सिटी ऑफ़ ओक्ल्हामा प्रेस, 1956, पृष्ठ 2.

175. कार्ल पॉपर, द ओपन सोसाइटी एंड इट्स एनेमीज़, प्रिन्सटन, 1963, II, 270.

176. देखें, कार्ल पॉपर, द पोवेर्टी ऑफ़ हिस्टोरिसिस्म, लन्दन, 1957/1960.

177. जयोफ्री बैरेक्लो, हिस्ट्री इन द चंगिंग वर्ल्ड, यूनिवर्सिटी ऑफ़ ओक्ल्हामा प्रेस, 1956, पृष्ठ 2.

178. कार्ल पॉपर, द ओपन सोसाइटी एंड इट्स एनेमीज़, वही, खंड II, पृष्ठ 270.

179. वही.

180. एरिक कैह्लर, वही, पृष्ठ 215.

181. एरिक कैह्लर, वही, 218.

182. वही.

183. वही, पृष्ठ 219.

184. वही, पृष्ठ 219-220.

185. वही, पृष्ठ 220.

186. डेविड रुंचिमैन, हाउ डेमोक्रेसी एंड्स, लन्दन, 2018, पृष्ठ 211.

इतिहास-लेखन की पुस्तक-सूची

BIBLIOGRAPHY

A.G. Widgery, The Meanings in History, London, 1967.

Alun Munslow, Deconstructing History, Routledge, London, 1997.

Alun Munslow, A History of History, Routledge, London, 2012.

Arnold Joseph Toynbee, A Study of History, 2 volumes, New York, 1965.

Arthur Marwick, The New Nature of History, Palgrave, 2001.

Arthur Marwick ed., The Arts, Literature and Society, London, 1989.

Carl Becker, What is Historiography? The American Historical Review, 44, no. 1.

Catherine Belsey, Post-Structuralism: A Very Short Introduction, OUP, 2002.

Charles H. Haskins, The Renaissance of the Twelfth Century, Cambridge, 1927.

C.V. Langlois and C. Seignobos, Introduction to the Study of History, London, 1898, New York, 1966.

Edward Hallett Carr, What Is History, New York, 1962.

Eric Hobsbawm, On History, London, 1998.

Erich Kahler, The Meaning of History, London, 1965.

Erich Kahler, The Tower and the Abyss, New York, 1957.

F.C. Burkitt, Jewish and Christian Apocalypses, London, 1914.

Fritz Stern, The Varieties of History: Voltaire to the Present, New York, 1956/1972.

G.A. Cohen, Karl Marx's Theory of History: A Defence, Oxford, 1978.

Geoffrey Barraclough, History in a Changing World, The University of Oklahoma Press, 1956.

Geoffrey Barraclough, Main Trends in History, London, 1979.

G.J. Renier, History: Its Purpose and Method, London, 1950.

G.R. Elton, The Practice of History, Sydney, 1967.

G.R. Elton, Political History: Principles and Practice, London, 1970.

Grace Cairns, Philosophies of History, London, 1963.

Hans Meyerhoff ed. The Philosophy of History in Our Time, New York, 1959.

Hayden White, Metahistory: The Historical Imagination in Nineteenth-Century Europe, Baltimore, 1973.

Hayden White, The Content of the Form: Narrative Discourse and Historical Representation, Baltimore, 1987.

Herbert Butterfield, The Origins of Modern Science, New York, 1952.

Herbert Butterfield, Man on His Past: A Study of the History of Historical Scholarship, Cambridge, 1955.

Hegel, Logic, trans. William Wallace, Oxford, 1874.

H. Elmer Barnes, A History of Historical Writing, Oklahoma, 1936. New York, 1962.

Herbert Butterfield, The Whig Interpretation of History, London, 1931.

Hermann Weyl, Philosophy of Mathematics and Natural Sciences, Princeton, 1949.

Immanuel Kant, Principles of Politics, ed. & trans. W. Hastie, Edinburg, 1891.

Isaiah Berlin, Historical Inevitability, London, New York, Toronto, 1954.

Jan Vansina, Oral Tradition as History, London, 1985.

J.B. Bury, The Idea of Progress, New York, 1932.

J.B. Black, The Art of History, London, 1926.

J. Burckhardt, Judgement on History and Historians, London, 1959.

Johann Gustav Droysen, Outline of the Principles of History, Boston, 1897.

John Lechte, Fifty Key Contemporary Thinkers: From Structuralism to Postmodernity, Routledge, 1994.

J.W. Thompson and Bernard Holm, A History of Historical Writing, 2 volumes, Macmillan, New York, 1942.

Karl Popper, The Poverty of Historicism, London, 1957.

Karl Popper, The Open Society and Its Enemies, Princeton, 1963.

Keith Jenkins, Rethinking History, London, 1991.

Keith Jenkins ed., The Postmodern History Reader, London, 1997.

L.B. Namier, Avenues of History, London, 1952.

Marc Bloch, The Historian's Craft, Manchester, New York, 1954/1976.

Michael Bentley, Modern Historiography, Routledge, 1997.

Michel Foucault, Power/Knowledge: Selected Interviews and Other Writings 1972-1977, London, 1980.

Oswald Spengler, The Decline of the West, London, 1961.

Peter Burke, The French Historical Revolution: The Annales School 1929-1989, Cambridge, 1990.

Peter Burke, What is Cultural History? Cambridge, 2004/2008.

Pieter Geyl, Debates with Historians, London, 1955.

Preston King, The History of Ideas: An Introduction to Method, Totowa, 1983.

R.G. Collingwood, The Idea of History, Oxford University Press, 1946.

R.G. Collingwood, The Philosophy of History, London, 1930.

Richard J. Evans, In Defence of History, London, 1997.

Roland Barthes, The Discourse of History, tr. Stephen Bann, Vol. 3, 7-20, Pennsylvania, 1981.

Sir Henry C.M. Lambert, The Nature of History, London, 1933.

W.H. Dray, Philosophy of History, New Jersey, 1964.

W.H. Walsh, Introduction to the Philosophy of History, London and New York, 1951/1967.

Willie Thompson, Postmodernism and History, New York, 2004.

●●●